개정판

그래핑 계산기를 활용한

비주얼 수학교육

홍예윤 지음

KM 경문사

머리말

본 교재는 중고등학교 수학의 교수·학습과정에서 공학도구를 활용하고자 하는 예비교사와 학교 현직수학교사들을 위해 집필되었다. 그래핑 계산기를 처음 접하는 예비교사와 현장교사들을 위하여, 문제에 대한 일반적인 풀이 방법을 먼저 제시하고, 키를 누르는 각 단계와 그에 따르는 화면과 함께 설명을 덧붙임으로써 그래핑 계산기를 다룰 때 직면하게 되는 두려움을 해소하고 그것이 학습도구로써 사용하는데 익숙해지도록 하는 데에 중점을 두었다. 풀이 과정에 있어서 틀에 박힌 정형화된 풀이방법을 벗어나서 문제 상황과 결과를 분석하고, 탐구적 학습이 가능하도록 하기 위해서는 적절한 테크놀로지의 사용이 필요하다. 따라서 교과과정에 포함된 일반적인 내용인 방정식, 이차함수, 부등식의 영역, 지수·로그함수, 삼각함수, 수열, 극한, 미분, 적분문제를 그래핑 계산기를 통하여 과정중심으로 보여줌으로써 수학의 개념 형성에 도움이 될 수 있다는 것을 보여주고자 구성하였다. 2009 개정교육과정에서 공학도구 사용을 강조하고 있음에도 불구하고, 현실적으로는 사범대학의 교육과정에 실질적인 공학도구의 활용에 대한 방법과 예시가 부족하다고 본다. 컴퓨터와 태블릿 PC, 스마트폰 등을 이용한 e-learning과 같은 테크놀로지의 사용은 이미 보편화 되는 추세이며, 많은 실생활에서도 중요한 도구로서 활용되어지는 상황임에도 불구하고 학교에서의 수학교육에서만은 아직도 공학도구와 관련된 소통과 활용은 미미한 수준에 머물러 있는 것이 현실이라 할 것이다.

본 저자는 오클랜드 대학에서 20년간 컴퓨터 소프트웨어와 그래핑 계산기와 같은 테크놀로지를 활용한 수학교육에 대한 지속적인 연구를 하였고, 예비교사와 현직교사들을 대상으로 지속적으로 중고등학교 교육과정 중심으로 테크놀로지 활용에 대한 교육을 하여 왔다. 외국교사와 학생들은 학습장소에 제한이 있는 컴퓨터에 비해 크기가 작고 휴대가 편한 그래핑 계산기를 선호하며 그것을 사용하는 것을 시험에서도 허용하고 있다. 우리나라에서는 교사와 학생들이 사용하고 싶어도 실제적으로 현장에서 어떻게 사용할 수 있는지에 대한 정보가 많이 부족하다. 심지어 계산기는 학생들에게 답을 곧바로 알려주는 기능을 하기 때문에 사용해서는 안 된다는 부정적인 인식을 가지고 있다. 이런 부정적 견해는 그래핑 계산기에 대한 정보의 부족에 기인한 것이라고 생각 한다

이에 본 저자는 학교에서 사용되는 예제를 중심으로 일반적인 풀이와 그래핑 계산기를 활용한 풀이를 같이 제시함으로써, 교사 스스로가 언제 어떻게 공학도구를 활용할 것인지 판단 할 수 있도록 하였다. 또한 지도에 어려움을 겪고 있는 미적분 개념을 수준별 5단계로 나누어 보고 적절한 평가에 대한 예를 제시하고자 하였다. 더불어 본 책 마지막에는 공학도구를 사용하지 않고서는 해결하기 어렵다는 이유로 기피하고 있는 과학과 연결된 수학문제(예; 맥스웰 볼츠만의 기체분자운동)를 개념적으로 이해할 수 있도록 그래프를 활용한 시각적인 방법을 제시하였다.

본 저자는 대학에서 공학도구를 사용하여 미적분 과목을 지도하고 학생들의 평가결과도 분석하였다. 교사가 공학도구를 사용한다면 평가에 대해서도 다양한 답안 가능성을 동시에 고려해야 한다는 것을 느끼고 기준도 제시하였다. 학습현장에서의 그래핑 계산기와 같은 공학도구의 사용은 대수적인 표현과 비주얼한 그래프 그리고 표를 통하여 학생들로 하여금 다중적인 사고가 가능하게 하므로, 이와 관련한 평가에 대한 답안도 다양한 표현 방법과 과정 중심으로 고려되어야 할 부분이라고 할 수 있다. 하지만 이 부분은 교사의 공학도구에 대한 확신과 도구화(instrumentalisation) 없이는 이루어 질 수 없다.

공학도구를 학습현장에서 활발하게 활용하기 위해서는 먼저 교사가 그에 대한 확신이 있어야 한다. 여기에 더하여 교사와 학생간의 수학교육에 있어 활발한 의사소통이 이루어져야 학생들에게 흥미를 유발할 수 있을 것이다.

그래핑 계산기와 같은 공학도구가 수학교육에 있어서의 학습지도 지도과정 중에 자연스러운 일부가 되고 학생들에게는 흥미를 유발시킬 수 있는 동기가 되길 바라는 마음으로 이 책을 쓴다.

2013년 1월 저자 씀

차례

CHAPHER 01 이론적 배경

CHAPHER 02 그래핑 계산기의 활용

CHAPHER 03 일반풀이와 그래핑 계산기 활용 풀이

CHAPHER 04 수준별 교수 · 학습에서의 그래핑 계산기 활용

CHAPHER 05 그래핑 계산기를 활용한 평가예

CHAPHER 06 과학에서의 그래핑 계산기 활용

CHAPTER 01

이론적 배경

우리나라 교육과학기술부 제7차 교육과정을 통하여 중등수학교육에서도 "컴퓨터나 계산기를 수학교육에 적극 활용"(교육인적자원부, 2000, p. 281) 하도록 권고하였다. 또한 2007 개정교육과정에서 "교수학습의 전 과정을 통하여 적절하고 다양한 교육 기자재를 활용하여 수학 학습의 효과를 높이도록 한다"고 하였으며, "복잡한 계산 수행, 수학적 개념원리, 법칙의 이해, 문제해결력 향상 등을 위하여 계산기, 컴퓨터, 교육용 소프트웨어 등의 공학적 도구와 다양한 교구를 확보하여 활용 한다"라고 언급하였다. 이에 관하여 2009 개정 수학과 교육과정에서 다시 제시함으로써 공학적 도구를 활용해야 할 필요성을 구체적으로 명시하고 있다(교육과학기술부, 2011, pp. 36-37). 그럼에도 불구하고 현실적으로 입시위주의 수업과 교수·학습 방법에서 주로 대수적 접근법을 지나치게 강조하다보니 학생들은 그 개념을 이해하지 못하고 단지 그 문제만을 해결하는 것에만 치중하고 있는 것이 사실이다.

그래핑 계산기의 활용은 현 교육과정에서 지속되고 있는 교사중심의 학습지도와 지필 방식의 한계성을 극복하고, 교사와 학생간의 상호작용, 학습 내용간의 연결고리 형성, 학생들의 자기주도적인 탐구학습 형태의 새로운 면을 부각시킬 수 있다는 것에 그 중요성이 있다고 할 수 있다. Kaput(1992, p. 524)은 학교에서의 수학적 활동에서 나타날 수 있는 수업 중 한 가지 형태는 "행동의 좌표를 가로지르는 개념이 포함된 체계간의 이동"이라고 언급하면서 "다양한 표상들 간에 수학적 개념의 조작 능력을 가능하게 하는 것이 테크놀로지이다"라고 그 가치를 중요시하였다. 또한 수학적 개념을 형성하는데 있어서 다양한 표현 형태들뿐만 아니라 개념적인 상호작용이 필요하다고 볼 수 있다(Thomas & Hong, 2001). Duncan(2010)은 이러한 관점에서 그래핑 계산기의 동적이고 다양한 표현방법을 통하여 학생들이 더욱 다양한 문제를 해결 할 수 있으며 수학적 개념을 증진시킬 수 있다고 하였다. 수학교과에서 학년이 낮을수록 시각화는 매우 많은 부분을 차지하고 있으며, 여기에 컴퓨터와 그래핑 계산기가 수학교과에서 시각화를 가능하게해주는 학습 보조 도구로서 그 대안이 될 수 있다(Shamatha, Peressini, & Meymaris, 2004). 이와 같은 학습현장에서의 그래핑 계산기의 사용은 문제 풀이와 수학적 이해를 함께 구현할 수 있으며, 계산적인 면과 더불어 수학적 개념형성을 포함하는 다양한 수학적 표현 형태들과의 상호작용이 가능하다(Thomas & Hong, 2001). 그리고 수학 학습지도와 관련한 방법과 수준은 단지 교사의 수학적 이해 정도에 의해서만 결정 되어질 수 있는 것이 아니라, 교사의 교육적 지식내용(Pedagogical Technology Knowledge)에 의해서도 영향을 받는다고 볼 수 있다(Cooney, 1999). 이것은 수학적 사고의 이해와 특별한 원리, 그리고 교수·학습에 요구되는 기술과 원칙에 연관 지을 수 있으며, 적합한 내용과 관련된 학습과 활동을 구조화 하는 것을 포함 할 수 있다(Shulman, 1986; Simon, 1995; Cooney, 1999; Chinnappan and Thomas, 2003).

이와 관련하여 미국의 NCTM(1991)에서는 계산기 사용과 관련하여 다음과 같이 교육과정과 평가기준을 제시하였다.

— 학생들은 패턴, 수, 대수적 성질과 함수에서 계산기를 활용하도록 한다.
— 추정, 계산, 그래프, 데이터 분석과 같은 기술적인 부분을 강화하고 발전시킨다.
— 문제와 관련된 계산보다는 문제 해결 과정에 중점을 두게 한다.
— 문제 상황에서 현실적인 데이터 활용시, 지루한 계산을 수행하게 될 때 계산기를 사용하게 한다.
— 연필과 종이를 사용하는 제한된 지필환경에서 학생들의 수준을 넘어서서 수학적인 생각과 경험에 도달하게 하고자 할 학생들에게 계산기를 사용하게 하도록 한다.

더 나아가 NCTM(2000)은 모든 교사들은 각 수준별로 다음과 같이 계산기의 사용을 증진시켜야 한다고 강조하였다.

— 다양한 상황에서 계산기 사용의 모델화를 추구한다.
— 계산, 문제 풀이, 개념의 발전, 패턴의 인식, 데이터 분석, 그래프를 그리기 위한 계산기의 사용을 권장한다.
— 수학적인 기술과 개념을 테스트하는 데 있어서 계산기의 사용으로 통합한다.
— 교수·학습에 계산기의 사용을 적극 지도하기 위해 새로운 방법을 모색하고 발전시킨다.

교사의 입장에서 보면 테크놀로지의 도입은 수학에 대한 초점의 이동(shift of mathematical focus)이라는 새로운 방식을 필요로 하는 것이므로 교사들은 이를 활용하여 수학을 기술적으로 가르치는 방법을 습득하고, 이와 더불어 PTK (Pedagogical Technology Knowledge)라고 하는 교육적 기술 지식 또한 발전시킬 필요가 있다.

1.1 교육적 기술지식

교사가 테크놀로지를 이용하여 잘 지도하기 위한 유용한 방법으로서 교사의 교육적 기술 지식(PTK; Pedagogical Technology Knowledge)에 대한 개념을 들 수 있다. PTK는 단지 전문적인 기술사용만을 의미하는 것이 아니라, 테크놀로지를 통하여, 수학을 지도하는데 필요한 기술과 원칙을 이해하는 것을 의미한다. PTK의 발전은 테크놀로지에 대한 교사의 생각, 그리고 그것의 활용과 도구장착(instrumentation)으로 이루어진다고 할 수 있다(Thomas & Hong, 2005b).

Thomas & Hong(2005b)은 PTK를 발전시키기 위한 구성요소에는 단순한 기술적 도구(tool)에서 목적을 포함한 도구(instrument)로의 변화(Guin & Trouche, 1999), 직접적인 기능적 계산, 검산, 또는 개념적 수학 지식의 확립과 같은 수학 지도에 있어서의 기술적 도구로 사용되어지는 질적으로 다양한 방법의 세분화를 말한다고 하였다. 자칫 테크놀로지 활용 교육이 포괄적인 논리적 영역보다는 기능적인 교육에 치우치는 경향이 있으므로(이화현 외, 2006; 이철현, 2001), 단순하게 기술을 활용하는 교육이 아니라 기술 기반의 사고력 향상이나 문제해결력 증강 등의 시너지 효과를 창출할 수 있도록 교수전략을 세우는 일도 중요하다.

1.2 도구발생: 도구장착과 도구화

도구장착(Instrumentation)이란 주체자가 스스로 도구에 적응하는 것을 의미하며, 도구화(Instrumentalization)란 주체자가 도구를 주체자 자신에게 적합화하여 활동하는 것을 말한다. Artigue(2005)와 Guin & Trouche(1999)는 연장(tool)과 도구

(instrument)라는 용어사용의 구별을 명확하게 하였다. Rabardel(Rabardel, 1995; Vérillon & Rabardel, 1995)과 Artigue (2002)에 의하면, 행동계획에 연관된 사용과 활용, CAS라는 도구(tool)의 변환 또는 도구로서의 인공물을 통하여, 학생들에게 있을법한 도구발생(Instrumental Genesis)의 과정을 설명하고 있다. 이러한 도구발생의 과정은 과제에 대한 특정한 도구의 선택에 따라 이를 어떻게 적용할 것인지, 선택한 도구의 사용이 무엇에 유용한지를 보여주는 것이다. Rabardel(1995)은 도구장착과 도구화라는 두 과정의 연관성에 대하여 설명 하고 있다. 전자는 사용자가 그 자신을 도구(tool)에 적응 하는 것이고 후자는 그러한 도구를 그 자신에게 적합하게 활용하는 것이다. Trouche(2005)는 이러한 개념을 활용하여 행동의 도구장착에 있어서 schemes의 중요성을 강조하였으며, 도구장착과정과 개념화 과정들은 이러한 schemes 들의 산출을 위해 상호의존적이라고 하였다. 그는 도구장착에 있어서의 학급의 구성과 도구장착활동이라는 두 가지는 각각의 개별적인 개념과 이들의 집합적인 특정한 개념들과 관련하여 명확하게 지도되어야 한다고 결론을 내렸다.

교사의 행동과 결정에 영향을 미치는 도구장착과 도구화는 특별한 수학적 과제를 채택하도록 요구한다. 교사들은 그들의 정신적 능력을 실행하는 것을 체계화할 뿐만 아니라 무엇을 어떻게 할 수 있는지를 고려해야만 한다. 단순한 기계적인 반복보다는 의미론적 입/출력, 대수적 기대, 그리고 화면과 메뉴 기능을 탐색하면서 어려움에 대처하는 능력이 필요하다. 이는 사용자와 수학간의 인식론적 기술과의 중재 가능성을 의미하면서, 특별한 개념상의 기술적 활동에 초점을 두고 있음을 의미한다(Guin, & Trouche, 1999).

1.3 잠재적 도구, 잠재적 제약 및 방해요소

교사가 공학도구를 활용할 때 영향을 주는 환경요소는 '잠재적 도구, '잠재적 제약, 방해요소'라는 3가지로 나누어 볼 수 있다. 잠재적 도구(affordance)는 가능한 수단을 뜻하는 것으로 긍정적인 요소이다. 잠재적 제약(constraints)은 어떤 행동을 유발하기 위한 여건으로 긍정적 또는 부정의 의미를 동시에 지닌다. 그리고 방해요소(obstacle)는 부정적인 의미를 나타낸다. 실생활 속에서 예를 들어보면, 학교에서 퇴근하여 집으로 가는 상황을 생각해 보자. 교통수단 중 하나로 자동차를 선택하였다면 그것을 잠재적 도구라고 할 수 있고, 만약에 자동차를 운전하려고 하는데 자동차 열쇠를 분실하여 찾을 수가 없다면 그것은 방해요소라고 할 수 있다. 만약, 차를 운전하고 가는 도중에 기름이 떨어져서 주유소에 들리거나, 또는 차가 밀려서 속도를 내지 못하는 등의 속도 제한이 있을 수 있고, 도로가 막혀서 우회하여야 하는 것과 같은 여러 가지 상황들은 잠재적 제약이라고 할 수 있다. 이를 [그림 1]에서와 같이 테크놀로지를 사용하는 교실 환경에서 예를 들어보면 CAS(Computer Algebra System)등의 공학도구는 잠재적 도구를 의미하고, 공학도구의 활용과 관련한 학습교재, 교사의 교육적 기술지식(PTK), 공학도구의 활용을 위한 교사연수, 공학도구를 사용할 수 시간적 제약, 기술적인 문제발생, 기술적인 지원 등은 잠재적 제약이다. 또한 학교나 교육청에서 공학도구를 제공해 주지 않는다거나 응용프로그램이 없는 경우 등은 방해요소라고 할 수 있다.

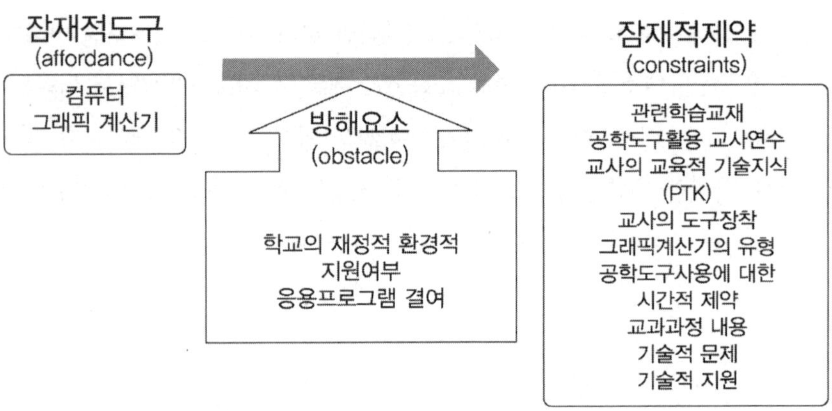

[그림 1] 테크놀로지가 도입된 수업에서의 잠재적 도구, 잠재적 제약 및 방해요소

공학도구의 적용을 도구발생측면에서 살펴보면 교사가 잠재적 도구를 적용하고, 재조직 하는 과정인 도구화와 교사가 사용한 자원이 교사의 활용에 영향을 미치는 과정인 도구장착을 통해 이루어진다. 도구화는 교사의 수학 지식이나 작업 방식이 중요한 변수의 하나이며, 도구장착은 도구자체의 특성이 잠재적 도구와 잠재적 제어로

동시에 작용한다. Gibson(1977)의 잠재적 도구와 잠재적 제어 이론에서 제시된 것처럼, 교사의 효율적인 테크놀로지의 사용에 있어서는 교사와 환경간의 관계를 생각해 볼 수 있다. 잠재적 도구는 어떤 행위를 유도하는데 필요한 교육적 환경 또는 발생가능성 있는 상호 잠재적 여건을 의미하고, 잠재적 제어는 잠재적 도구의 특성에 구조와 방향을 제시 하는 것이다(Greeno, 1994). 여기서 교사의 역할은 학습 현장에서 잠재적 도구와 잠재적 제어를 잘 사용하고 조화를 이루게 하는데 있어서 중요한 역할을 한다고 할 수 있다(Kennewell, 2001).

1.4 공학도구에 대한 교사의 확신

그래핑 계산기와 같은 공학 도구를 사용하는 수학 수업에 있어서 교사의 확신에 영향을 주는 여러 가지 요인들이 있다. 예를 들어, 공학 도구를 사용하는 교사의 태도와 같은 내적 요인과 학교 관계자, 또는 동료교사의 지원 등과 같은 외적 요인들이 있다. 수학 학습지도에 있어서 테크놀로지의 완벽한 활용에 영향을 주는 요소들에 대하여 Goose(2005)는 다음과 같이 언급하였다.

- 테크놀로지를 사용하는데 있어서의 과거의 경험과 숙련 정도
- 전문교육을 통한 배움의 기회 제공
- 컴퓨터나 그래핑 계산기와 같은 하드웨어에 대한 접근 가능성
- 소프트웨어, 컴퓨터실, 그리고 적절한 학습지도와 관련된 교재의 구비여부
- 기술적 지원 여부
- 학교 또는 동료교사들의 뒷받침
- 교육과정과 시험에 있어서의 테크놀로지의 사용 여부
- 교사가 학생들로 하여금 테크놀로지의 사용을 다른 수학적 능력으로 인식 할 수 있도록 이해시키는 방법
- 수학에 관한 확신과 어떻게 테크놀로지에 접목시킬지에 대한 방법.

그래핑 계산기와 같은 테크놀로지의 사용을 수업에 도입하고 이를 지속적으로 사용하는 것은 잠재적 도구로서의 테크놀로지에 대한 교사의 확신에 큰 영향을 미친다고 할 수 있다. 그 확신은 그래핑 계산기를 이용한 수업의 질뿐만 아니라 학습지도를 함에 있어서 테크놀로지를 사용하는 교사의 태도 및 개인적인 지식능력과도 연관 지을 수 있다.

Thomas & Hong(2005a, 2012)은 그래핑 계산기를 수단으로 사용하는 교사들로 하여금 어떻게 하면 자신감을 가질 수 있는지에 관한 방법을 연구하였다. 연구 결과에 따르면, 그래핑 계산기의 사용방법에 대한 지식이 부족하거나 이의 활용에 대한 확신이 결여된 교사가 그래핑 계산기를 이용하여 가르친다면, 학생들로 하여금 기능적인 계산과 단순한 동작의 메뉴 키를 누르면서 형성 될 수 있는 조작적 문제 쪽으로 너무 치우칠 수 있을 뿐만 아니라 수학적 사고에 오히려 해가 될 수 있다고 하였다. 그러므로 더 높은 수준의 도구장착이 된다면 더욱 높은 수준의 자신감을 얻게 되고, 그것이 도구화됨으로써 도구 발생(instrumental genesis)이 가능하고, 교사는 개념에 대한 다양하고 수준 높은 표현 방법과 탐구적인 학습 면에 중점을 둘 수 있다고 할 수 있다.

CHAPTER 02

그래핑 계산기의 활용

2.1 초기화면

그래핑 계산기에서 주로 많이 사용하는 계산기 화면은 대수화면, 그래프 화면, 그리고 표로 나누어질 수 있고 [menu]를 선택하면 아래와 같이 각 화면별로 다양한 선택 창을 볼 수 있다.

그래핑 계산기의 결과 값의 자릿수(Float), 각도(Radian 또는 Degree)등의 일반적인 계산기 초기 화면에서 [5:Settings]을 선택하여 정의한다.

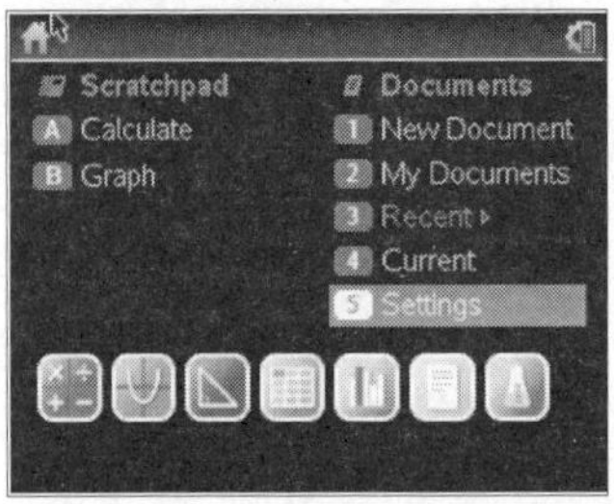

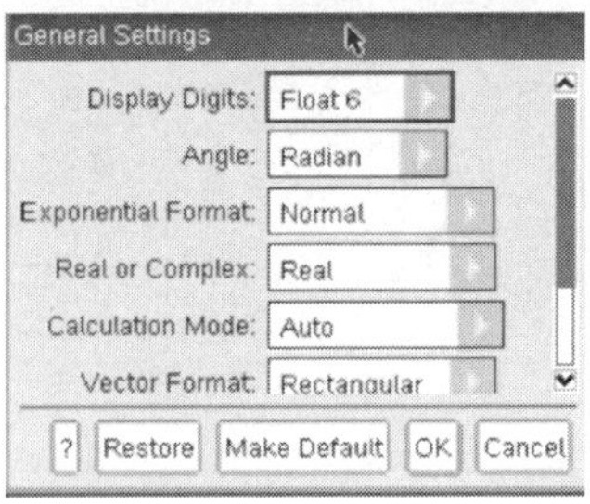

2.2 대수화면

초기화면에서 ⊞을 선택하면 아래와 같이 대수초기화면이 나타난다. 예를 들어, 방정식 풀기와 인수분해를 하면 다음과 같이 할 수 있다.

키 누르기	계산기 화면	대수화면
[Menu] [3:Algebra] [1:Solve] $x^2-2x-3=0$ [,] x [enter] [2:Factor] x^2-2x-3 [enter] [1:solve] $x^2-2x-3>0$ [,] x [enter] [5:Complete the Square] x^2-2x-3 [,] x [enter]	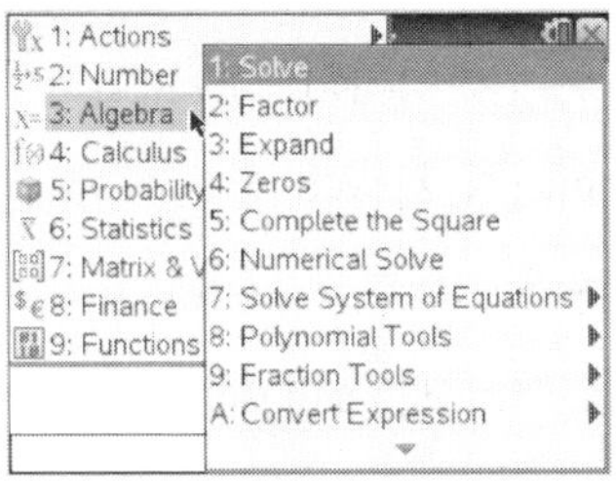 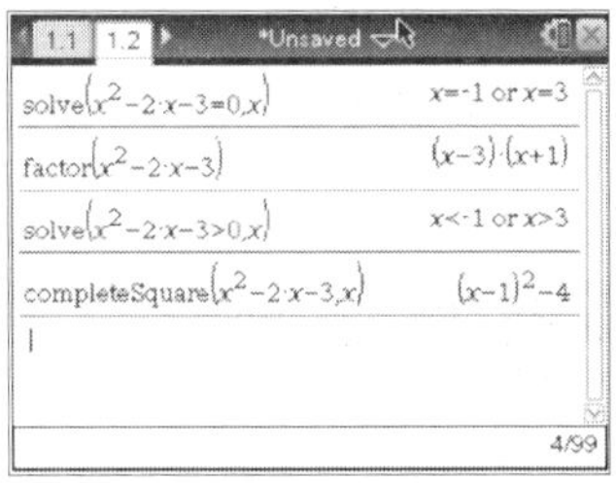	방정식 풀기 인수분해 하기 부등식 풀기 완전제곱 꼴 식 뒤에 [,][x]는 x에 관하여 푼다는 의미로 붙여진다.
[4:Calculus] [1: Derivative] [x] x^2-2x-3 [enter] [3:Integral] [(-)1] [3] x^2-2x-3 [enter] [4:Limit] [x] [2] [+] x^2-2x-3 [enter]	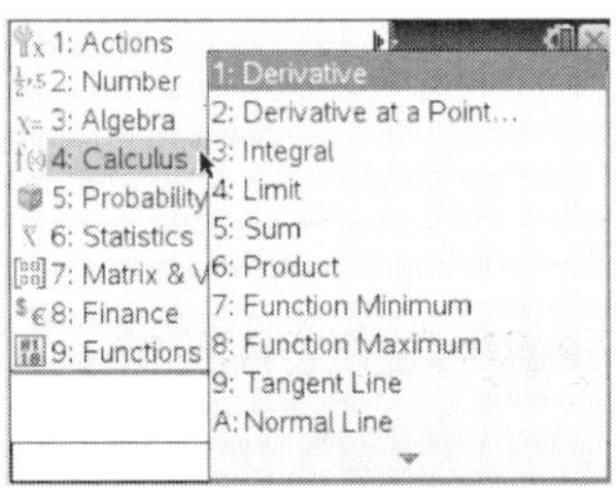 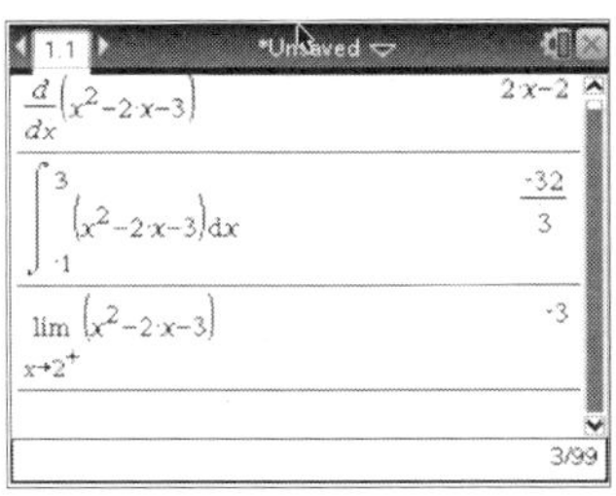	도함수: 예를 들어, $\frac{d}{dx}(x^2-2x-3)$는 x^2-2x-3를 x에 관하여 미분한다는 것을 의미하므로 방향키를 움직이면서 $\frac{d}{d(?)}$에 x와 함수식을 입력한다. 정적분: $\int dx$ 형식에 순서대로 하한값, 상한값 그리고 함수식을 입력한다. 극한값: $\lim_{\to}$ 형식에 순서대로 입력한다.

2.3 그래프 그리기와 화면 조절

그래프를 그리기 위해 를 선택하면, 함수 입력칸이 $[f1(x)=, f2(x)=, \ldots, f99(x)=]$와 같이 나타난다. 예를 들어, 함수 $f(x)=-x+2$를 그리고자 한다면, $f1(x)=$ 에 $(-)x+2$라고 입력시킨다.
여기서 계산기 입력 시에 주의할 점은 음수$(-)$와 빼기 '$-$'를 구별해서 입력해 주어야 한다. 예를 들어 $-2-6$인 경우 (-)2-6이라고 입력해야 한다.

그래프를 그리고 그 전체를 화면에 나타나도록 조절하기 위해서는 수동적인 방법으로 [menu]에서 [Window/Zoom]의 [1:Window Settings]을 선택한다. 화면상에 Xmin(x축의 최솟값), Xmax(x축의 최댓값), Xscl(x값의 간격), Ymin(y축에서의 최솟값), Ymax(y축에서의 최댓값) 그리고 Yscl(y값의 간격)이 나타나면, 차례대로 넣어서 수동으로 그래프의 크기를 조절할 수 있다. 입력한 함수에 대하여 자동으로 화면에 맞게 조절하기 위해서 [A:Zoom-Fit]를 선택하면 입력한 함수 전체가 화면에 나타난다.

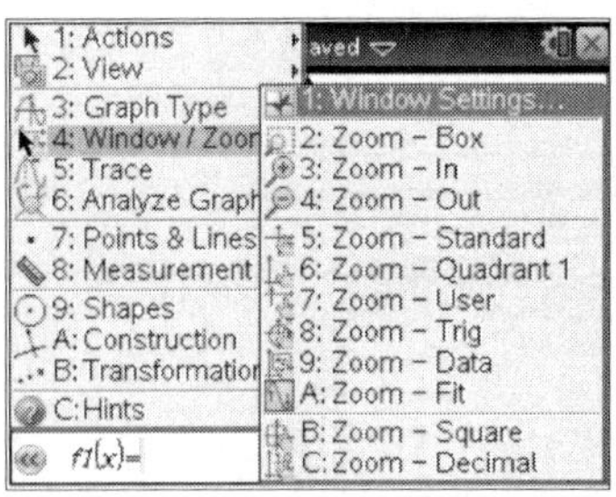

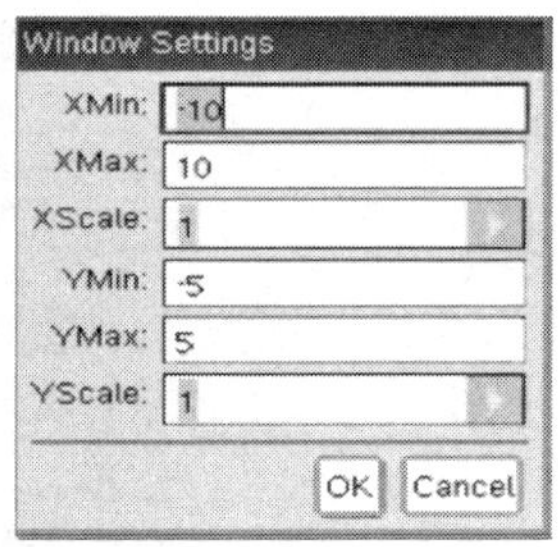

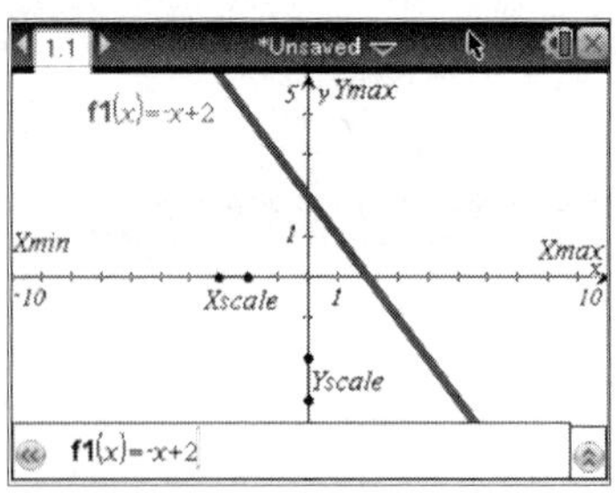

2.4 표로 나타내기

그래프를 표와 함께 나타내기 위해서는 [menu] [7:Table] [1:Split-screen Table]과 같은 순서로 선택을 하면 그래프와 함께 오른쪽에 표가 나타나서 한 화면에서 비교 할 수 있다. 표에서 x값의 간격을 조절하기 위해서는 [ctrl] [menu] [2:Table] [5:Edit Table Settings..]을 선택하여 [Table Start]에 표의 시작 값을 입력하고, [Table Step]에 x값의 간격을 입력한다.

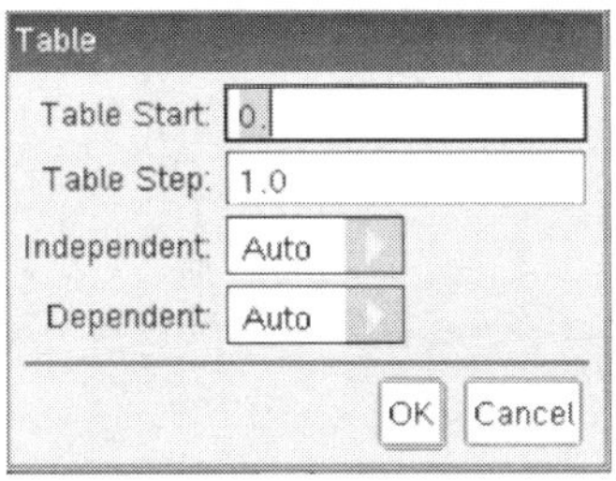

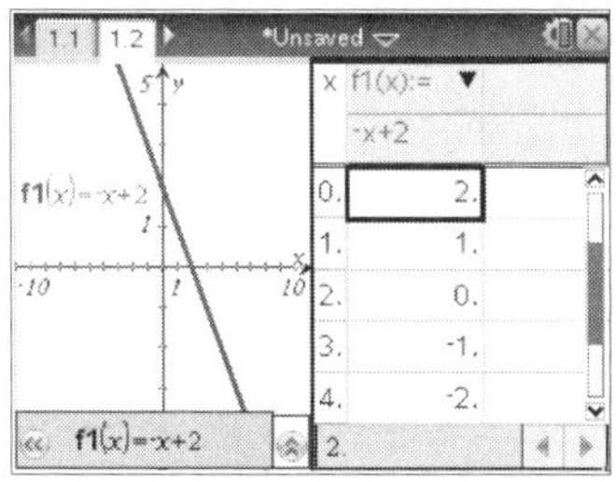

2.5 조건 함수 그리기

예제 1 $y=\begin{cases} x^2 & (x \le 3) \\ x+6 & (x > 4) \end{cases}$의 그래프를 그리시오.

주어진 함수를 입력시키기 위해서는 그래프화면에서 를 선택하고 함수 입력창에 $\begin{cases} x^2 & , x \le 3 \\ x+6 & , x > 4 \end{cases}$라고 입력하면, 다음과 같은 그래프가 그려진다.

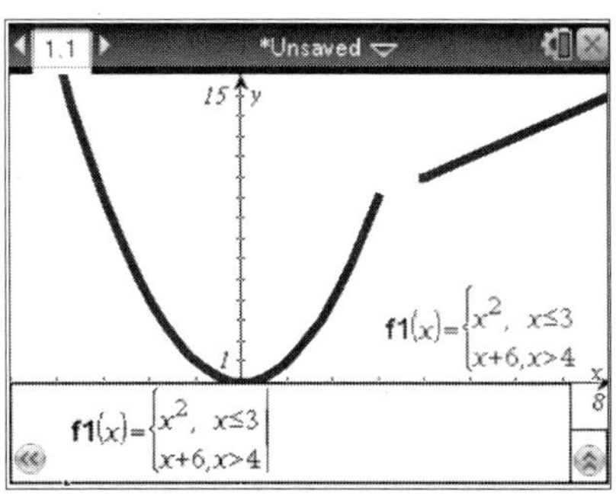

2.6 함수의 연산과 합성함수

대수 화면 을 선택하여 [menu] [1:Actions] [1:Define] 기능을 활용하면 함수의 연산과 합성함수를 대수적, 그래프, 표로써 이해할 수 있다. 예를 들어, 함수 $f(x)=x^2+2$, $g(x)=2x+3$이라고 정의하면, 연산을 하고, 합성함수를 다음과 같이 대수적 표현, 그래프, 그리고 표로써 나타낼 수 있다.

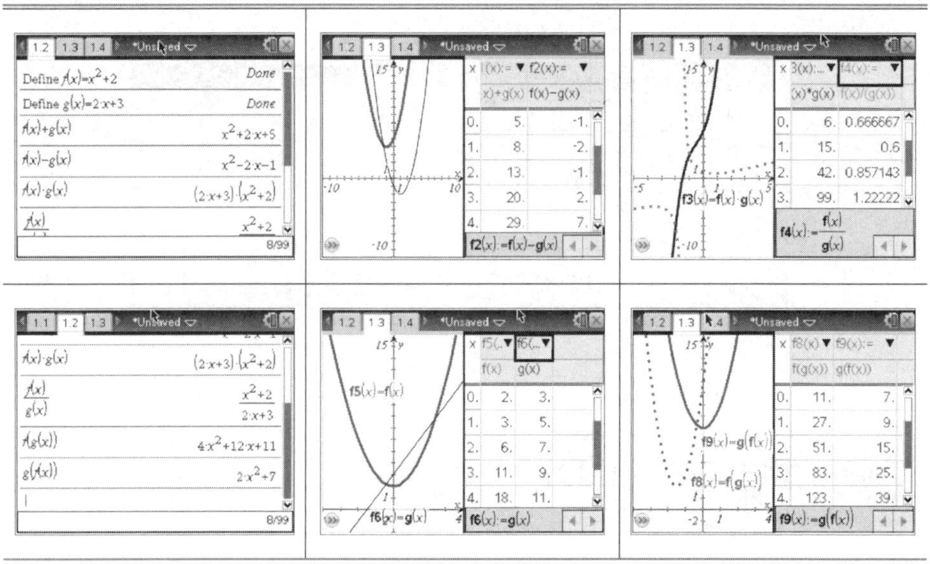

2.7 그래프의 평행이동

2.7.1 변수의 이해

여러 가지 함수를 정의하고 [Slider] 기능을 활용하면 각 함수에 있어서 변수의 변화를 쉽게 탐색할 수 있고 평행이동 개념도 쉽게 이해할 수 있다. 예를 들어 이차함수를 $f1(x)=a(x-b)^2+c$라고 정의하면 a, b, c의 변화를 쉽게 탐색할 수 있다.

키 누르기	계산기 화면	설명
[on] $f1(x) = a \times (x-b)^2 + c$ [menu] [1:Actions] [A:Insert Slider] [Settings] [Variable] a [Value]1 [Minimum] 1 [Maximum] 10 [Step size] 2 [3:Animate] [enter]	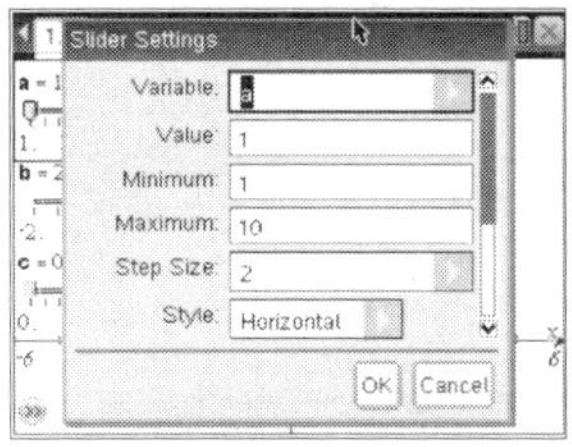 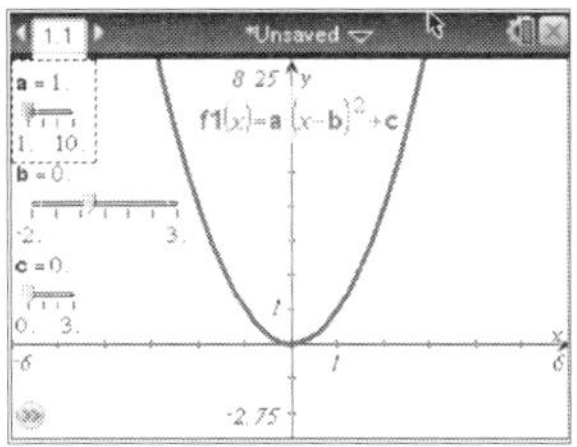 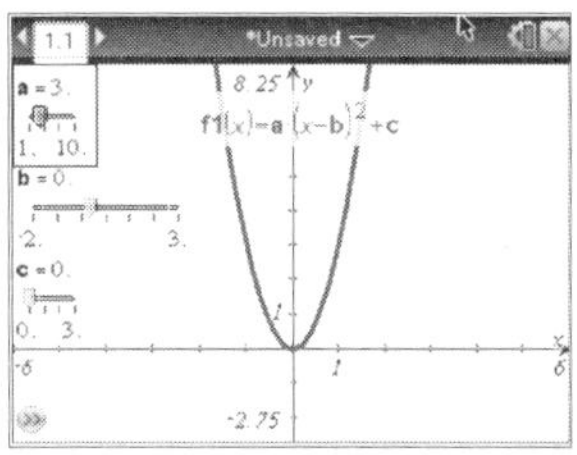 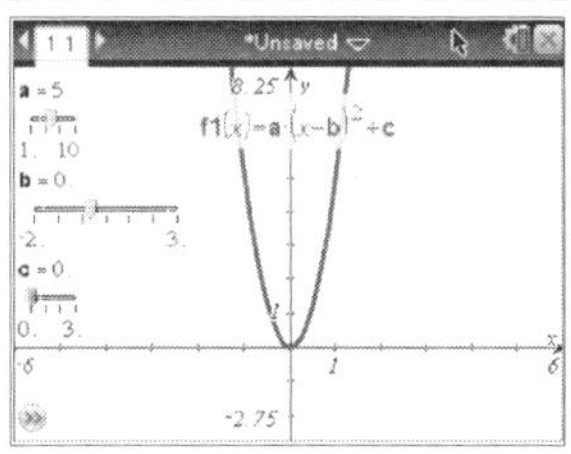	$f1(x) = a(x-b)^2 + c$라고 정의한다. 변수 a, b, c를 정의하기위하여 [Slider] 기능을 활용한다. [Slider]가 $[v1 =]$ 형태로 나타나면, [ctrl] [menu]를 누르고 [Settings]을 선택한다. 변수를 a로 정의 하고, 초기값(value)=1, a의 변역을 1부터 10까지 정하고 a값의 변화를 2만큼씩 변하도록 정한다. 가 나올 때까지 방향키를 slider에 가까이 대고 움직이면 a값이 1, 3, 5, ..., 9까지 변하고, 그에 따르는 그래프의 변화를 알 수 있다. 즉, 그래프가 점점 y축에 가까워진다는 것을 알 수 있다. [Slider]를 선택하고 [Animate]를 선택하면 자동으로 그래프가 변화하는 것을 볼 수 있다.
[menu] [1:Actions] [A:Insert Slider] [Settings] [Variable] b [Value] 0 [Minimum] (-)2 [Maximum] 3 [Step size] 1 [menu] [1:Actions] [A:Insert Slider] [Settings] [Variable] c [Value] 2 [Minimum] 0 [Maximum] 3 [Step size] 1	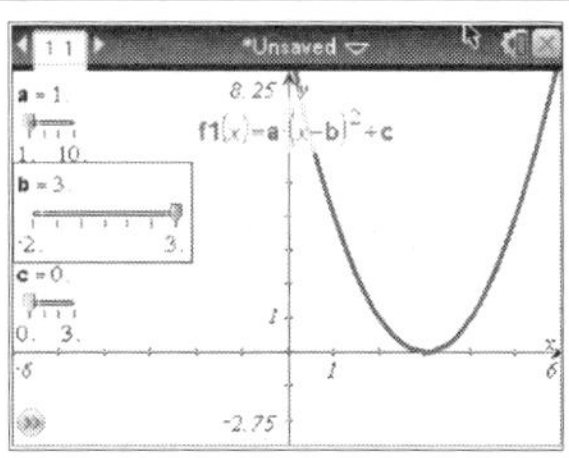 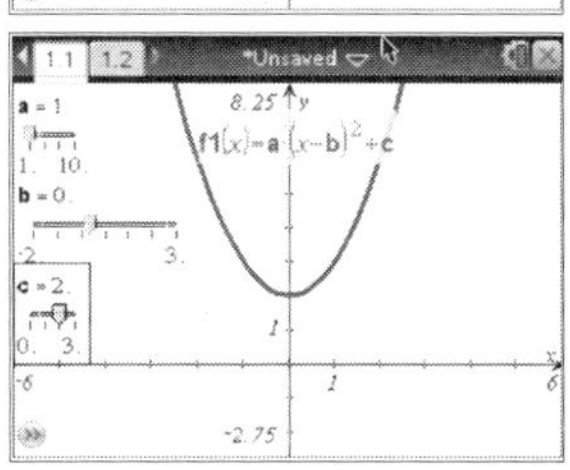	마찬가지로 b값을 정의한다. 가 나올 때까지 방향키를 slider에 가까이 대고 움직이면 b값에 따라 그래프가 x축을 따라 좌우로 평행이동 한다는 것을 알 수 있다. 또한 c값의 변화는 y축을 따라 상하로 움직인다는 것을 알 수 있다.

마찬가지로 삼각함수에 있어서도 $f1(x)=a\times\sin(b\times x)+c$라고 정의 하고, [Slider]를 활용한다면 a, b, c의 변화에 따라 y=sin$x$와 비교할 때 어떤 변화를 주는지 알 수 있고, 주기와 진폭에 대한 개념을 스스로 탐색할 수 있다. 즉, a값이 변하면 다음과 같이 진폭이 점점 커진다는 것을 알 수 있고,

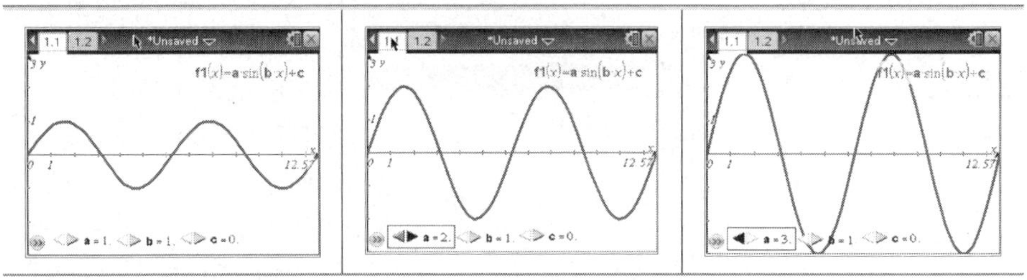

b값이 변하면, 다음과 같이 b값만큼의 진동 횟수가 생기고,

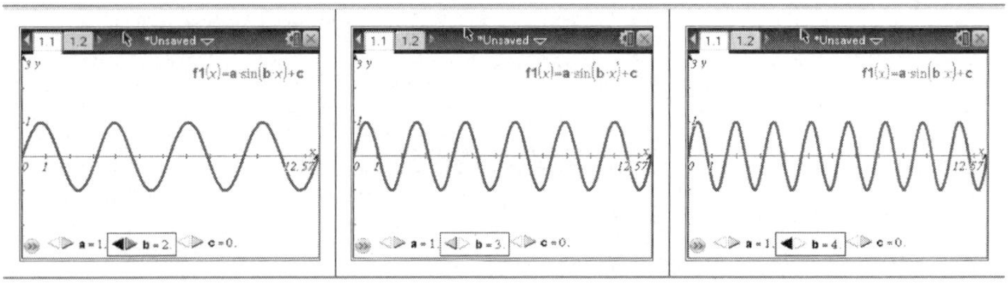

c값이 변하면, $y=\sin x$의 그래프가 단지 c값만큼 상하로 움직인다는 것을 알 수 있다.

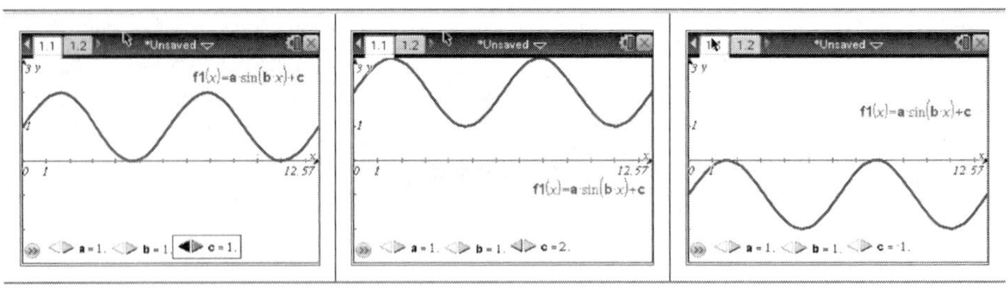

2.7.2 함수에서의 평행이동 개념

[Define]을 활용하여 함수 $f(x)=x^2$와 a와 b를 각각 $\{-3,2,2,3\}$라고 정의하면, $f(x-a)$와 $f(x)+b$에 대한 a와 b값의 변화에 따라 어떠한 변화가 일어나는지를 아래와 그림과 같이 대수적 표현과 그래프를 통하여 탐색해 볼 수 있다.

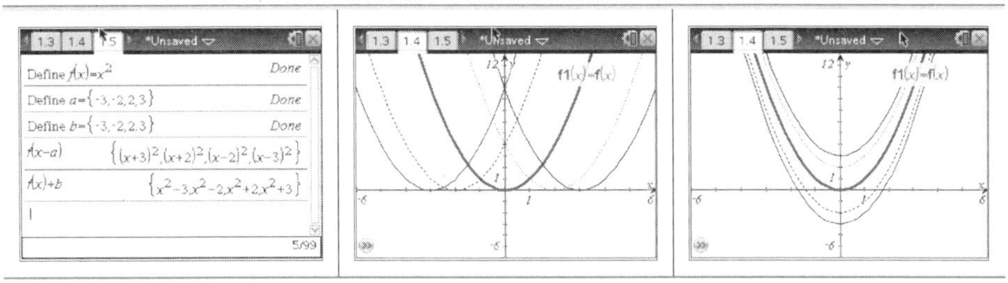

그 외에 함수 그래프 그리기에서 어려움을 겪고 있는 삼각함수나 지수·로그 함수 등에서도 $f(x)$를 다음과 같이 정의한다면 $f(x-a)$와 $f(x)+b$의 변화 또한 탐색할 수 있다.

$f(x)=e^x$	$f(x)=\log x$
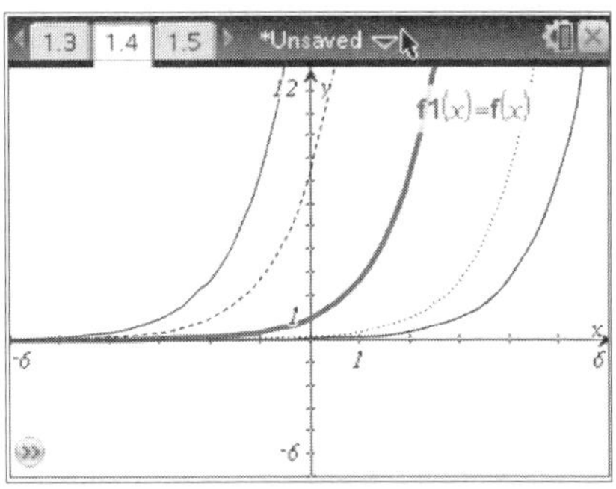	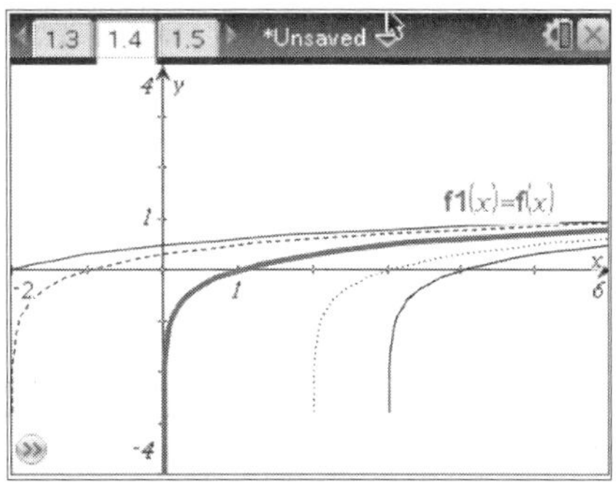
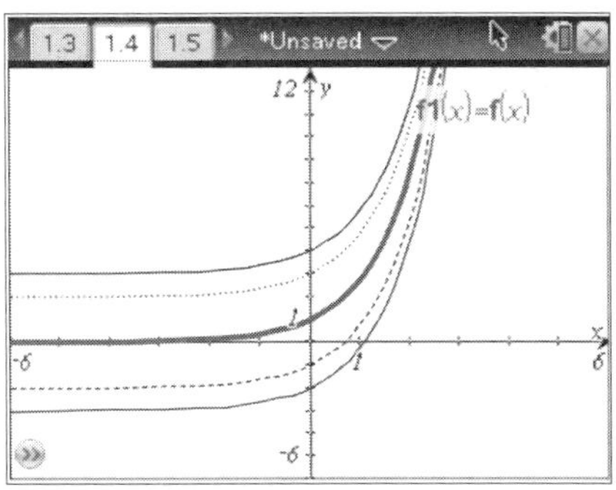	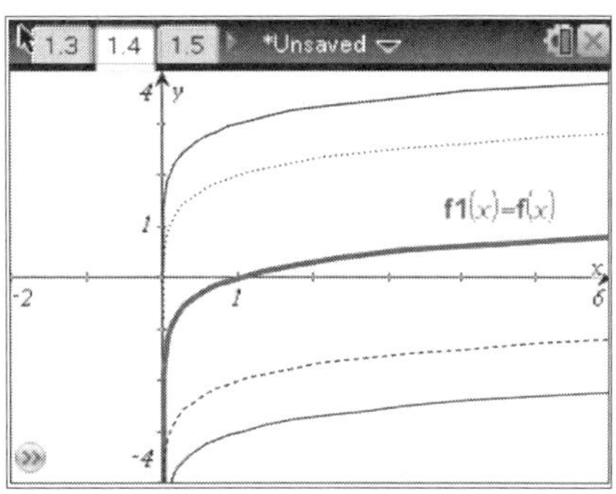

2.8 그림을 통한 함수 개형 찾기

다음 그림은 2012 올림픽게임 기계체조 도마부분에서 금메달을 획득한 양학선의 동작을 그림으로 나타낸 것이다. 아래 그림은 도마를 짚고 옆으로 3바퀴 비틀어 회전한 후에 착지하는 동작이다. 여기서 그래핑 계산기를 활용하여 수학적인 그래프 유형을 찾아보고, 최고점에 도달하는 위치도 찾아보자.

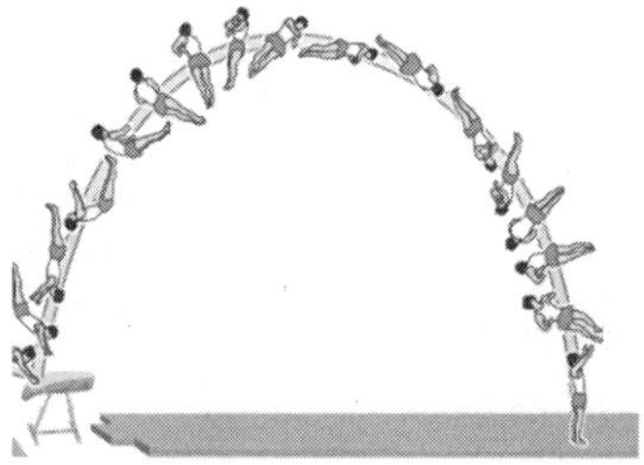

그래핑 계산기에서는 위와 같이 원하는 그림을 불러 들여서 수학적인 식으로 표현 할 수 있다.

키 누르기	계산기 화면	설명
[Insert] [image] [enter]	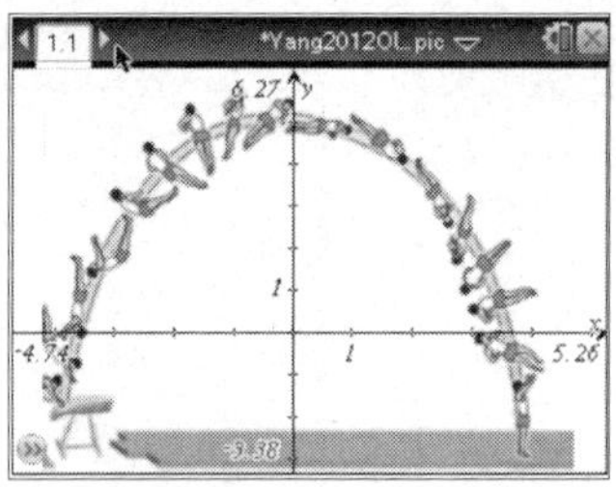	그래프 화면에서 그림을 불러들인다. 손이 도마에 닿는 순간을 기준으로 하기 위해 마우스의 포인터를 x축 가까이 대고 움직여서 x축과 y축이 만나는 원점의 위치를 도마로 움직인다.
$f1(x)=x^2$ [menu] [6:Analyze Graph] [3:Maximum] [lower bound?] [upper bound?]	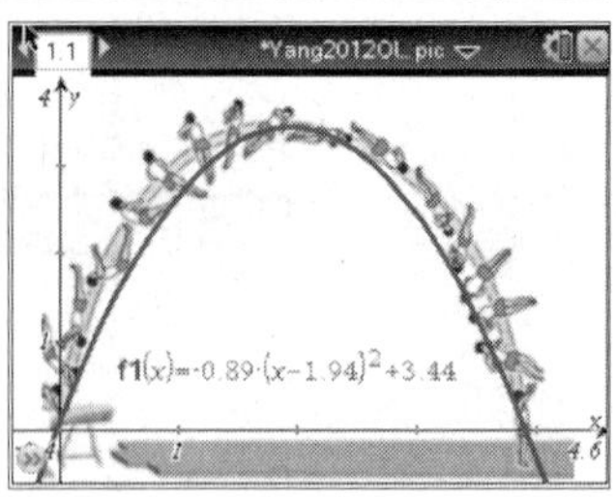	함수를 포물선으로 가정하여 함수 화면에서 x^2을 입력한다. ✥가 나타날 때까지 마우스를 그래프의 꼭짓점 가까이 대고 그림의 꼭짓점이라고 생각 되는 부분에 일치시켜본다. ⤡가 나타날 때까지 그래프 가까이 대고 마우스를 움직여서 그림과 일치시키도록 한다. 처음에 입력시킨 x^2이 그래프를

키 누르기	계산기 화면	설명
	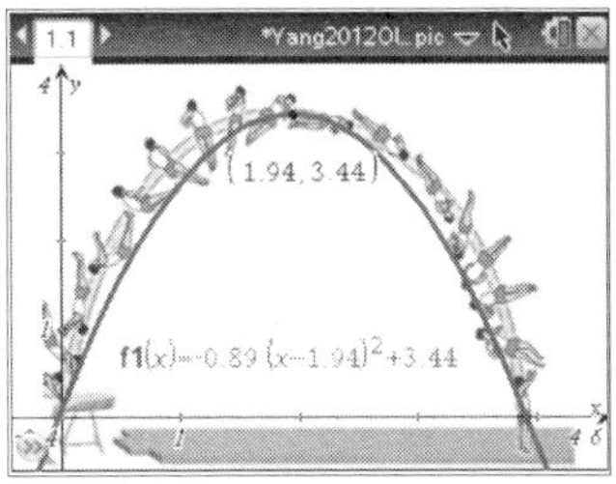	움직임에 따라 함수식도 따라 움직임을 알 수 있다. 최고 높이에 달하는 지점은 도마의 1.94m 지점에서, 최고 높이인 3.44m에 달한다는 것을 알 수 있다.

문제 그래핑 계산기를 활용하여, 다음에 주어진 그림에 맞는 그래프를 탐색해 보시오.

풀이 위와 같이 원하는 그림을 불러 들여서 수학적인 식으로 표현 할 수 있다. 예상되는 함수를 함수 화면에서 x^2라고 입력하고, 마우스를 ✥가 나타날 때까지 가까이 대고 아래 그림과 같이 움직여서 알맞은 함수 개형을 찾아 본다.

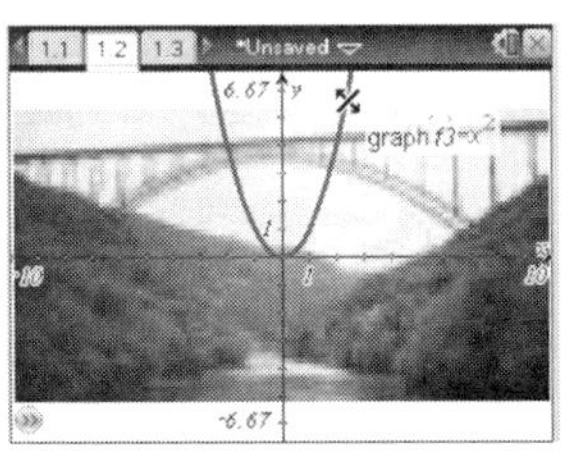

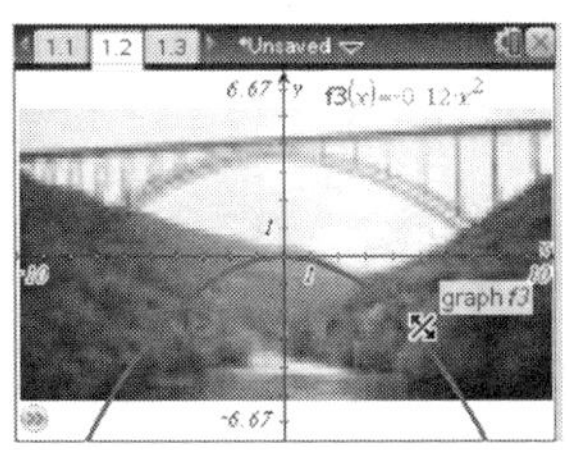

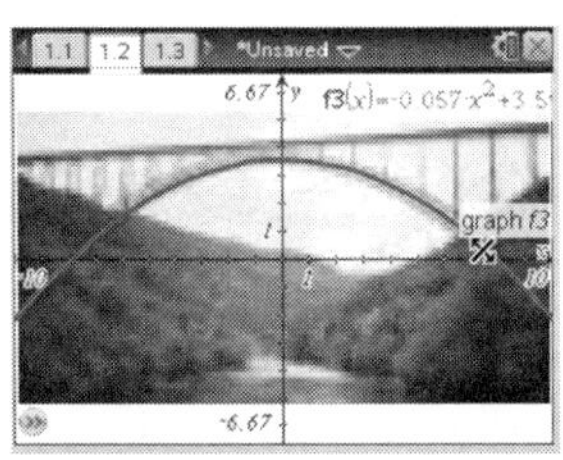

2.9 [Slider] 활용하기

2.9.1 이차함수의 최대

문제 함수 $y=-x^2-6x+a$의 최댓값이 11이라고 할 때, a값을 구하시오.

풀이 $y=-x^2-6x+a=(x+3)^2+a+9$

$x=-3$일 때, 최댓값 11을 가지므로, $a+9=11$

따라서 $a=2$이다.

그래핑 계산기를 활용한 풀이

키 누르기	계산기화면	설명
[on] [graph icon] [menu] [3:Graph Entry/Edit] [1:Function] $f1(x)=-x^2-6x+a$ [menu] [1:Actions] [A:Insert Slider] [Settings] [Variable] a [Value] 1 [Minimum] (-)10 [Maximum] 10 [Step size] 1 [menu] [6:Analyze] [3:Maximum] [lower bound?] [upper bound?]	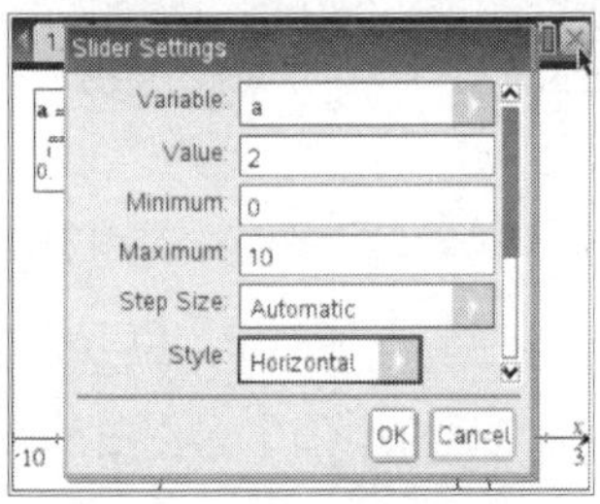 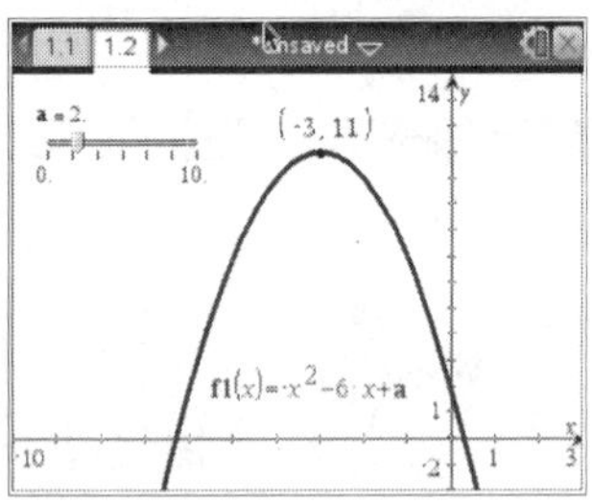 	**방법 1** 그래프화면에서 함수 $f1(x)=-x^2-6x+a$를 정의하고, [Slider]를 활용하여 a값을 변수로 정의한다. 방향키를 움직여 [Slider]를 선택하고, 방향키 ▶을 움직이면 a값에 따르는 최댓값의 변화를 알 수 있고 $a=2$에서 최댓값이 11임을 알 수 있다. **방법 2** 대수적으로 풀기 위하여 대수화면에서 완전제곱꼴 [Complete the Square]을 활용하여 $y=(x+3)^2+a+9$으로 변형한 후에 $a+9=11$을 a에 관하여 풀면, $a=2$임을 알 수 있다.

2.9.2 이차함수의 그래프와 판별식

> 모든 실수 x에 대하여 이차함수 $f(x)=ax^2+bx+c$의 판별식을 $D=b^2-4ac$ 라고 하면,
>
> a) 서로 다른 두 실근을 갖기 위한 조건: $D=b^2-4ac>0$
>
> b) 중근을 갖기 위한 조건: $D=b^2-4ac=0$
>
> 라고 할 수 있다.

그래핑 계산기의 [Slider]를 활용하면 이차함수를 a, b, c값의 변화에 따라 판별식 ($D=b^2-4ac$), 그리고 축의 위치와의 관계를 시각적으로 쉽게 이해할 수 있다.

키 누르기	계산기화면	설명
[on] [home] [menu] [1:Actions] [A:Insert Slider] [Settings] [Variable] a [Value] 1 [Minimum] (−)10 [Maximum] 10 [Step size] 1 [menu] [1:Actions] [A:Insert Slider] [Settings] [Variable] b [Value] 1 [Minimum] (−)10 [Maximum] 10 [Step size] 1 [menu] [1:Actions] [A:Insert Slider] [Settings] [Variable] c [Value] 1 [Minimum] (−)10 [Maximum] 10 [Step size] 1	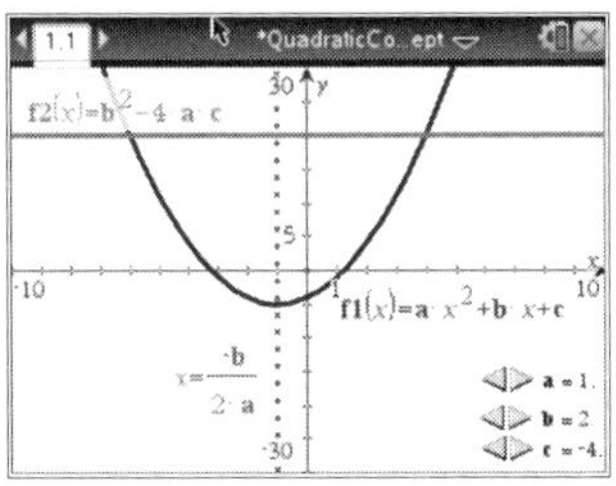 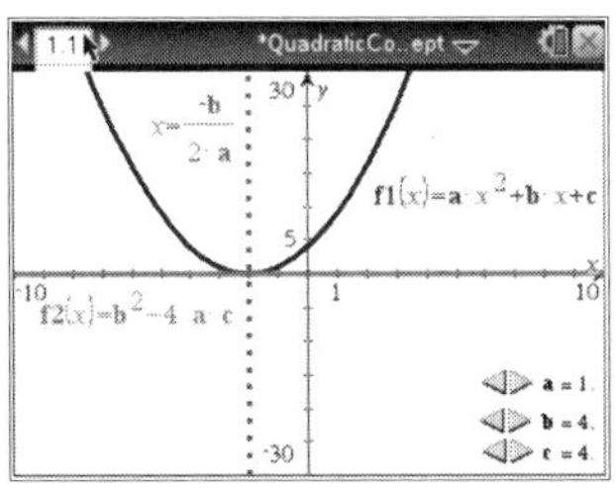 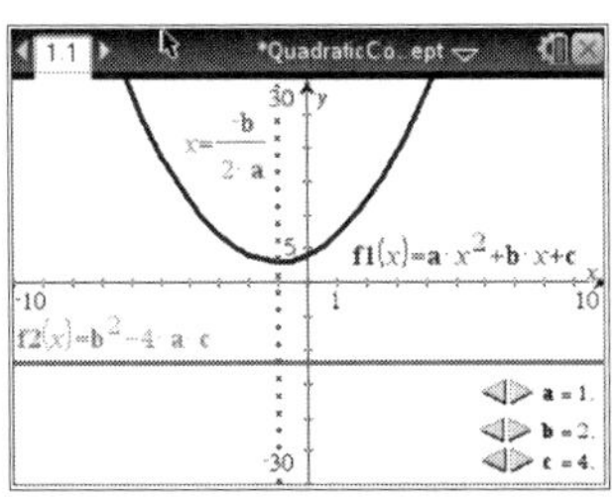 	그래프화면에서 [Slider]를 활용하여 $f(x)=ax^2+bx+c$에 대한 변수 a, b, c값을 -10에서 10까지 1만큼씩 움직일 수 있도록 정의한다. 방향키 ▶를 움직이면 a, b, c값의 변화에 따르는 그래프의 변화를 볼 수 있다. 함수 $f1(x)=ax^2+bx+c$와 판별식 D를 $f2(x)=b^2-4ac$, 대칭축을 $x=-\dfrac{b}{2a}$라고 정의한다. $a>0$일 때, 세 가지 경우를 살펴보면 다음과 같다. $a=1$, $b=2$, $c=-4$일 때, 그래프는 서로 다른 두 실근을 갖고, 판별식 $D=2^2-4(1)(-4)>0$이므로, 함수 $f2(x)=b^2-4ac>0$임을 그래

키 누르기	계산기화면	설명
[menu] [3:Graph Entry/Edit] [1:Function] $f1(x)=a\times x^2+b\times x+c$ [enter] $f2(x)=b^2-4a\times c$ [enter] [menu] [3:Graph Entry/Edit] [2:Equation] [1:Line] [2:$x=c$] $x=(-)b\div(2a)$ [enter]	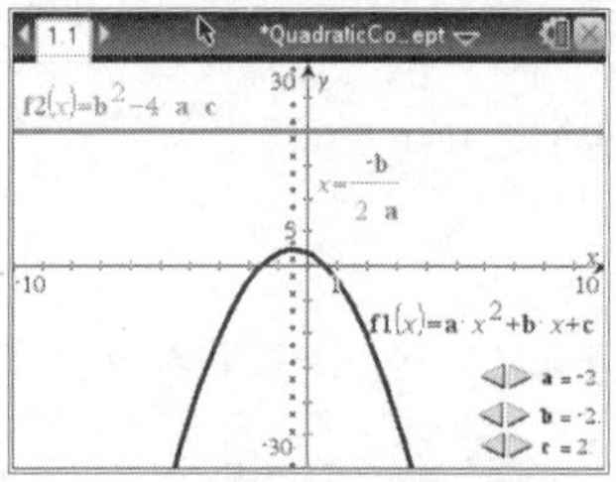 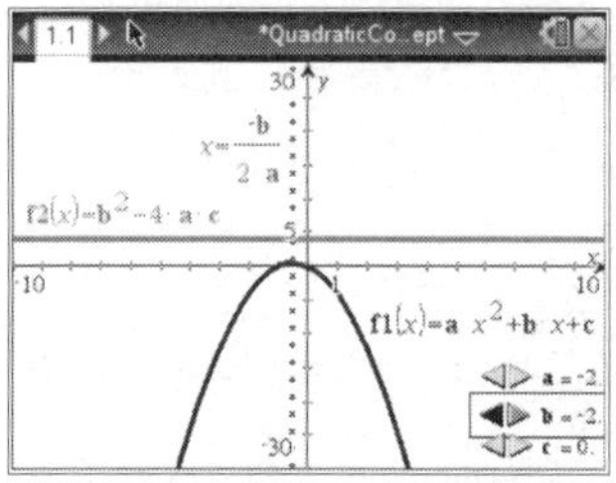 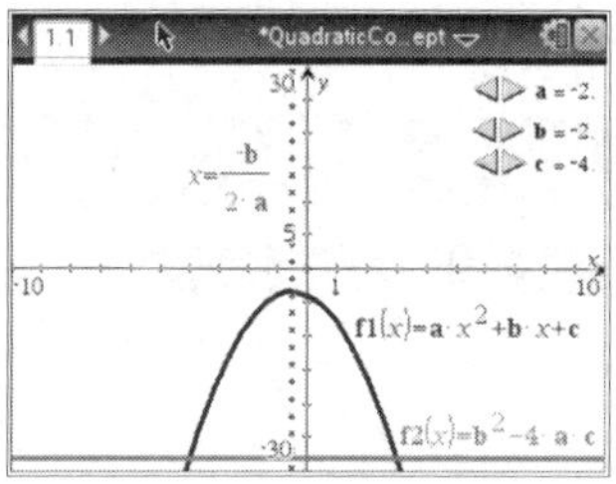	프 상에서 확인할 수 있다. $a=1,\ b=4,\ c=4$일 때, 그래프는 중근을 갖고, 판별식 $D=4^2-4(1)(4)=0$이므로, 함수 $f2(x)=b^2-4ac=0$가 x축과 일치한다는 것을 그래프 상에서 확인할 수 있다. $a=1,\ b=2,\ c=4$일 때, 그래프는 허근을 갖고, 판별식 $D=2^2-4(1)(4)<0$ 이므로, 함수 $f2(x)=b^2-4ac<0$ 임을 그래프 상에서 확인할 수 있다. $a<0$인 경우, $a=-2$, $b=-2$, $c=2$일 때, 판별식 $f2(x)>0$인 것을 보고 서로 다른 두 실근을 갖는다는 것을 알 수 있다. $a=-2$, $b=-2$, $c=0$일 때, 판별식 $f2(x)=0$이므로 중근을 갖는다는 것을 알 수 있다. $a=-2$, $b=-2$, $c=4$일 때, 판별식 $f2(x)<0$이므로 허근을 갖는다는 것을 알 수 있다.

문제 모든 실수 x에 대하여, 함수 $f(x)=x^2+ax+16$에 대하여,

a) 서로 다른 두 실근을 갖기 위한 a값의 범위를 구하시오.

b) 중근을 갖기 위한 a값을 구하시오.

c) 허근을 갖기 위한 a값의 범위를 구하시오.

키 누르기	계산기화면	설명
[on] [menu] [3:Graph Entry/Edit] [1:Function] $f1(x)=x^2+ax+16$ [menu] [1:Actions] [A:Insert Slider] [Settings] [Variable] a [Value] 1 [Minimum] (-)10 [Maximum] 10 [Step size] 1 [menu][3:Algebra] [1:Solve] $a^2-4\times16>0$ [,] x [enter] [1:Solve] $a^2-4\times16=0$ [,] x [enter] [1:Solve] $a^2-4\times16<0$ [,] x [enter]	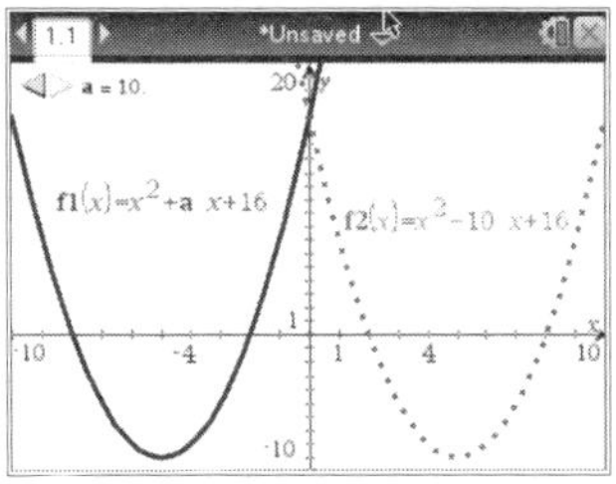 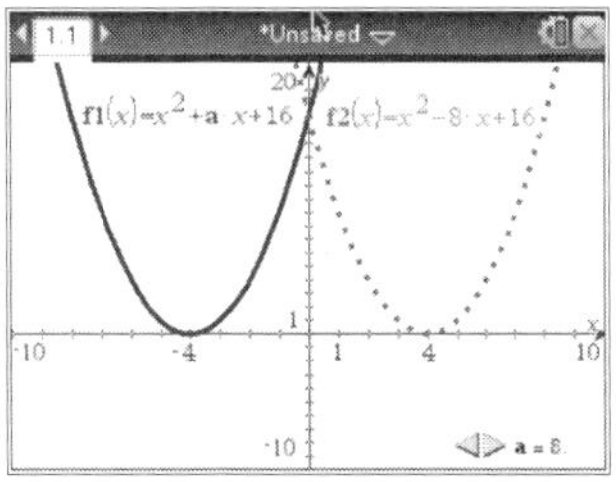 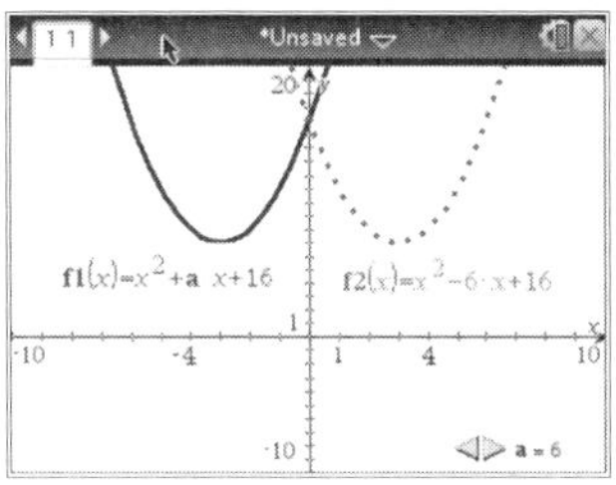 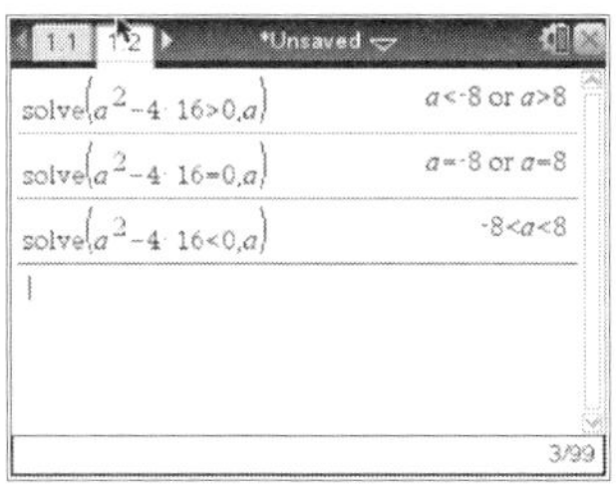	그래프화면에서 함수 $f1(x)=x^2+ax+16$를 정의하고, [Slider]를 활용하여 a값을 변수로 정의한다. 방향키 ▶를 움직이면서 a값의 변화에 따르는 그래프의 변화를 보고, 함수가 서로 다른 두 실근을 갖는지, 중근을 갖는지, 허근을 갖는지 a값을 직관적으로 찾을 수 있다. a값의 범위는 -10에서 10까지 정의하면 $a=10$과 -10일 때, 서로 다른 두 실근을 갖는다는 것을 알 수 있다. 임의로 $a=-10$인 $f2(x)=x^2-10x+16$를 정의하고 그래프를 그려서 비교하면 y축에 대하여 대칭관계이며 서로 다른 두 실근을 갖는다는 것을 확인 할 수 있다. 마찬가지로 $a=8$과 -8일 때, 중근을 갖는다는 것을 알 수 있다. 따라서, $a=8$과 -8을 기준으로 서로 다른 두 실근을 갖기 위한 조건은 $a<8$ or $a>8$, 허근을 갖기 위한 조건은 $-8<a<8$임을 알 수 있다. 대수적으로는 [Solve]를 이용하여 풀 수도 있다.

CHAPTER 03

일반풀이와 그래핑 계산기 활용 풀이

문제해결 과정에 있어서의 정형화된 풀이방법을 벗어나서 문제 상황과 결과를 분석하고 탐구적 학습이 가능하도록 하기 위하여 교과과정에 포함된 일반적인 내용인 일차함수, 방정식, 이차함수, 부등식의 영역, 지수·로그함수, 삼각함수, 수열, 극한, 미분, 그리고 적분문제를 그래핑 계산기의 활용을 통한 과정중심으로 보여줌으로써 수학의 개념에 도움이 되도록 구성하였다. 또한 그래핑 계산기를 처음 접하는 예비교사와 현장교사들을 위하여 문제에 대한 일반적인 풀이 방법을 먼저 제시하였으며, 계산기 사용법은 물론이고 수학적인 이해를 증진시키고자 키를 누르는 각 단계와 그에 따르는 화면을 함께 설명하였다. 이러한 문제들을 통하여 계산기와 같은 기술공학을 다룰 때 직면하게 되는 두려움을 해소하고, 이를 사용하는데 익숙해지도록 하는 것에 중점을 두었다.

3.1 일차방정식과 일차함수

문제 두 직선 $(2m+1)x+2y+4m=0$, $x+2my+1=0$에 대하여,

a) 두 직선이 수직이 되도록 하는 실수 m의 값을 구하시오.
b) 두 직선이 평행이 되도록 하는 실수 m의 값을 구하시오.
c) 두 직선이 일치하도록 하는 실수 m의 값을 구하시오.
d) 두 직선이 한 점에서 만나도록 하는 실수 m의 값을 구하시오.

풀이 a) 두 직선이 수직이려면,

$$(2m+1)\cdot 1+2\cdot 2m=0$$

이므로 $m=-\dfrac{1}{6}$이다.

b) 두 직선이 서로 평행하려면

$$\frac{2m+1}{1}=\frac{2}{2m}\neq\frac{4m}{1}$$

$\frac{2m+1}{1}=\frac{2}{2m}$에서 $m=-1$ 또는 $m=\frac{1}{2}$이다.

i) $m=-1$일 때, $\frac{2(-1)+1}{1}=\frac{2}{2(-1)}\neq\frac{4(-1)}{1}$이므로 두 직선은 평행하다.

ii) $m=\frac{1}{2}$일 때, $\frac{2(-\frac{1}{2})+1}{1}=\frac{2}{2(-\frac{1}{2})}=\frac{4(-\frac{1}{2})}{1}$이므로 두 직선은 일치한다.

따라서, $m=-1$일 때, 두 직선은 평행하다.

c) b)에서 구한 것처럼, $m=\frac{1}{2}$일 때, $\frac{2(-\frac{1}{2})+1}{1}=\frac{2}{2(-\frac{1}{2})}=\frac{4(-\frac{1}{2})}{1}$

이므로 두 직선이 일치하도록 하는 실수 m의 값은 $m=\frac{1}{2}$일 때이다.

d) 두 직선이 한 점에서 만나려면 $\frac{2m+1}{1}\neq\frac{2}{2m}$이므로,

$m\neq-1,\ m\neq\frac{1}{2}$인 모든 실수임을 알 수 있다.

그래핑 계산기를 활용한 풀이

키 누르기	계산기화면	설명
[menu][3:Algebra] [1:Solve] $(2m+1)\cdot1+2\cdot2m$ $=0$[,]m [menu][3:Algebra] [1:Solve] $\frac{2m+1}{1}=\frac{2}{2m}$[,]$m$ $(2m+1)x+2y+4m=0$[|] ▲ [enter]	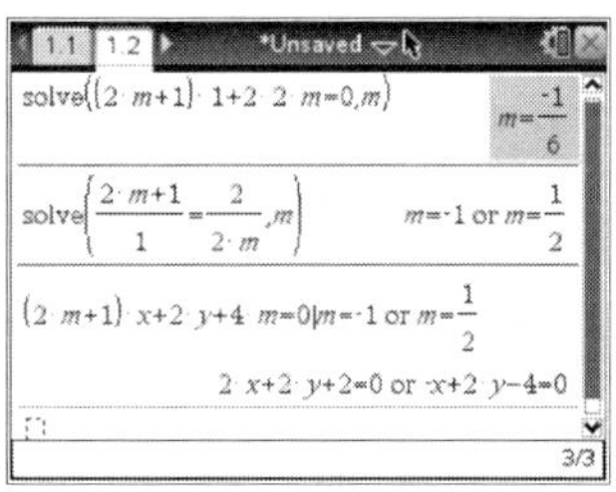	a) 대수 화면에서 두 직선이 수직이려면, $(2m+1)\cdot1+2\cdot2m=0$ 이므로 m에 관하여 풀면, $m=-\frac{1}{6}$이다. b) 두 직선이 서로 평행하려면 $\frac{2m+1}{1}=\frac{2}{2m}$이므로, m에 관하여 풀면

키 누르기	계산기화면	설명
[menu][3:Algebra] [1:Solve]▲ [,] y [enter] [menu][3:Algebra] [1:Solve] $x+2my+1=0$ [|]$m=-1$ or $m=\frac{1}{2}$ [enter] [menu][3:Algebra] [1:Solve]▲ [,] y [enter]	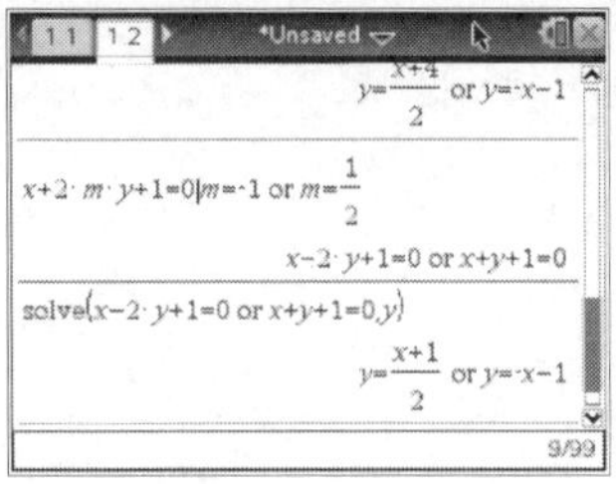	$m=-1$ or $m=\frac{1}{2}$임을 알 수 있다. c) b)에서 구한 m값을 두 직선의 식에 대입하면, $m=\frac{1}{2}$일 때, $x+y+1=0$으로 같다는 것을 알 수 있다. [Solve]를 이용하여, 두 식을 y에 관하여 각각 풀면, $m=-1$일 때, 두 직선의 기울기가 $\frac{1}{2}$로써 같으므로 두 직선이 평행관계임을 확인할 수 있다. d) 한 점에서 두 직선이 만나기 위해서는 평행이거나 일치하지 않으면 되므로, $m\neq-1$, $m\neq\frac{1}{2}$인 모든 실수임을 알 수 있다.
[on] [menu] [3:Graph/Edit] [2:Equation] [1:Line] [3:$ax+by=c$] $(2m+1)x+2y=-4m$ [menu] [3:Graph/Edit] [2:Equation] [1:Line] [3:$ax+by=c$] $x+2my=-1$ [menu] [8:Geometry] [3:Measurement] [4:Angle] [menu] [1:Actions] [A:Insert Slider]	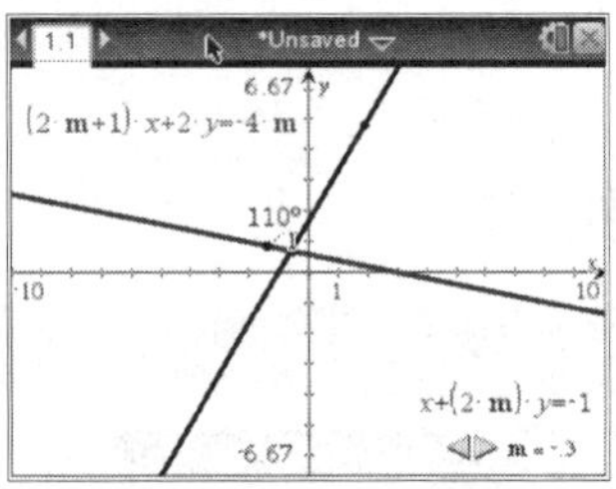 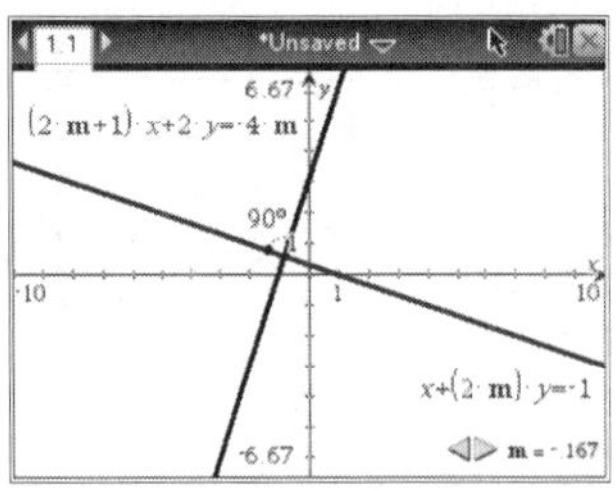	그래프 화면에서 [Equation]을 이용하여 $(2m+1)x+2y+4m=0$와 $x+2my+1=0$을 $ax+by=c$ 형태에 맞게 $(2m+1)x+2y=-4m$와 $x+2my=-1$으로 변형하여 입력하여 그래프를 그린다. 두 직선의 위치를 각도로 측정하기 위하여 [Angle]을 선택하고, 두 직선의 교점을 중심으로 하는 세 점을 정하면 각도가 측정되어 수직임을 나타낸다. m 값의 변화에 따르는 그래프의 위치 변화를 찾기 위하여, [Slider]를 만들고, m이 움직일

키 누르기	계산기화면	설명
[Settings] [Variable] m [Value] 0 [Minimum] (-)0.3 [Maximum] 2 [Step size] 0.01	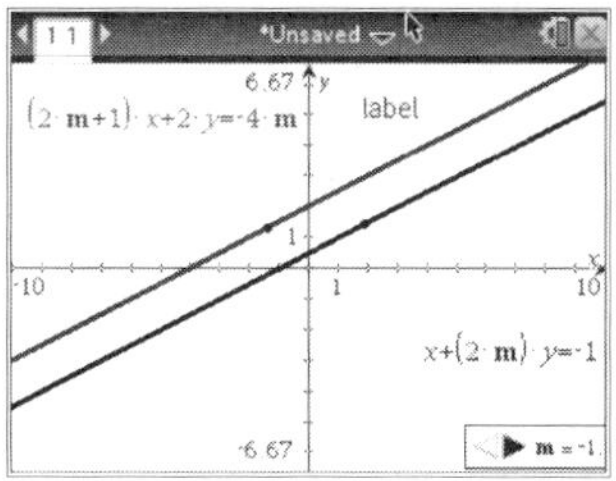 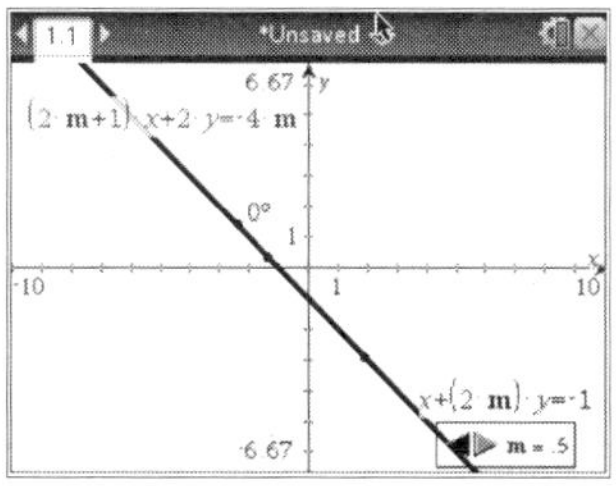	범위를 -1부터 2까지 0.01간격으로 움직이도록 정한다. 방향키를 slider에 가까이 대고 방향키 ▶를 좌우로 움직이면 m값에 따르는 그래프의 변화를 알 수 있다. a) 수직이 되도록 하기 위한 m 값은 $-0.167(=-\frac{1}{6})$임을 알 수 있다. b) 평행이 되도록 하기 위한 m 값은 -1임을 알 수 있다. c) 두 직선이 일치하도록 하기 위한 m 값은 $-0.5(=-\frac{1}{2})$임을 알 수 있다. d) 한 점에서 만나도록 하는 실수 m값은 평행하거나 일치하지 않아야 하므로 $m \neq -1$, $m \neq \frac{1}{2}$인 모든 실수임을 알 수 있다.

문제 점 (6, 8)을 지나고, 직선 $3x-5y=11$과 평행한 직선의 방정식을 구하고 그래프를 그리시오.

풀이 주어진 직선의 방정식 $3x-5y=11$은 $y=\frac{3}{5}x-\frac{11}{5}$이다.

평행한 직선의 방정식은 기울기가 $\frac{3}{5}$으로 같고, 점 (6, 8)을 지나므로,

$y=\frac{3}{5}(x-6)+8=\frac{3}{5}x+\frac{22}{5}$이다.

그래핑 계산기를 이용한 풀이

키 누르기	계산기 화면	설명
[3:Algebra] [1:Solve] solve($3x-5y=11$, y) [enter] $y=\frac{3}{5}(x-6)+8$ [enter]	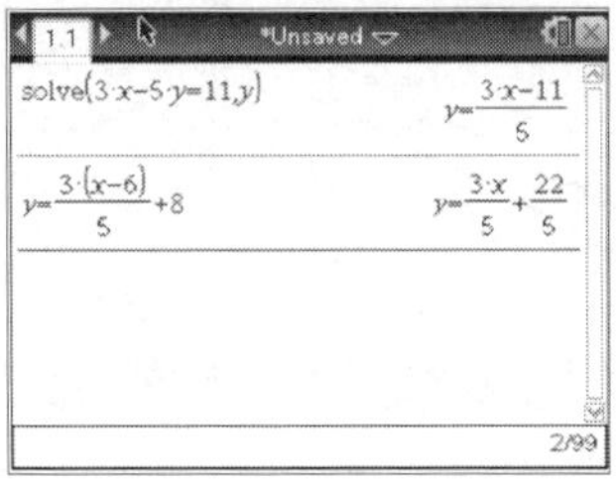	$3x-5y=11$을 y에 대하여 풀기 위해 [solve]를 선택한다. 평행한 직선의 방정식은 기울기가 $\frac{3}{5}$으로 같고, (6, 8)을 지나므로 $y=\frac{3}{5}(x-6)+8$라고 입력하면 $y=\frac{3}{5}x+\frac{22}{5}$이다.
[on] $f1(x)=\frac{3}{5}x-\frac{11}{5}$ [enter] $f2(x)=\frac{3}{5}x+\frac{22}{5}$ [enter]	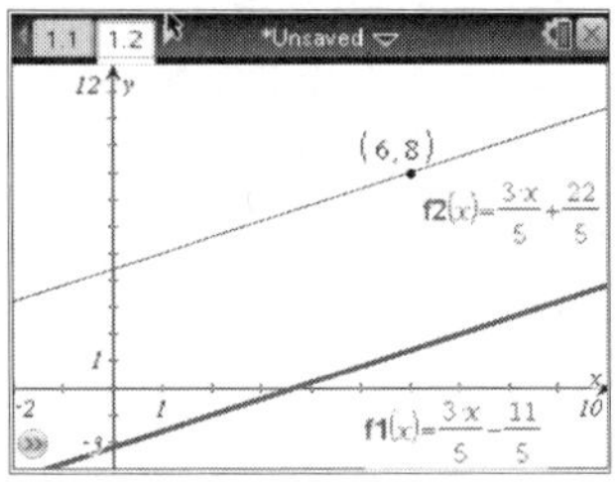	그래프 화면을 선택하고, 주어진 방정식을 함수식 $\frac{3}{5}x-\frac{11}{5}$로 변형하여 $f1(x)$에 입력시켜 그래프를 그리고, $f2(x)$에 $(6, 8)$을 지나는 그래프를 그리고 비교해 본다.

문제 직선 $3x+4y=8$과 $6x-10y=7$의 교점을 지나고, 처음 직선에 수직인 직선의 방정식을 구하여라.

풀이 $3x+4y=8$과 $6x-10y=7$을 연립시켜 풀면, $x=2$, $y=\frac{1}{2}$이므로 교점은 $\left(2, \frac{1}{2}\right)$이다.

처음 직선 $3x+4y=8$에 수직이므로, $-\frac{3}{4}\times m=-1$이다.

따라서 구하고자 하는 직선의 방정식은 기울기 $m=\frac{4}{3}$이고, 교점 $\left(2, \frac{1}{2}\right)$을 지나므로, $y=\frac{4}{3}(x-2)+\frac{1}{2}=\frac{4}{3}x-\frac{13}{6}$이다.

그래핑 계산기를 이용한 풀이

키 누르기	계산기 화면	설명
[3:Algebra] [1:Solve] solve($3x+4y=8$ and $6x-10y=7$, $\{x, y\}$) [enter] [1:Solve] solve($3x+4y=8$, y) $y=\frac{4}{3}(x-2)+\frac{1}{2}$ [enter]	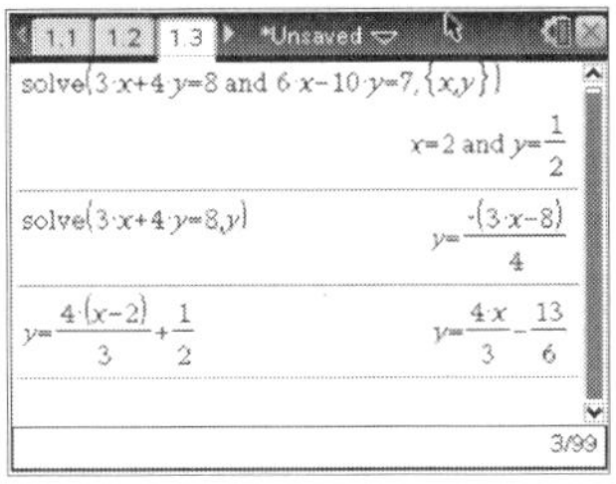	주어진 직선의 방정식의 교점을 구하기 위하여, [Solve]를 선택 하고, x, y값과 같이 여러 개의 변수들을 동시에 구하기 위해서는 $\{x, y\}$라고 입력하고, 방정식들은 [and]로 구별한다. $3x+4y=8$를 y에 관하여 풀어서 기울기가 $\frac{4}{3}$임을 알 수 있다. 구한 기울기 $\frac{4}{3}$와 교점 $\left(2, \frac{1}{2}\right)$을 이용하여 방정식을 구하면 $y=\frac{4}{3}(x-2)+\frac{1}{2}$이고, 입력하면, $y=\frac{4x}{3}-\frac{13}{6}$이다.
[on] $f1(x)=(-)(3x-8)\div 4$ [enter] $f2(x)=(6x-7)\div 10$ [enter] [menu] [6:Analyze] [4:Intersection] [menu] [8:Measurement] [A:Angle] [menu] [2:View] [A:Show Table]	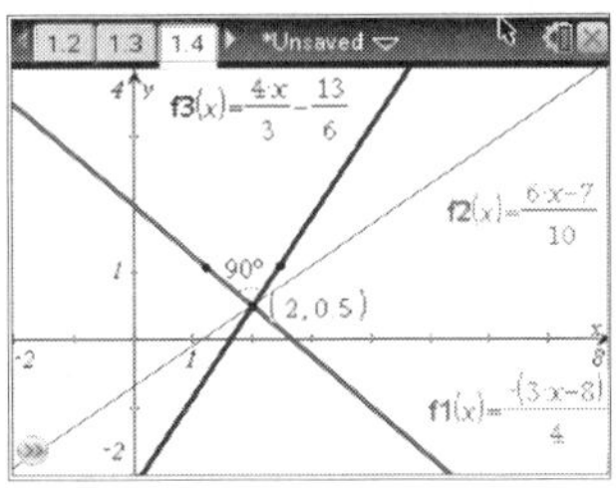 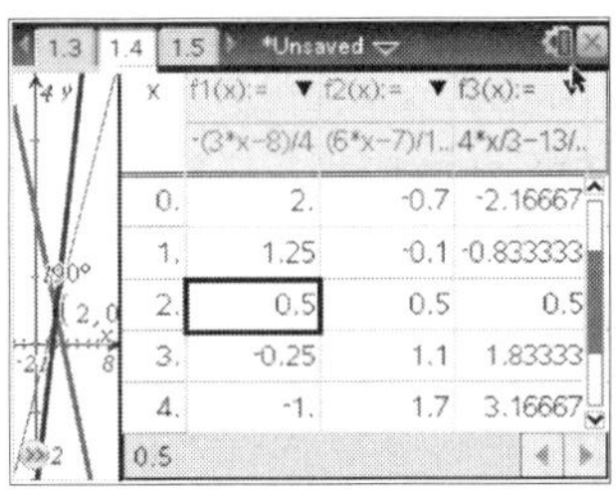	주어진 두 개의 방정식을 y에 관한 식 $f1(x)=\frac{-(3x-8)}{4}$, $f2(x)=\frac{6x-7}{10}$으로 입력하여 그래프를 그린다. 두 그래프를 선택하고 교점이 존재하는 구간을 방향키로 정하고 교점을 구한다. 함수 $f1(x)$에 수직이고, 교점을 지나는 함수를 $f3(x)=\frac{4}{3}x-\frac{13}{6}$이라고 정의하고 그래프를 그린다. $f1(x)$, 교점, $f3(x)$ 순서로 선택하여 각도를 구하면 90°이므로 두 그래프는 수직관계임을 알 수 있다. 이것을 표를 선택하여 확인하면, $x=2$일 때, $f1(x)$와 $f3(x)$는 0.5로써 같은 값을 갖는다는 것을 확인할 수 있다.

문제 두 자연수의 합이 28이고, 그 차가 2라고 할 때, 두 자연수를 구하시오.

풀이 두 자연수를 각각 x, y라고 하면, 합과 차의 식은 $x+y=28$, $x-y=2$와 같이 나타낼 수 있다.

두 식을 연립시켜 풀면 $x=15$, $y=13$이다.

그래핑 계산기를 이용한 다양한 풀이

키 누르기	계산기 화면	설명
방법 1 [on] [menu] [3:algebra] [1:solve] $x+y=28$ [and] $x-y=2$ [,] $\{x, y\}$ [enter]	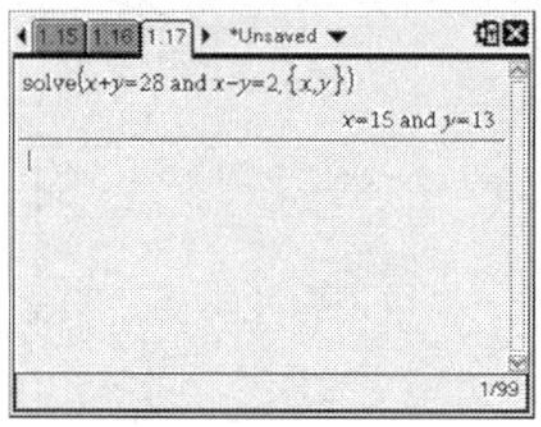 	두 자연수를 각각 x, y라고 하면, 합과 차의 식은 $x+y=28$, $x-y=2$와 같이 나타낼 수 있다. 대수화면에서 이와 같이 입력시키면 두 수 $x=15$와 $y=13$을 얻을 수 있다.
방법 2 [on] [enter] $f1(x)=-x+28$ [enter] $f2(x)=x-2$ [enter] [menu] [6: Analyze Graph] [4: Intersection] [lower] [upper] [enter]	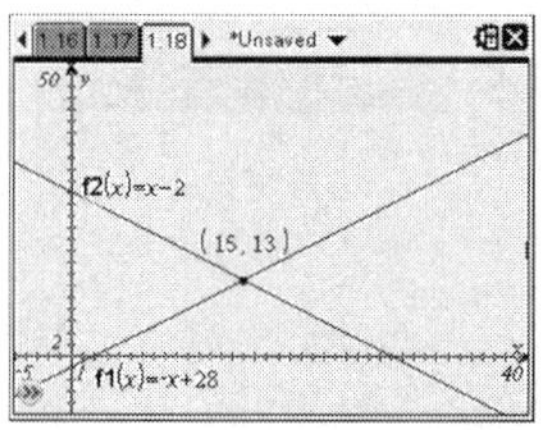 	그래프를 이용하면 교점을 쉽게 찾을 수 있다. 합과 차에 대한 두 식을 $f1(x)=-x+28$과 $f2(x)=x-2$로 정의하고 그래프를 그리면 한 점에서 만나는 것을 볼 수 있다. 교점을 포함한 상한과 하한 범위를 정하면 교점 (15, 13)을 찾을 수 있다.
방법 3 표와 함께 확인하기 [menu] [2:View] [A:Show Table]	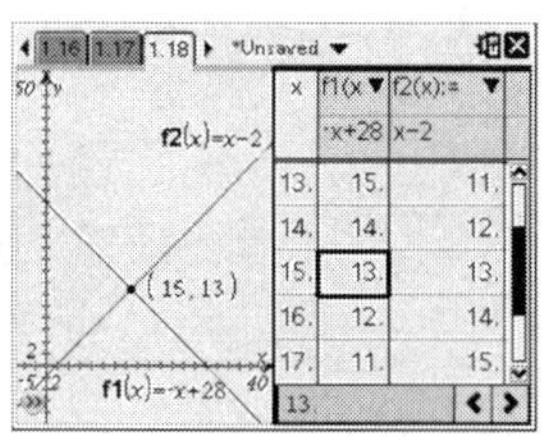 	표를 이용하여 구한 교점의 의미를 확인 할 수 있다. 표에 나타난 것처럼 $x=15$일 때, $f1(x)$와 $f2(x)$의 값이 13이므로 같은 값을 갖는다는 것을 알 수 있다.

키 누르기	계산기 화면	설명
[Define] $y=x-2$ [enter] $x+y=28$ [+] 2[enter] [÷] 2[enter] y [|]$x=15$	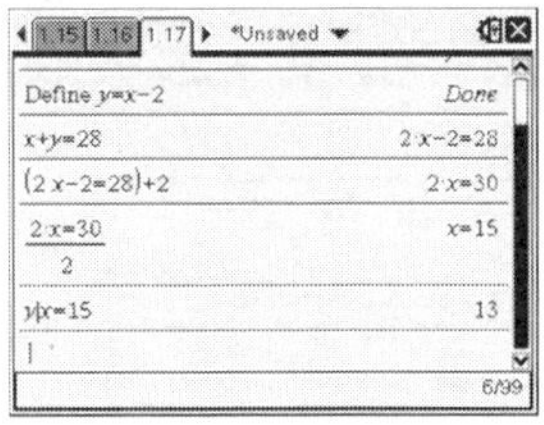	두 수의 차인 식 $x-y=2$를 $y=x-2$로 정의 한 후 두 수의 합인 식 $x+y=28$에 대입할 수 있다. 대수적 풀이과정을 이용하면 $x=15$가 나오고, 그것을 정의한 y 식에 대입하면 $y=13$을 얻을 수 있다.

문제 오른쪽 그림과 같이 전체 사각형 둘레의 길이를 모두 합하면 26cm이고, 각각의 작은 사각형 둘레를 모두 합하면 43cm이다. x와 y의 값을 구하시오.

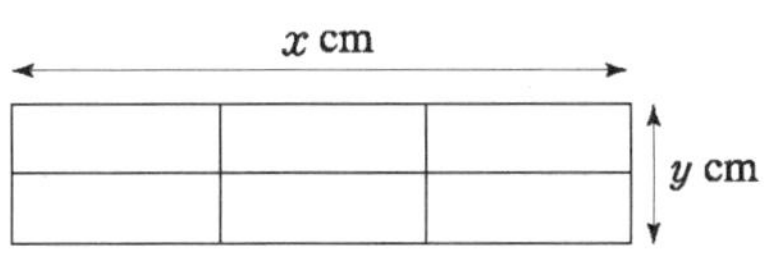

풀이 전체 사각형 둘레가 26cm이므로, $2x+2y=26$이고, 즉, $x+y=13$이다. 작은 사각형의 가로의 길이는 $x/3$이고, 세로의 길이는 $y/2$이므로, 둘레의 길이는 $9\left(\frac{x}{3}\right)+8\left(\frac{y}{2}\right)=43$이라고 할 수 있다. 즉, $3x+4y=43$이다.

두 식을 연립시켜 풀면

$$x+y=13 \quad \cdots\cdots ㉠$$
$$3x+4y=43 \quad \cdots\cdots ㉡$$

㉠$\times 4-$㉡하면, $x=9$

$x=9$를 ㉠에 대입하면, $y=4$가 된다.

그래핑 계산기를 이용한 다양한 풀이

키 누르기	계산기 화면	설명
방법 1 [on] [menu] [3:algebra] [1:solve] $2x+2y=26$ [and] $9(\frac{x}{3})+8(\frac{y}{2})=43$ [,] $\{x, y\}$ [enter]	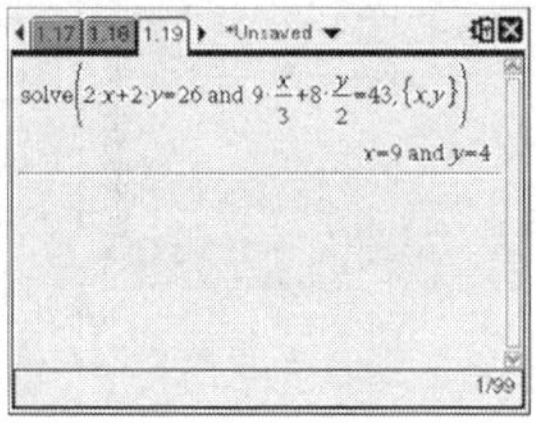	전체 사각형 둘레가 26cm이므로, $2x+2y=26$이고, 작은 사각형의 가로의 길이는 $\frac{x}{3}$이고, 세로의 길이는 $\frac{y}{2}$이므로, 둘레의 길이는 $9\left(\frac{x}{3}\right)+8\left(\frac{y}{2}\right)=43$이라고 할 수 있다. 두 식을 연립시켜 풀면 $x=9$, $y=4$를 얻을 수 있다.
$2x+2y=26$ [enter] [÷] 2 [enter] $9(\frac{x}{3})+8(\frac{y}{2})=43$ [enter] $(x+y=13)$[×] 4 [−] $(3x+4y=43)$ [enter] [menu] [3: Algebra] [1:Solve] $9+y=13$ [,] y [enter]	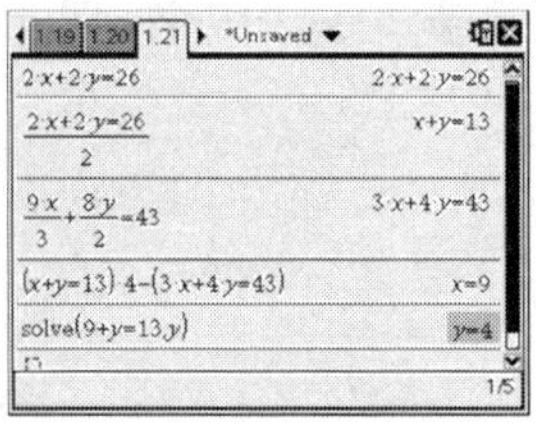	$2x+2y=26$의 양변을 2로 나누면, $x+y=13$으로 간단히 할 수 있고, $9\left(\frac{x}{3}\right)+8\left(\frac{y}{2}\right)=43$을 간단히 하면 $3x+4y=43$이라고 할 수 있다. 여기에 $x+y=13$의 식에 4를 곱하고, $3x+4y=43$ 식을 빼면, $x=9$를 얻고, [Solve]를 이용하여, $x+y=13$에 구한 x를 대입하여, y에 대하여 풀면, $y=4$를 얻을 수 있다.
방법 2 [on] $f1(x)=13-x$ [enter] $f2(x)=(-3x)/4+43/4$ [enter] [menu] [6: Analyze Graph] [4: Intersection] [lower] [upper] [enter]	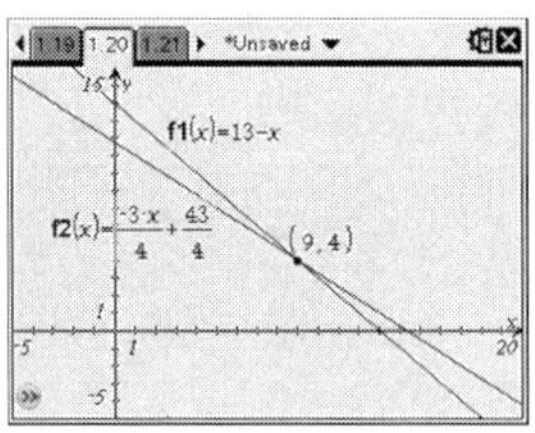	두 식을 각각 함수식 $f1(x)=13-x$와 $f2(x)=\frac{-3x}{4}+\frac{43}{4}$ 으로 변형하여, 그래프를 그린다. [Intersection]을 이용하여, 교점이 존재할 것이라고 예상되는 상한과 하한의 범위를 정해주면, 교점이 $(9, 4)$에 있다는 것을 알 수 있다.

키 누르기	계산기 화면	설명
표와 함께 확인하기 [menu] [2:View] [A:Show Table]	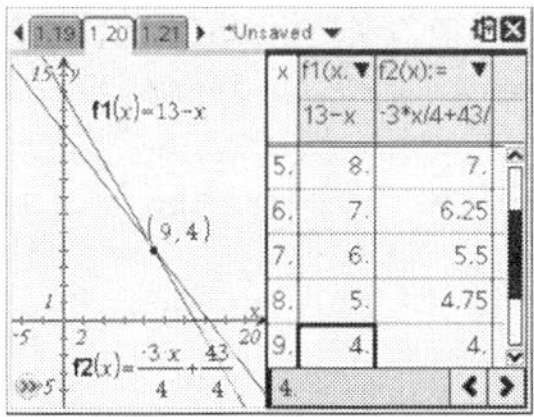	표를 이용하여 구한 교점의 의미를 확인 할 수 있다. 표에 나타난 것처럼 $x=9$일 때, $f1(x)$와 $f2(x)$가 4로써 같은 값을 갖는다는 것을 알 수 있다.

문제 태희는 가로가 12cm이고, 세로가 10cm인 종이를 이용하여 밑면의 넓이가 $80\,\text{cm}^2$인 뚜껑이 없는 박스를 만들려고 한다. 종이 모서리를 x cm만큼씩 잘라낸 길이라고 할 때, x의 값을 구하시오.

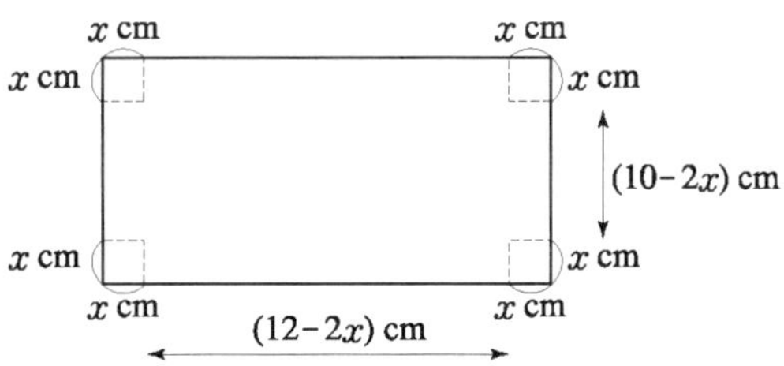

풀이 아래 그림과 같이 x cm씩 잘라낸 나머지의 박스의 밑면의 가로길이는 $12-2x$이고, 세로의 길이는 $10-2x$이므로, 밑면의 넓이는

$$(12-2x)(10-2x)=80$$

$$4x^2-44x+40=0$$

$$x^2-11x+10=0$$

$$(x-1)(x-10)=0$$

따라서 $x=1$ 또는 10

그런데, $x=10\,\text{cm}$인 경우 박스를 만들 수 없으므로, $x=1$이어야 한다.

그래핑 계산기를 이용한 다양한 풀이

키 누르기	계산기 화면	설명
방법 1 [on] [menu] [3:algebra] [1:Solve] $(12-2x)\times(10-2x)=80$ [,] x[enter]	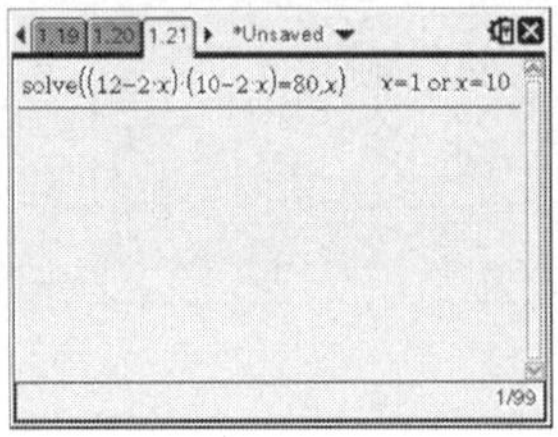	박스의 밑면의 넓이에 대한 관계식 $(12-2x)(10-2x)=80$을 대수화면에서 x에 관하여 풀면, $x=1$과 10이 나온다. 여기서 이 문제에 있어서 $x=10$이 될 수 없는 합리적인 이유가 제시되어야 한다.
방법 2 [menu] [3:algebra] [3: Expand] $(12-2x)\times(10-2x)=80$)[enter] [-] 80 [enter] [÷] 4 [enter] [3:Algebra] [2: Factor] [enter]	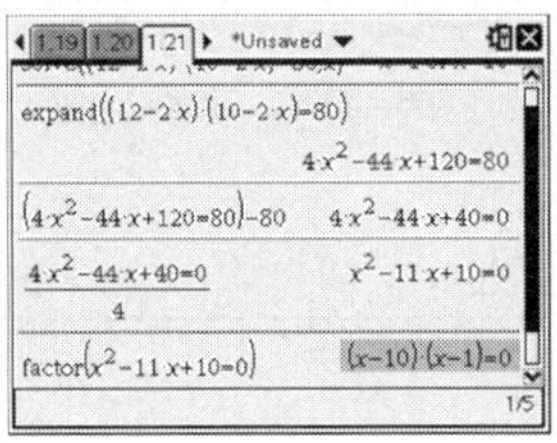	방법 2에서는 $(12-2x)\ (10-2x)=80$ 을 [expand]를 이용하여 전개하고, 양변에 80을 빼고, 4로 나누어 간단히 한다. 간단히 한 식 $x^2-11x+10=0$ 을 [factor]를 이용하여 인수분해하면 $x=1$과 10을 얻을 수 있다.
방법 3 [on] [enter] $x^2-11x+10$ [enter] [menu] [6: Analyze Graph] [1: zero] [lower] [upper] [enter]	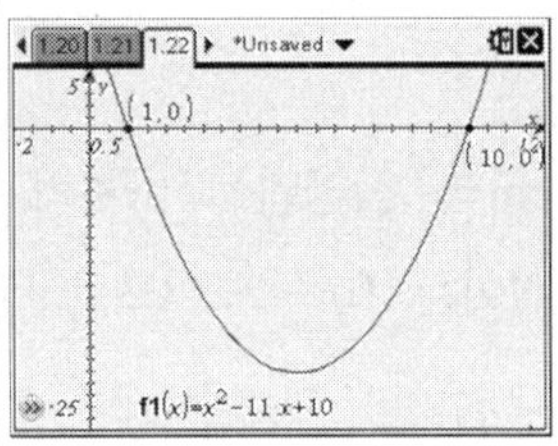	함수 $f1(x)=x^2-11x+10$라고 입력한 후에 그래프를 그리고, [6:Analyze Graph]를 이용하여, x의 교점을 하나씩 찾는다. 한꺼번에 x 교점 두 개를 구할 수 없으므로 $x=1$ 근처에서 상한과 하한을 정한 후에 구하고, $x=10$근처에서 반복한다.
표와 함께 확인하기 [menu] [2:View] [A:Show Table]	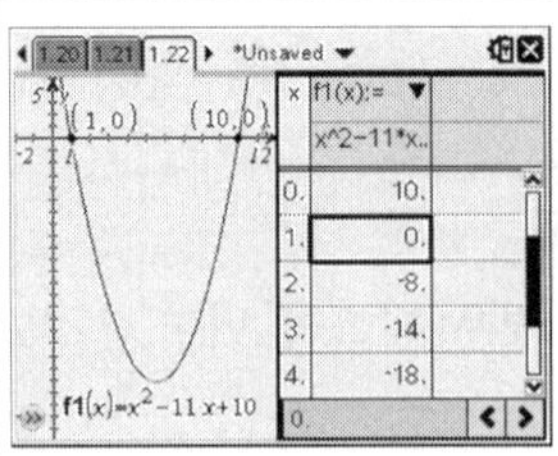	표를 이용하여 구한 교점의 의미를 확인할 수 있다. 표에 나타난 것처럼 $x=1$일 때, $f1(x)$가 0이 됨을 알 수 있다.

문제 어떤 물건을 구매하고자 하는 사람들의 수요량은 대부분이 가격에 의존하고, 공급자의 생산량 역시 그 가격에 의존한다고 볼 수 있다. 어떤 가게에서 당일 kg당 p원하는 방울토마토 수요량 $d$kg은

$$d = 5210 - 54p,\ \ 15 \le p \le 80$$

이고, 공급량 $s$kg은 다음과 같다고 할 때,

$$s = -2190 + 146p,\ \ 15 \le p \le 80$$

a) 수요(d)과 공급(s)에 대한 방정식을 같은 좌표평면상에 그래프를 이용하여 나타내고, 가격이 얼마일 때, 수요와 공급이 일치하는지를 구하시오.
b) 수요량과 공급량의 균형점을 찾으시오.
c) 균형점을 중심으로 수요량과 공급량에 대한 가격 변화의 상관관계를 그래프를 이용하여 예상해 보시오.

풀이 a) 수요와 공급이 일치하는 가격 p를 찾기 위해서는 d와 s의 두 식이 일치해야 한다.

$5210 - 54p = -2190 + 146p$이므로, 두 식을 p에 관하여 풀면 다음과 같다.

$$\begin{aligned} 5210 - 54p &= -2190 + 146p \\ 5210 - 200p &= -2190 \\ -200p &= -7400 \\ p &= 37 \end{aligned}$$

따라서 가격이 37원일 때, 수요와 공급이 균형을 가질 수 있다는 것을 알 수 있다.

b) 수요량과 공급량의 균형점을 찾기 위해 $p = 37$을 수요(d)과 공급(s)에 대한 식에 각각 대입하면, $d = 5210 - 54(37) = 3212(\text{kg})$, $d = 5210 - 54(37) = 3212(\text{kg})$이므로, 균형량은 $3212(\text{kg})$임을 알 수 있다.

c) 아래 그림과 같이 $(37, 3212)$에서 균형점을 가지므로, $p = 37$원을 기준으로 가격이 왼쪽($p < 37$)이면, 낮은 가격이 되니 수요량은 증가하고 공급은 줄게 되어 가격이 올라갈 것이고, 오른쪽($p > 37$)은 높은 가격이 되니 수요량은 감소하고 공급량은 늘게 되어 가격이 떨어질 것이라

는 것을 예상할 수 있다.

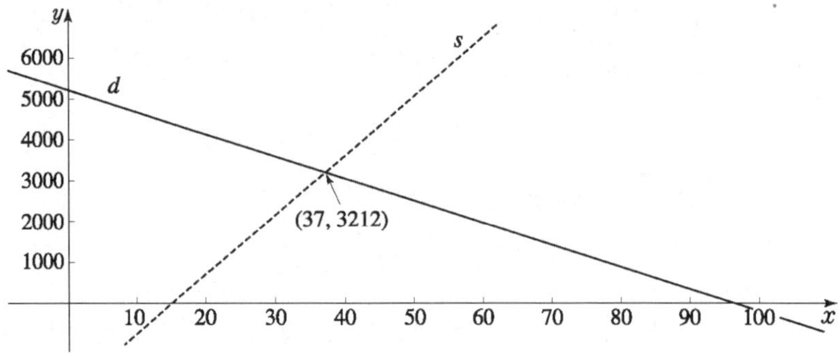

그래핑 계산기를 이용한 다양한 풀이

키 누르기	계산기 화면	설명
방법 1 5210 − 54p =− 2190 + 146p [enter] [-] 146p [enter] [-] 5210 [enter] [÷] [-] 200 [enter] **방법 2** [menu] [3:algebra] [1:solve] 5210 − 54p =− 2190 + 146p, p [enter]	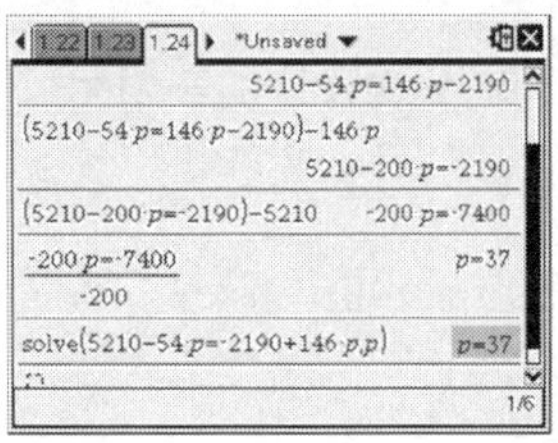	a) **방법 1** 수요량과 공급량이 일치하는 가격 p를 찾기 위해 $5210-54p=-2190+146p$을 p에 대하여 풀기 위해, 양변에서 $146p$를 빼고, 그 식에서 5210을 빼고, 나온 결과 식의 양변을 −200으로 나누어 주면, $p=37$을 얻을 수 있다. **방법 2** [solve]를 선택하여 $5210-54p=-2190+146p$을 p에 대하여 풀면, $p=37$을 얻을 수 있다.
[menu] [1: Actions] [1: Define] $p=37$ [enter] $d=5210-54p$ [enter] $s=2190+146p$	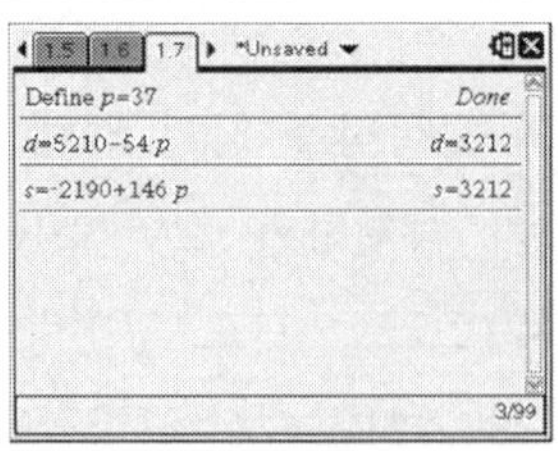	b) **방법 1** 구한 균형가격 $p=37$을 수요량(d)와 공급량 (s)의 식에 각각 대입하면 3212(kg)으로 일치함을 알 수 있다. 따라서 균형량은 $p=37$일 때, 3212(kg)임을 알 수 있다. 따라서 균형점은 (37, 3212)임을 알 수 있다.

키 누르기	계산기 화면	설명
방법 2 🖽 $f1(x)=5210-54x$ [enter] $f2(x)=-2190+146x$ [enter] [menu] [6: Analyze Graph] [4: Intersection] [lower bound?] [upper bound?] [enter]	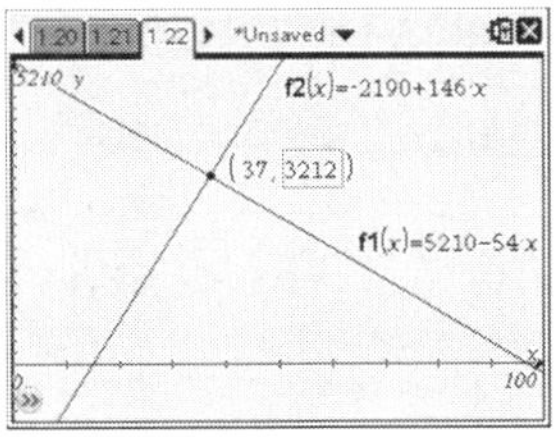	그래프를 그리고 교점을 찾기 위해서는 함수 d와 s를 각각 $f1(x)=5210-54x$와 $f2(x)=-2190+146x$로 바꾸어 입력하고 가격 p를 x로 바꾸어 주어야 그래프를 그릴 수 있다. 두 그래프의 교점을 구하면, $(37,3212)$이다.
[menu] [2: View] [A: Show Table]	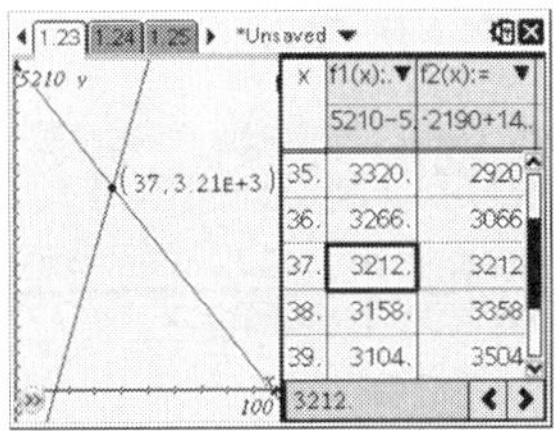	c) 그래프와 표를 보면 나타내면 $p=37$원을 기준으로 가격이 왼쪽$(p<37)$이면, 낮은 가격이 되니 수요량은 증가하고 공급은 줄게 되어 가격이 올라갈 것이고, 오른쪽$(p>37)$은 높은 가격이 되니 수요량은 감소하고 공급량은 늘게 되어 가격이 떨어질 것이라는 것을 예상할 수 있다.

문제 동물원의 동물들은 엄격하게 다이어트를 해야 한다. 각 동물들은 38g의 단백질과 13g의 지방을 섭취해야 하고, 두 가지 음식의 혼합 비율은 다음과 같다.

	단백질(%)	지방(%)
음식 A의 혼합비율	20	10
음식 B의 혼합비율	25	5

한 마리의 동물에 대한 올바른 다이어트를 하기 위한 음식의 혼합비율은 각각 몇 g씩이어야 하는가?

풀이 단백질과 지방에 대한 음식의 혼합비율을 a, b라고 할 때, $0.2a+0.25b=38$과 $0.1a+0.05b=13$라고 할 수 있다. 두 식을 연립시켜 풀면 다음과 같다.

$$0.2a + 0.25b = 38 \quad \cdots\cdots ㉠$$
$$0.1a + 0.05b = 13 \quad \cdots\cdots ㉡$$

㉡×2－㉠, 양변을 -0.15로 나누어 주면, $b=80$이다.
구한 $b=80$를 ㉡식에 대입하면, $a=90$임을 알 수 있다.
따라서 두 가지 음식의 혼합비율 $a=90(g)$, $b=80(g)$임을 알 수 있다.

그래핑 계산기를 이용한 다양한 풀이

키 누르기	계산기 화면	설명
방법 1 [menu] [3:algebra] [1:solve] $0.2a+0.25b=38$ [and] $0.1a+0.05b=13$ [,] $\{a, b\}$ [enter]	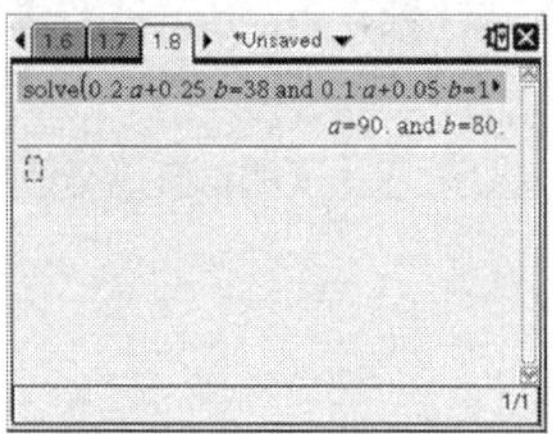	단백질 38g이 되기 위한 음식의 혼합비율 a와 b는 $0.2a+0.25b=38$이고, 지방 13g이 되기 위한 음식의 혼합비율 a, b는 $0.1a+0.05b=13$으로 나타낼 수 있다. a, b에 대하여 연립시켜 풀면, $a=90$, $b=80$을 얻을 수 있다.
방법 2 $0.2a+0.25b=38$ [enter] $0.1a+0.05b=13$ [enter] [×]2－$(0.2a+0.25b=38)$ [enter] [÷] [-] 0.15 [enter] [menu] [3: Algebra] [1: Solve] 0.1a+0.05[×]80 [=] 13 [,] a [enter]	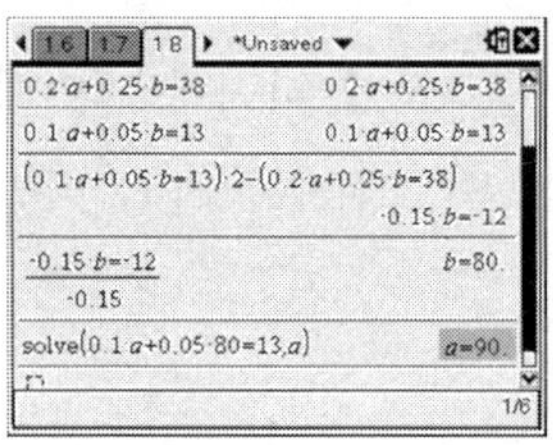	a를 소거하기 위해 $0.1a+0.05b=13$에 2배를 하고, 단백질 식을 빼고, 양변을 -0.15로 나누어 주면, $b=80$이다. 구한 b값을 $0.1a+0.05b=13$에 대입하고, [solve]를 이용하여 풀면, $a=90$을 얻을 수 있다.
방법 3 $f1(x)=(-0.2x+38)$ [÷]0.25 [enter] $f2(x)=(-0.1x+13)$[÷]0.05 [enter] [menu] [6: Analyze Graph]	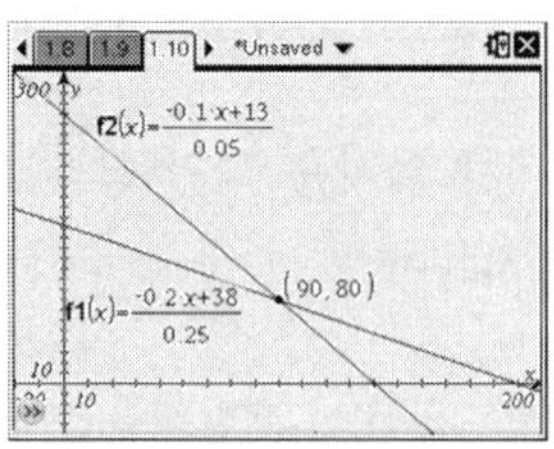	그래프를 그리기 위해서는 a를 각각 x로 바꾸고, 각 식을 각각 함수 $f1(x)=\dfrac{(-0.2x+38)}{0.25}$와 $f2(x)=\dfrac{(-0.1x+13)}{0.05}$로

[4: Intersection] [lower bound?] [upper bound?]		바꾸어 입력해야 그래프를 그릴 수 있다. 두 함수의 그래프를 그리고 [Intersection]을 이용하여 교점을 구하면 (90, 80)임을 알 수 있다. 따라서 음식의 혼합비율 A는 90g이고, B는 80g이다.

3.2 역함수

문제 함수 $y = x^2 - 4\,(x \geq 0)$의 역함수를 구하고 그리시오.

풀이 함수 $y = x^2 - 4$를 x에 관하여 풀면,

$$x^2 = y + 4$$
$$x = \pm\sqrt{y+4}$$

x와 y를 바꾸면, $y = \pm\sqrt{x+4}$이고, $x \geq 0$이므로, $y = \sqrt{x+4}$이다. 함수와 역함수를 그래프로 나타내면 아래 그림과 같다.

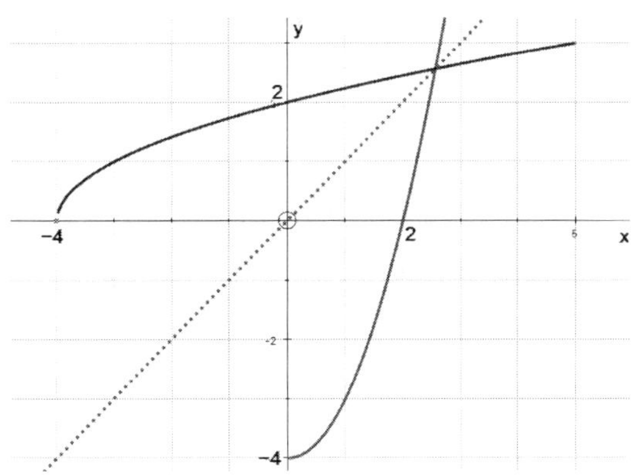

그래핑 계산기를 이용한 다양한 풀이

키 누르기	계산기화면	설명
방법 1 [on] [menu][3:Graph Entry/Edit] [1:Function] $f1(x)=x^2-4 \| x \geq 0$ [menu][3:Graph Entry/Edit] [2:Equation] [2:Parabola] [4: $x=a \cdot y^2+b \cdot y+c$] $x=1 \cdot y^2-0 \cdot y-4$ [menu][3:Algebra] [1:Solve] $x=y^2-4$ [,] y [enter]	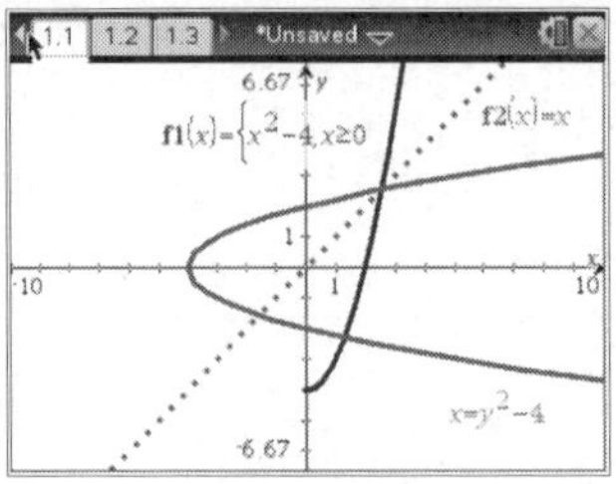 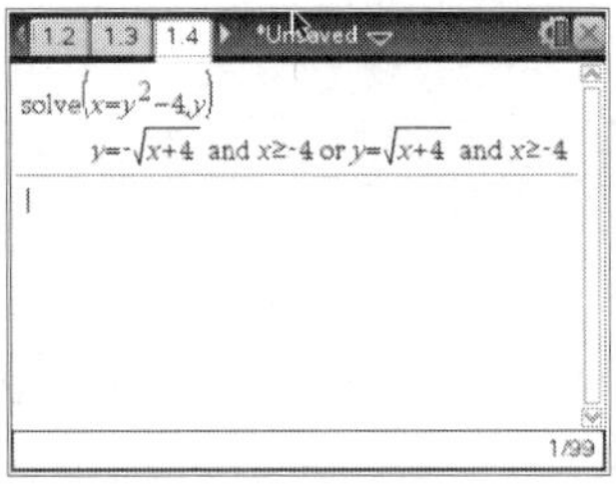	그래프 화면에서 함수 $f1(x)=x^2-4 \| x \geq 0$를 정의하고 그래프를 그린다. 역함수의 개념이 x와 y값의 관계가 반대로 바뀐다는 것 직관적인 개념에 바탕을 두고, 방정식 $[x=a \cdot y^2+b \cdot y+c]$ 형식에 $x=y^2-4$라고 입력하면, 역함수 그래프를 식을 구하지 않고 그릴 수 있다. $f2(x)=x$를 그려보면 서로 $y=x$에 대하여 대칭이라는 사실도 확인 할 수 있다. 역함수 식을 구하려면, 대수 화면에서, $x=y^2-4$를 y에 관하여 풀면, 조건을 만족시키는 역함수가 $y=\sqrt{x+4}\,(x \geq -4)$임을 알 수 있다.
방법 2 [menu][3:Algebra] [1:Solve] $y=x^2-4$ [,] x [enter]	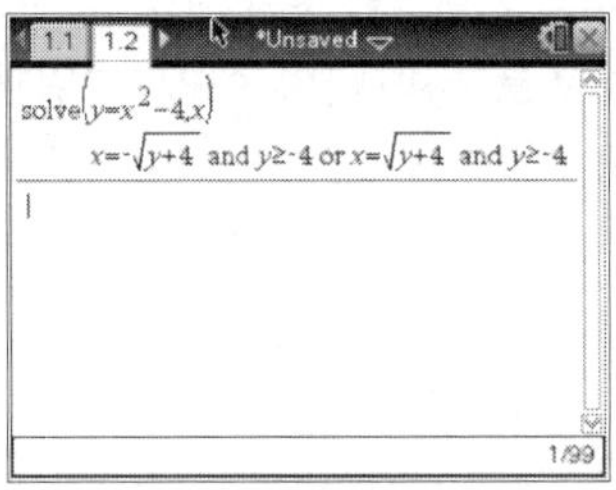	역함수 식을 구하기 위해, 대수화면에서, $y=x^2-4$를 x에 관하여 풀면, 조건을 만족시키는 역함수가 $y=\sqrt{x+4}\,(x \geq -4)$임을 알 수 있다.
[on] [menu] [3:Graph Entry/Edit] [1:Function] $f3(x)=x^2-4 \| x \geq 0$ [enter] $f4(x)=\sqrt{x+4}$ [enter] $f5(x)=x$ [enter]	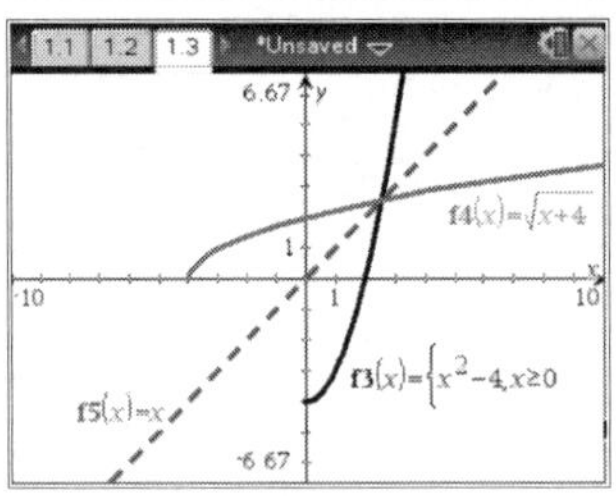	그래프화면에서 함수 $y=x^2-4\,(x \geq 0)$와 구한 역함수 $y=\sqrt{x+4}\,(x \geq -4)$를 $f3(x)$와 $f4(x)$에 입력하고 그래프를 그린다. $f5(x)=x$를 그려봄으로써 함수와 역함수와의 관계가 서로 $y=x$에 대하여 대칭이라는 사실도 확인 할 수 있다.

3.3 이차함수

문제 벽을 중심으로 삼면을 400m둘레의 울타리를 만들려고 한다. 울타리의 가로 길이는 y m, 세로 길이는 x m라고 할 때, 다음을 구하시오.

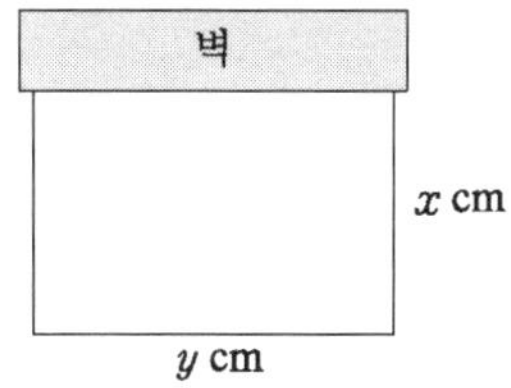

a) 둘레에 관한 식을 x와 y를 사용하여 나타내시오.

b) 울타리의 최대넓이를 구하시오.

c) 울타리의 넓이가 최대가 될 때의 x, y 길이를 구하시오.

d) 울타리의 넓이를 그래프로 나타내고, x의 범위와 넓이의 범위를 구하시오.

풀이 a) 벽을 제외한 세 면의 둘레가 400m가 되는 울타리를 만들려면, $2x+y=400$이어야 한다.
따라서 $y=400-2x$이다.

b) 울타리의 넓이=가로×세로이므로, $A(x)=(400-2x)x$이다. 최대 넓이를 구하기 위해서는 완전제곱꼴로 만들면,

$$\begin{aligned} A(x) &= (400-2x)x \\ &= -2x^2+400x \\ &= -2(x^2-200x+100^2-100^2) \\ &= -2(x-100)^2+20000 \end{aligned}$$

이므로, $x=100\,\mathrm{m}$일 때, 최대 넓이가 $20000\,\mathrm{m}^2$임을 알 수 있다.

c) 최대 넓이가 20000일 때, $x=100\,\mathrm{m}$이므로, y의 길이는

$$y=400-2(100)=200\,\mathrm{m}$$

가 된다.

d) 울타리의 넓이 $A(x)=(400-2x)x$에 대한 그래프를 그리면 다음과 같고, $y>0$이어야 하므로, x의 범위는 $0<x<200$이고, 넓이의 범위는 $0<A(x)\le 20000$이 된다.

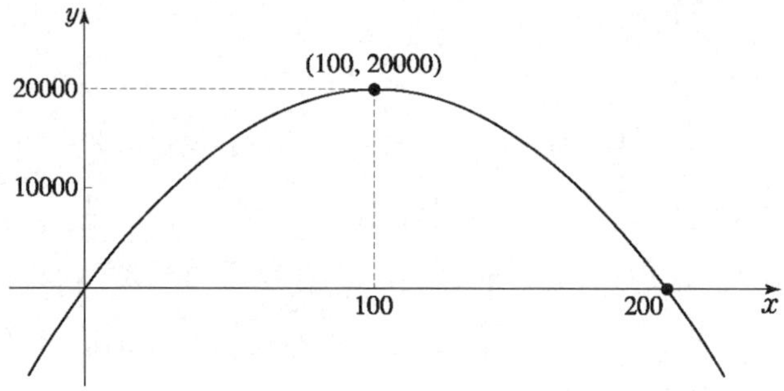

그래핑 계산기를 이용한 다양한 풀이

키 누르기	계산기 화면	설명
[menu] [3:algebra] [5:Complete the Square] $(400-2x)x$ [,]×[enter]	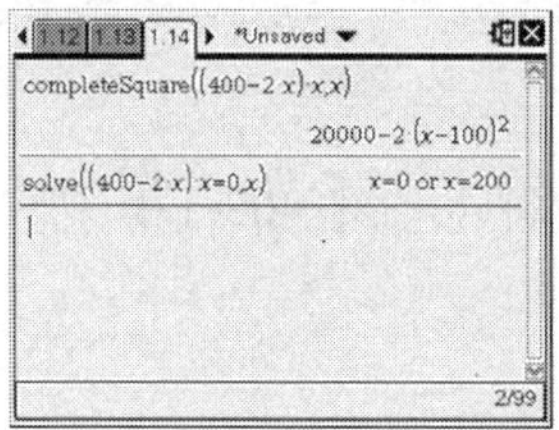	b) 울타리의 넓이는 $A(x)=(400-2x)x$ 이므로, 최대 넓이를 구하기 위해서는 [Complete Square]을 이용하여 완전제곱 꼴인 $20000-2(x-100)^2$로 변형한다. 따라서 $x=100\,\mathrm{m}$ 일 때, 최대 넓이가 $20000\,\mathrm{m}^2$임을 알 수 있다.
[menu] [6:Analyze Graph] [3:Maximum] [lower bound?] [upper bound?] [menu] [6:Analyze Graph] [1: Zero] [lower bound?] [upper bound?] 대수적 방법으로 x 교점 구하기: [3:Algebra] [1: Solve] $(400-2x)x$ [=] [,] x	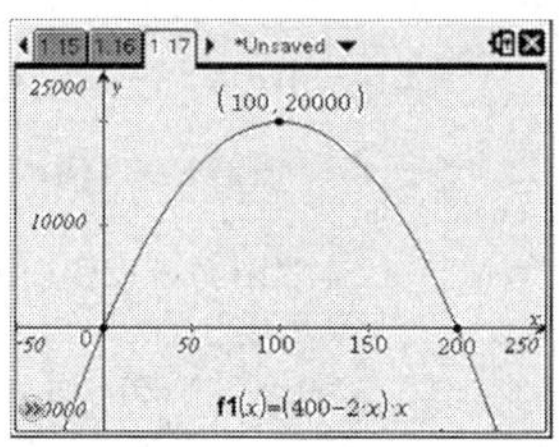	d) $A(x)$ 대신에 $f1(x)=(400-2x)x$라고 입력하여 그래프를 그려본다. 최대넓이를 구하기 위해서 최대넓이가 존재할 것이라고 예상되는 곳에 상한과 하한 범위를 선택하면, (100, 20000)인 위치에 최댓값이 나타난다. 그래프에서 x의 범위를 찾기 위해 [Analyze Graph]에서 [Zero]를 이용하여 x 교점을 구하면, $x=0$, 200임을 알 수 있고, 대수적 방법으로 [Solve]를 이용해서 구해도,

키 누르기	계산기 화면	설명
	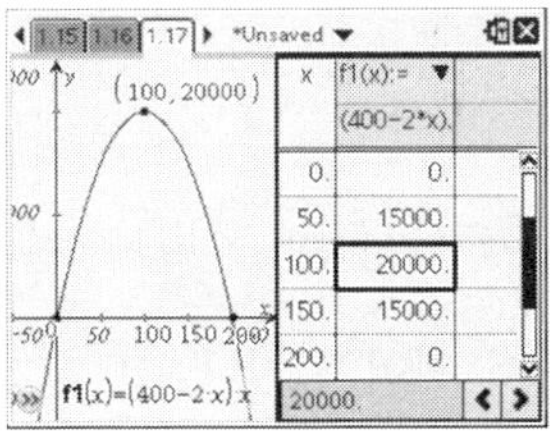	$x=0$, 200이다. 따라서 그래프와 표에서 나타난 것과 같이, 가로의 길이 y는 $y>0$이어야 하므로, x의 범위는 $0<x<200$이고, 넓이의 범위는 $0<A(x)\le 20000$이 된다.

문제 어떤 생산품에 대한 이익은 판매율 x에 관한 함수

$$P(x)=-5x(x-80)-6000,\ 0\le x\le 80$$

으로 나타낼 수 있고, \$P는 하루에 발생하는 이익금이고, x는 하루에 팔리는 수량을 나타낸다.

a) 손익분기점 x값을 구하시오.

b) 이익이 극대화 되는 x값을 구하시오.

c) 최대 손실이 일어날 때의 x값을 구하시오.

풀이 a) 손익분기점을 찾기 위해서는 $P(x)=0$이 되는 x를 찾아야 한다.

$$-5x(x-80)-6000=0$$
$$-5(x^2-80x+1200)=0$$
$$(x-20)(x-60)=0$$
$$x=20 \text{ 또는 } x=60$$

따라서 손익분기점이 되기 위해서는 하루 매출이 20개 또는 60개여야 한다.

b) 이익 $P(x)$가 극대화 되는 x를 찾기 위해서는 완전제곱꼴 형태로 바꾸어주어야 한다.

$$\begin{aligned}P(x)&=-5x(x-8)-6000\\&=-5(x^2-80x+1200)\\&=-5(x-40)^2+2000\end{aligned}$$

따라서 하루에 40개의 매출이면 최대이익은 \$2000이 된다.

c) $0 \le x \le 80$이므로, 그래프에서 보면, 최대 손실이 일어나는 곳은 $x=0$, 80임을 알 수 있다.

$$P(80) = -5(80-40)^2 + 2000 = -6000 = P(0)$$

따라서 하루에 매출이 전혀 없거나, 80개가 팔리면, \$6000의 최대손실이 발생하게 된다.

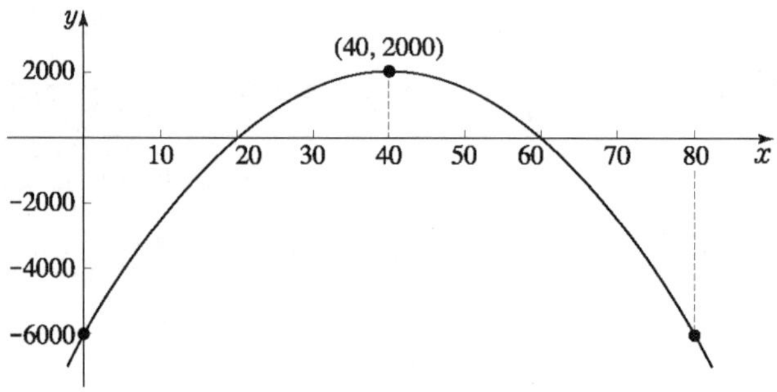

그래핑 계산기를 이용한 다양한 풀이

키 누르기	계산기 화면	설명
[menu] [3:Algebra] [1:Solve] $-5x(x-80)-6000=0$[,] x[enter] [menu] [3:algebra] [2: Factor] $-5x(x-80)-6000$ [menu] [3:algebra] [5: Complete the Square] $-5x(x-80)-6000=0$ [,] [enter]	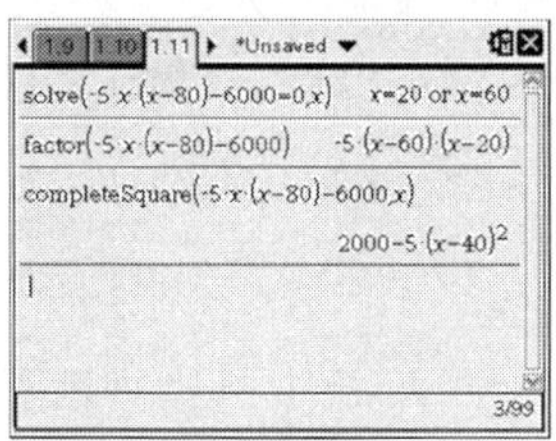	a) $P(x)=0$가 되는 x를 구하기 위해 [solve]를 이용하면 $x=20$ 또는 $x=60$을 얻을 수 있다. 또는 인수분해를 통해 구하려면 [Factor]를 이용해도 된다. b) 완전제곱꼴을 만들기 위해서는 [Complete the Square]를 이용하면, $2000-5(x-40)^2$이 되어 $x=40$일 때, 최대이익은 \$2000임을 알 수 있다.

키 누르기	계산기 화면	설명
[graph icon] $f1(x)=-5x(x-80)-6000$ [menu] [4: Window Zoom] [1: Window Settings] [−20, 100], [−6000, 3000] [menu] [6:Analyze Graph] [1:Zero] [lower bound?] [upper bound?] [6:Analyze Graph] [3:Maximum] [lower bound?] [upper bound?]	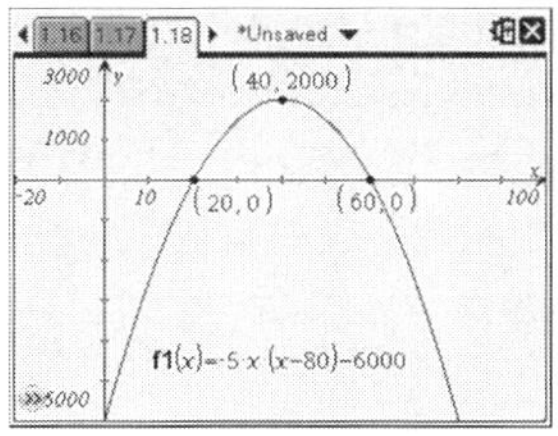	그래프 화면에서 $P(x)$는 $f1(x)$로 바꾸어 $-5x(x-80)-6000$으로 입력하고 그래프 화면을 $[-20, 100]$, $[-6000, 3000]$으로 맞춘 후에 그래프를 그린다. x 절편을 찾기 위해, [Analyze Graph] [Zero]를 선택하고 커서를 움직여서 상한과 하한 구간을 정하면 손익분기점이 되는 x 절편 $(20, 0)$을 찾을 수 있고 같은 방법으로 $(60, 0)$을 찾을 수 있다.
[menu][7: Points & Lines] [1: Point]	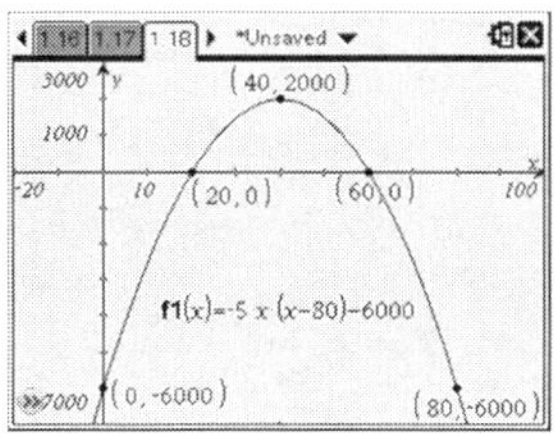	최대 이익이 되는 값을 구하기 위해, [Analyze Graph] [Maximum]에서 방향키를 움직여서 상한과 하한구간을 정해주면 $x=40$일 때, 최대 이익 \$2000임을 알 수 있다. c) 그래프 상에서 $x=0$과 80에서의 값을 [Points & Lines]을 이용하여 찾으면 -6000이므로 최대 손실액은 \$6000임을 알 수 있다.

문제 이차함수 $x^2-kx+16=0$는 오직 한 개의 해만을 갖는다고 할 때, k의 값(들)을 구하시오.

풀이 한 개의 해만을 갖는다는 것은 중근을 갖는다는 것을 의미한다. 판별식 $D=b^2-4ac=0$에서

$a=1,\ b=-k,\ c=16$이므로 $D=(-k)^2-4(1)(16)=0$

$$k^2=64$$

따라서 $k=8$ 또는 -8이다.

그래핑 계산기를 사용한 풀이

키 누르기	계산기 화면	설명
방법 1 [on] [menu] [3:algebra] [1:solve] $((-k)^2-4\times16=0,\ k)$ [enter]	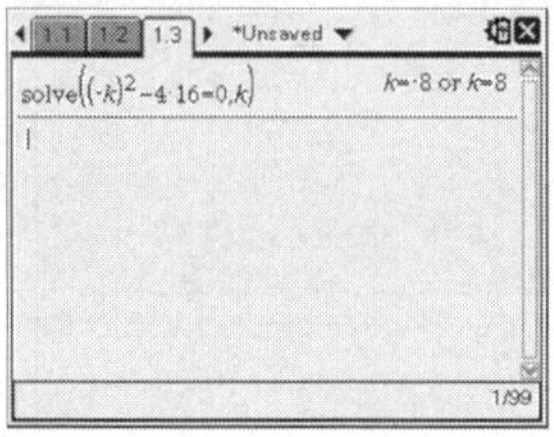	오직 한 해만을 갖기 위해서 판별식 $D=(-k)^2-4(1)(16)=0$을 이용하여 k값을 구한다.
방법 2 [on] [enter] $f1(x)=x^2+16$ [enter] $f2(x)=x$ [enter] 회전버튼(회전키)가 나타낼 때까지 방향키를 움직여서 $f1(x)$ 그래프 가까이 간다. [ctrl] 방향키 방향키를 이용하여 $f1(x)$ 그래프 쪽으로 가까이 움직여본다.	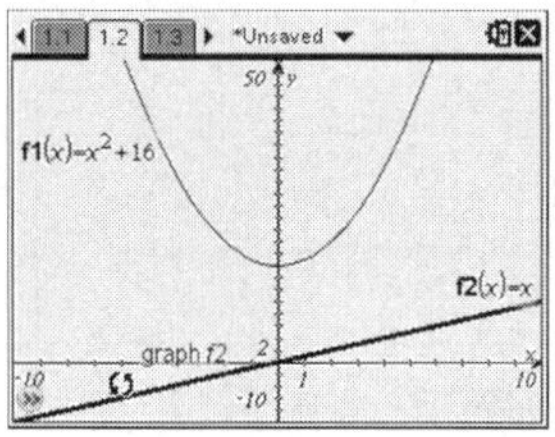	교점을 찾기 위해 주어진 함수를 $x^2+16=kx$로 변형하여 그래프 화면에서 $f1(x)=x^2+16$을 그리고, 계산기에서는 kx의 k값을 인식할 수 없으므로 $f2(x)=x$를 먼저 그려보고, $f2(x)$를 움직이면서 $f1(x)$와의 위치관계를 살펴본다. 회전 화살표가 나타낼 때까지 방향키를 움직여서 $f1(x)$ 그래프 가까이 가서 $f2(x)$의 변화를 살펴본다.
교점 찾기 [menu] [6:Analyze] [4: Intersection] [lower] [upper] [enter]	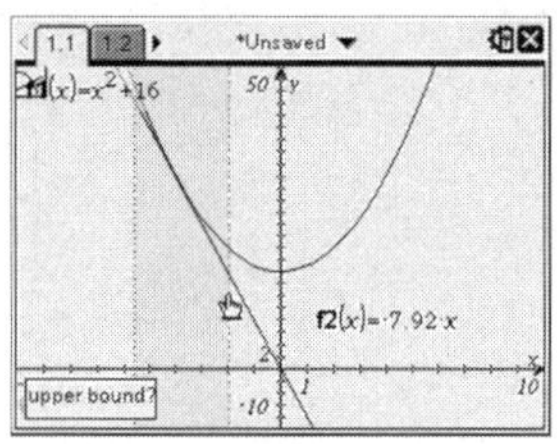	$f2(x)=-7.92x$에서 $f1(x)$와 한 점에서 만나는 것처럼 보이는 부분에서 교점을 포함하도록 방향키를 움직이면서 상한과 하한의 범위를 지정한다. 주어진 범위에서 교점이 존재하지 않는다는 에러 메시지가 나온다. 이것은 k값이 -7.92일 때 만나지 않음을 의미한다.
[menu] $f2(x)=-8x$ [enter] [6: Analyze Graph] [4: Intersection] [lower] [upper] [enter]	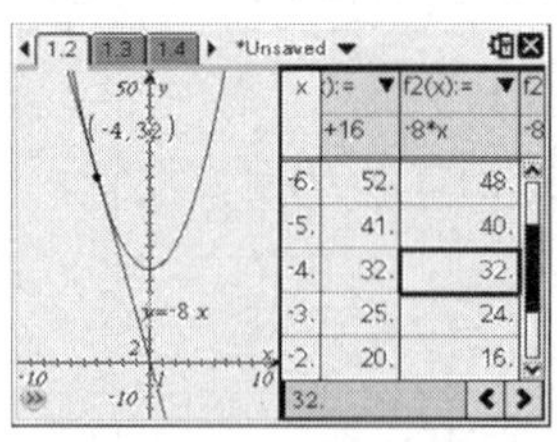	다시 $f2(x)$ 그래프를 움직여서 $f2(x)=-8x$에서 교점을 구해보면 교점 $(-4,\ 32)$가 존재함을 알 수 있다. 또는 함수식 $f2(x)$ 가까이 가서 -7.92 대신에 -8을 직

키 누르기	계산기 화면	설명
[menu] [2:View] [A:Show Table]		접 입력시키면 한 점에서 만난다는 것을 알 수 있다. 표에서와 같이 $x=-4$일 때, 두 함수 $f1(x)$와 $f2(x)$ 값이 32로 일치함을 알 수 있다.
표와 함께 확인하기 회전키가 나타낼 때까지 방향키를 움직여서 $f1(x)$ 그래프 가까이 간다. $f2(x)=8x$ [enter] [ctrl] 방향키	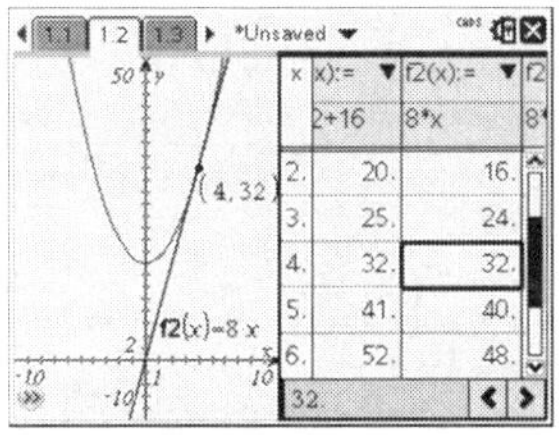	마찬가지로 방향키를 이용하여 $f2(x)$를 움직여 보면 표에서의 교점의 변화를 볼 수 있고, 함수식 $f2(x)=8x$을 직접 입력 시키면 교점 $(4, 32)$를 찾을 수 있다. 따라서 $k=-8$과 8일 때, 한 점에서 만난다는 것을 알 수 있다.

문제 만약 $kx^2+4x+6=0$이 두 개의 실근을 갖는다면, 만족하는 k의 범위를 구하시오.

풀이 두 개의 실근을 갖기 위해서는 $a=k,\ b=4,\ c=6$에 대하여, 판별식 $D=b^2-4ac>0$이므로

$$4^2-4(k)(6)>0$$

$$16-24k>0$$

$$-24k>-16$$

따라서 $k<\dfrac{2}{3}$이다.

그래핑 계산기를 이용한 다양한 풀이

키 누르기	계산기 화면	설명
방법 1 [menu] [3: Algebra] [1: Solve] $4^2-4\times(k)\times(6)>0$ [,] [k] [enter]	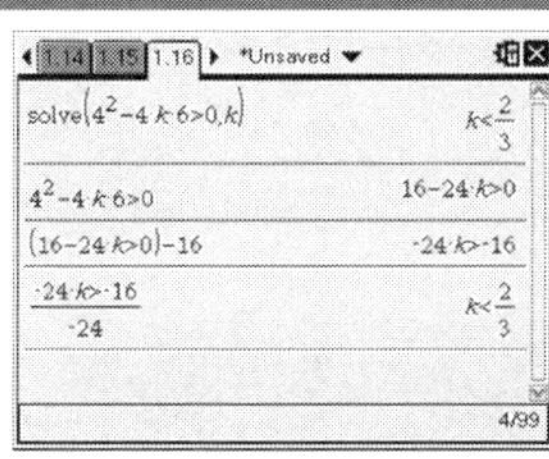	**방법 1** 대수화면에서 [solve]를 이용하여 판별식을 입력하면 k의 범위를 구할 수 있다. 단계적으로 풀기 위해 판별식을 $4^2-4(k)(6)>0$이라고 입력하

키 누르기	계산기 화면	설명
$4^2-4\times(k)\times(6)>0$ [,] [k] [enter] [-] [16] [enter] [÷] [(-)] [24][enter]		고, 양변에서 16을 빼고, -24로 나누면, $k<\dfrac{2}{3}$임을 알 수 있다.
방법 2 [⊕] [enter] $f1(x)=-4x-6$ [enter] $f4(x)=x^2$ [enter] 방향키를 [✕]가 나타날 때까지 그래프 가까이 댄다. [ctrl] 방향키 방향키를 움직여본다. [menu] [6: Analyze Graph] [4: Intersection] [lower bound?] [upper bound?]	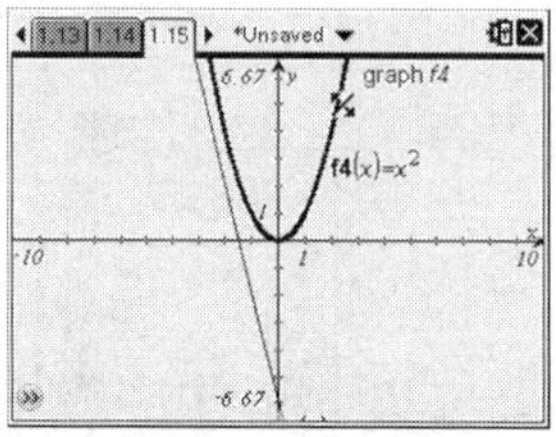 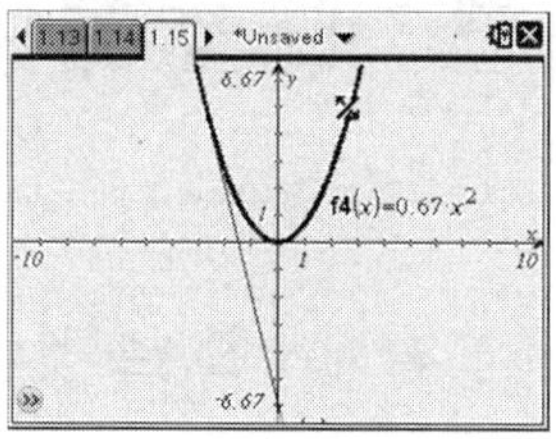 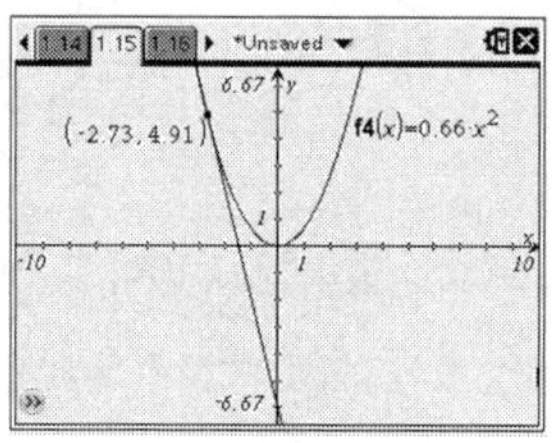	**방법 2** 그래프 화면에서 주어진 이차 방정식을 kx^2과 $-4x-6$의 두 개의 함수로 나누어 그래프를 그려서 입력한다. 함수 kx^2는 변수 k 때문에 함수식으로 인식을 못하므로 아래 그림에서처럼 $f4(x)=x^2$라고 입력한 후 ✕ 표시가 나타날 때까지 가까이 간 후 [ctrl] 방향키를 선택하여 방향키를 이용하여 움직이면 함수 $f4(x)$의 x^2의 k에 해당하는 계수가 변화됨을 알 수 있다. $k=0.67$에서 서로 만나는지를 알아보기 위해 [menu] [Intersection]을 선택한 후 방향키를 움직이면서 교점이 존재하리라 예상되는 상한과 하한 범위를 선택하고 [enter]를 누르면 해가 존재하지 않는다는 메시지가 나온다. 다시 조금 더 움직여서 $k=0.66$에서 교점 구하기를 시도한다면 교점이 존재함을 알 수 있다. 따라서 k값이 0.66보다 작다면 서로 다른 두 근을 가질 수 있음을 알 수 있다.

문제 어떤 나방의 일년주기 번식률은 함수 $P(m)=m^2-8m+18$에 의해 나타낼 수 있다고 한다. m은 $(0 \le m \le 11)$이고, $P(m)$은 천 단위라고 할 때, 나방의 번식이 최소인 달과 그 수는 얼마인지를 구하시오.

풀이 나방의 번식이 최소인 달을 구하기 위해서는 주어진 이차함수를 완전제곱꼴로 고친다.

$$\begin{aligned} P(m) &= m^2-8m+18 \\ &= (m^2-8m+16)-16+18 \\ &= (m-4)^2+2 \end{aligned}$$

따라서 4월에 최소한의 번식을 하고, 2000마리이다.

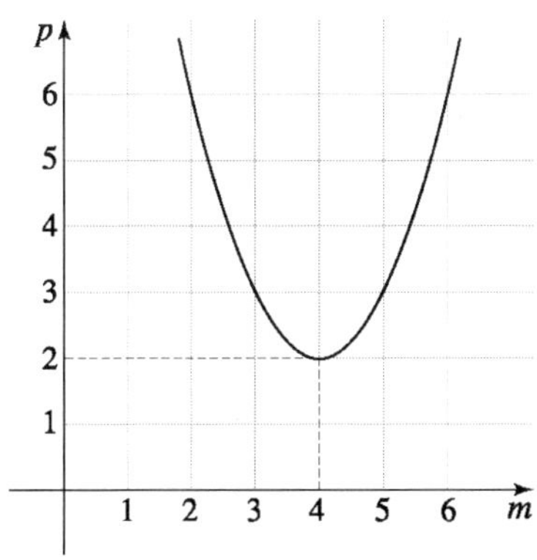

그래핑 계산기를 이용한 다양한 풀이

키 대수화면	계산기 화면	설명
방법 1 대수식으로 풀기 [menu] [3: Algebra] [5: Complete the Square] $x^2-8x+18$ [,] [x] [enter]	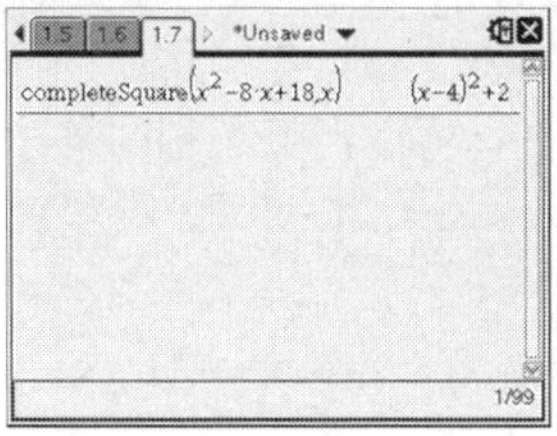	대수화면에서 완전제곱꼴 (complete square)을 이용하여 구한다.
방법 2 그래프 이용하기 [enter] $f1(x)=x^2-8x+18$ [enter] [6: Analyze Graph] [3: Minimum] [lower bound?] [upper bound?]	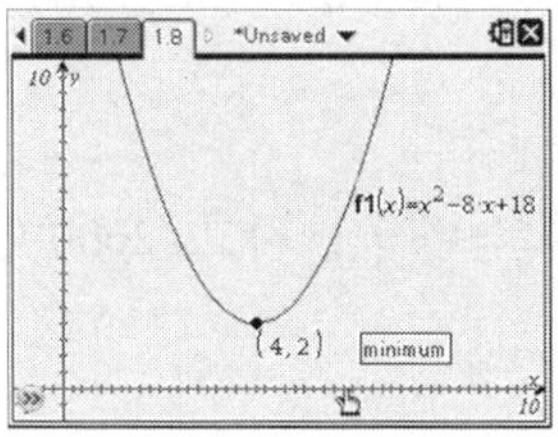	그래프 화면에서 주어진 함수 $p(m)$를 $f1(x)$로 정의하여 그래프를 그리고, 최솟값이 존재한다고 예상되는 구간을 정의하면 나방의 수가 최소인 달과 최솟값을 나타내는 $(4, 2)$가 나타난다. $x^2-8x+18=(x-4)^2+2$임을 확인 할 수 있다.
방법 3 표로 확인하기 [menu] [2: View] [A: Show Table] [enter]	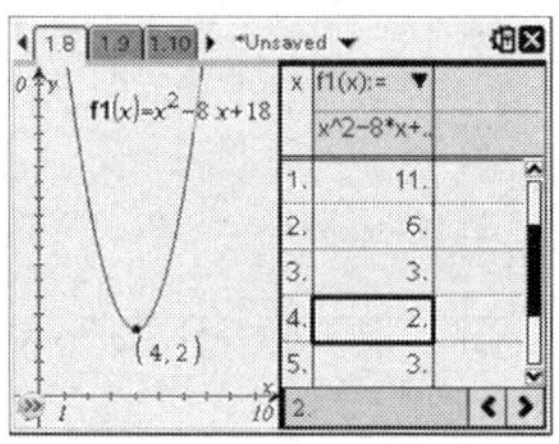	그래프를 표로 나타내면 x값이 4일 때, $f1(x)$가 2임을 확인할 수 있다. 결과의 해석에 있어서 주의할 점은 $x=4$일 때, 2는 2000임을 명시해야 한다.

문제 $(6, 3)$에서 최댓값을 갖고, $x=3$에서 한 근을 갖는 포물선을 찾고, 그래프를 그리시오.

풀이 $(6, 3)$에서 최댓값을 가지므로, $y=a(x-6)^2+3$이다.

$x=3$에서 한 근을 가지므로, $(3, 0)$을 $y=a(x-6)^2+3$에 대입하면,

$$0=a(3-6)^2+3$$

$$0=9a+3$$

따라서 이차함수는 $y=-\frac{1}{3}(x-6)^2+3$

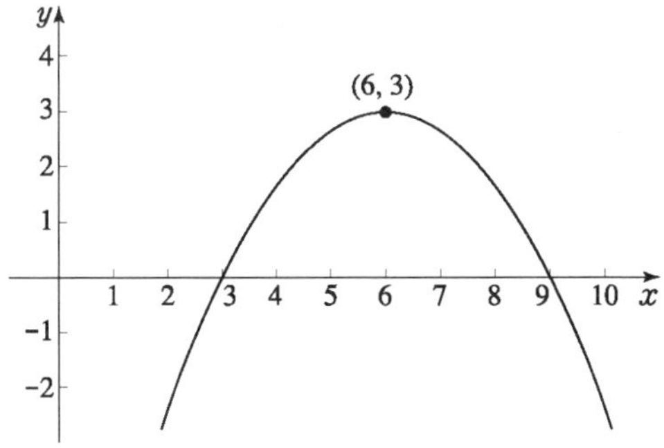

그래핑 계산기를 이용한 다양한 풀이

키 누르기	계산기 화면	설명
$f1(x)=-(x-6)^2+3$ [enter] 방향키를 [✕]가 나타날 때까지 그래프 가까이 간다. [ctrl] 방향키를 움직여본다.	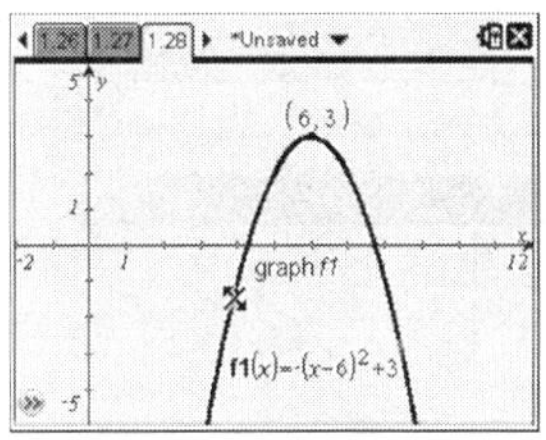	(6, 3)에서 최댓값을 갖는 그래프를 $f1(x)=-(x-6)^2+3$라고 정의한다. a값은 -1이라고 가정하여, 그래프 화면에서 [on] [enter] $f1(x)=-(x-6)^2+3$으로 입력하고, $x=3$에서 근을 갖도록 방향키를 움직여서 ✕가 나타날 때까지 가까이 간다.
[menu] [6: Analyze Graph] [1: Zero] [lower bound?] [upper bound?]	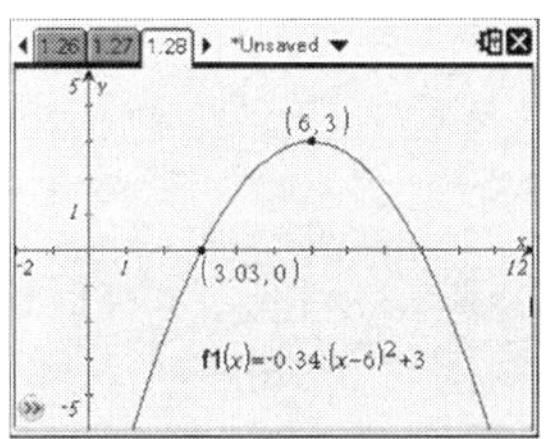	[ctrl] 방향키를 선택하여 방향키를 왼쪽으로 움직이면 $f1(x)$에서의 a값의 변화를 볼 수 있다. a값이 3이 될 때, x축 상의 교점을 찾는다. 방향키를 움직여 상한과 하한범위를 정하면, 그래프가 (3, 0)에서 한 근을 갖는다는 것을 알 수 있고, 그 함수식은 $f1(x)=-0.34(x-6)^2+3$ 임을 알 수 있다.

3.4 부등식의 영역

부등식의 영역에서 최대 · 최솟값 구하기

문제 세 부등식, $-x+y \leq 1$, $x+4y \geq 4$, $2x+y \leq 4$를 모두 만족시키는 x, y에 대하여, $2x+3y$의 최댓값을 구하시오.

<table>
<tr><th>키 누르기</th><th>계산기화면</th><th>설명</th></tr>
<tr>
<td>[on] [menu]
[3:Graph] [1:Function]
$y \leq x+1$ [enter]

[1:Function]
$y \geq (-x+4) \div 4$ [enter]
[1:Function]
$y \leq (-)2x+4$ [enter]
[6:Analyze]
[4:Intersection] [graph?]
[2nd graph?] [lower bound?]
[upper bound?]
[menu][1:Actions]
[7:Text] $2x+3y$
[menu][1:Actions]
[9:Calculate] $2x+3y$
(0, 1) 순서대로 선택
$2x+3y$ (1, 2) [enter]
$2x+3y$ (1.71, 0.571)
[enter]</td>
<td>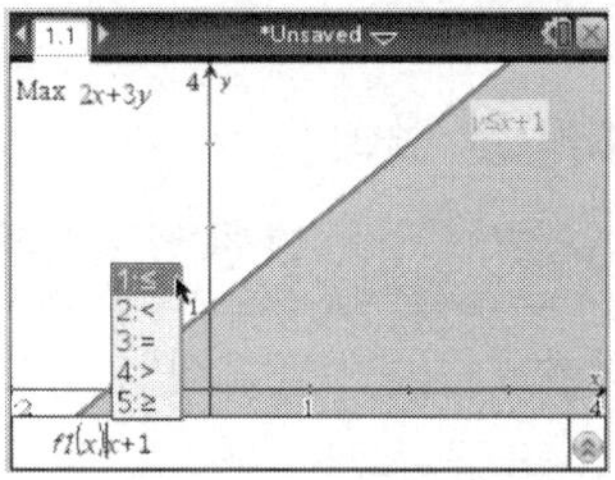

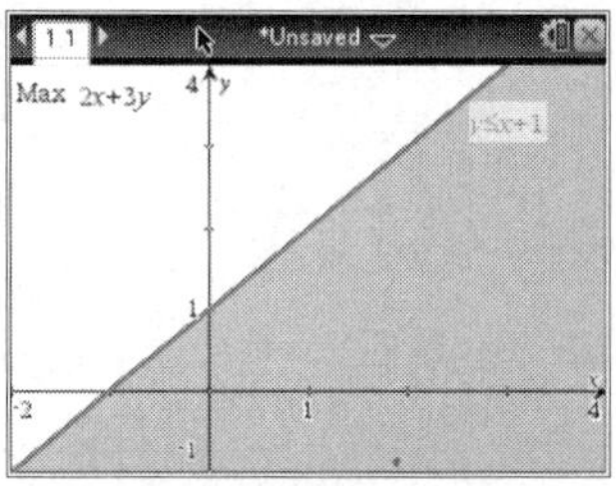

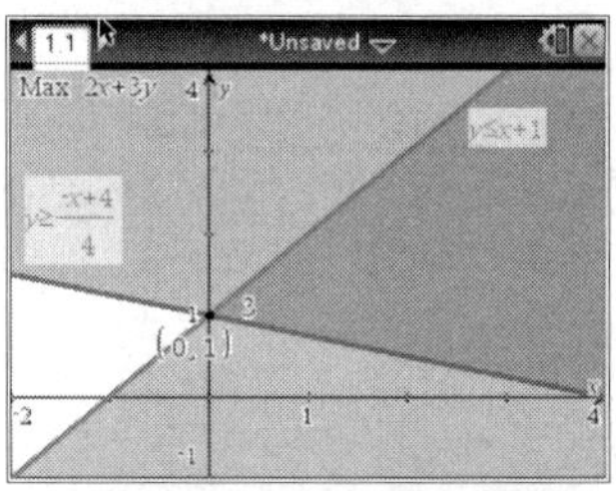

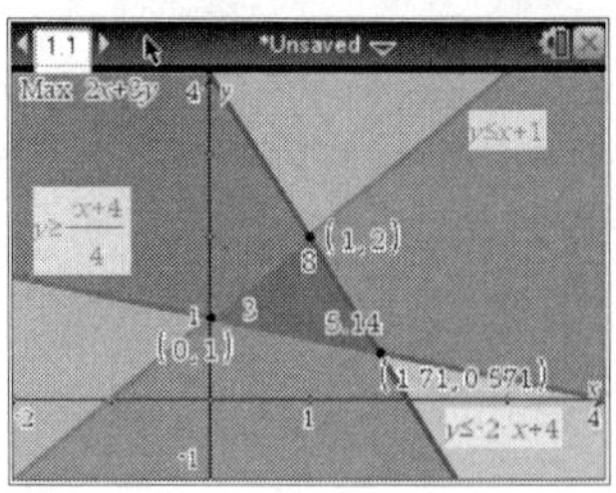
</td>
<td>그래프 화면에서 주어진 각각의 부등식을
$y \leq x+1$, $y \geq (-x+4) \div 4$,
$y \leq (-)2x+4$의 형태로 변형하여 입력한다.
(Tip: 등호를 부등호를 변형하기 위해서는 식 입력칸에 있는 등호를 지우면 여러 가지 부등호가 나타나고, 그 중에서 선택한다.)
세 부등식이 겹쳐지는 부등식의 영역에서 각각의 교점을 구하기 위해서 부등식 두 개씩 선택하여 [Intersection]을 활용하면, (0, 1), (1, 2), (1.71, 0.571)임을 알 수 있다.
최댓값을 찾기 위하여, [Text]를 활용하여 $2x+3y$를 정의하고, [Calculate]를 활용하여 $2x+3y$, 교점 (0, 1)을 순서대로 선택하면 3임을 알 수 있다. 이것을 다른 교점 (1, 2), (1.71, 0.571)에 대해서도 $2x+3y$ 계산하면, 8과 5.14가 나온다. 따라서 x=1, y=2일 때, 최댓값은 8이라는 것을 알 수 있다.</td>
</tr>
</table>

문제 클리블랜드 근처의 한 주유소는 정유 회사로부터 트럭단위로 가솔린을 공급받는다. 한 달에 최소한 800,000 갤런씩 공급 받기로 계약을 하였고, 두 가지 종류의 트럭으로 공급을 받기로 하였다. 트럭 A는 한 달에 최대 125,000갤런까지 운송할 수 있고, 트럭 B는 75,000갤런을 운송할 수 있다. 주유소에서 트럭 A와 B의 공급 횟수를 모두 10회까지만 제한하여 받으려고 하고, 트럭 B는 적어도 4회 이상 운행하도록 하려고 한다. 매 달 운행 횟수 당 트럭 A는 800달러의 이익이 발생하고, 트럭 B는 650달러의 이익이 발생한다고 한다. 트럭 A의 운행 횟수를 x, 트럭 B의 운행 횟수를 y라고 할 때, 이익을 P라고 할 때,

a) 이익을 최대화하기 위한 제한 조건을 모두 구하시오.

b) a)에서 구한 제한 조건을 그래프로 나타내고, 겹치는 부분을 빗금으로 나타내시오.

c) 한 달에 사용할 수 있는 트럭 A의 운행 횟수를 x, 트럭 B의 운행 횟수를 y라고 할 때, 최대 이익을 발생시키기 위한 방정식 P를 구하시오.

d) 그래프 겹치는 부분에서 각각의 꼭짓점들을 구하시오.

e) 최대 이익은 얼마까지 예상할 수 있는지를 구하고, 트럭 A와 B의 운행 횟수를 각각 몇 회로 운행했을 때인지를 구하고, 예상되는 최대이익을 구하시오.

풀이 a) i) 트럭 A와 B의 운행 횟수는 10회 이내이므로, $x+y \le 10$

ii) 트럭 B는 적어도 4회 이상 운행 한다고 했으므로, $y \ge 4$

iii) 한 달에 공급 받는 가솔린의 양은 800,000이므로,

$125,000x + 75,000y \ge 800,000$

iv) 트럭 A의 횟수는 $x \ge 0$이다.

b) 그래핑 계산기를 이용한 다양한 풀이

키 누르기	계산기 화면	설명
[y=] [enter] 함수 입력 칸의 [=]에서 [del]을 누르면 부등호 옵션이 나오고, [5:≥]을 선		b) a)에서 구한 제한조건들을 그래프로 나타내기 위해서는 그래핑 계산기에 함수 형태인 "$y=$" 꼴로 식을 정리한다.

키 누르기	계산기 화면	설명
택하면, $f1(x)$가 자동으로 부등식으로 인식하여, $y \geq$ 형태로 바뀌고 부등식의 영역이 나타난다. $y \leq 10-x$ [enter] $y \geq \dfrac{(800000-125000x)}{75000}$ [enter] $y \geq 4$ [enter] [menu] [7:Points & Lines] [3:Intersection Points] [graph?] [2nd graph?] [lower bound?] [upper bound?] [menu] [1:Actions] [7:Text] $800x+650y$ [menu] [1:Actions] [9:Calculate] $800x+650y$ (6, 4) 순서대로 선택 반복해서 $800x+650y$ (1, 9) $800x+650y$ (4, 4)	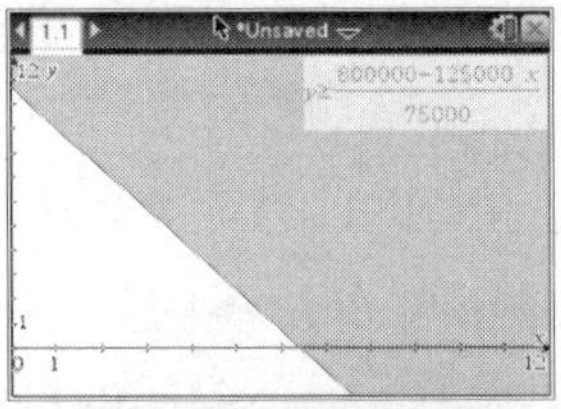 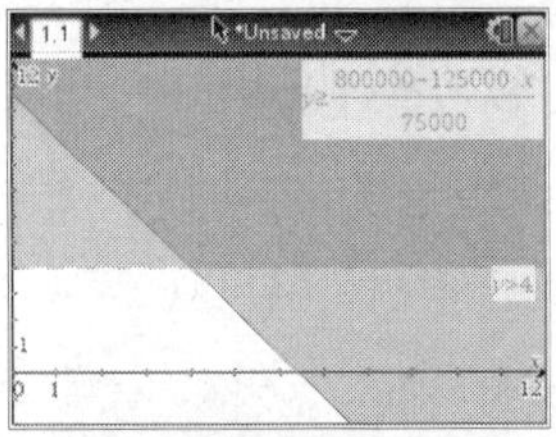 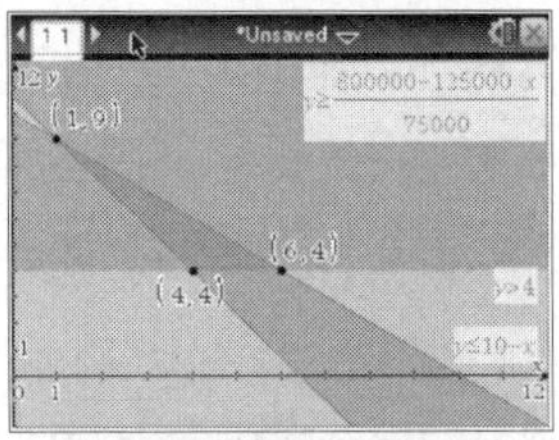 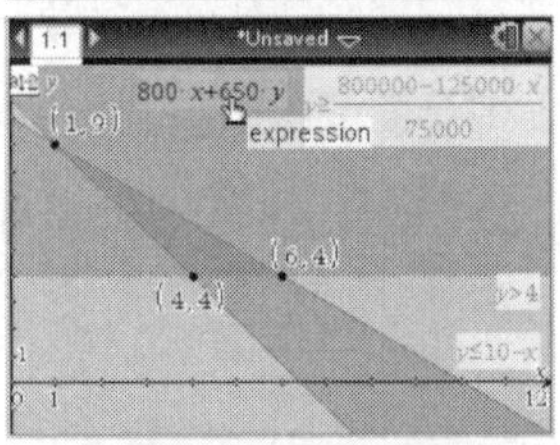 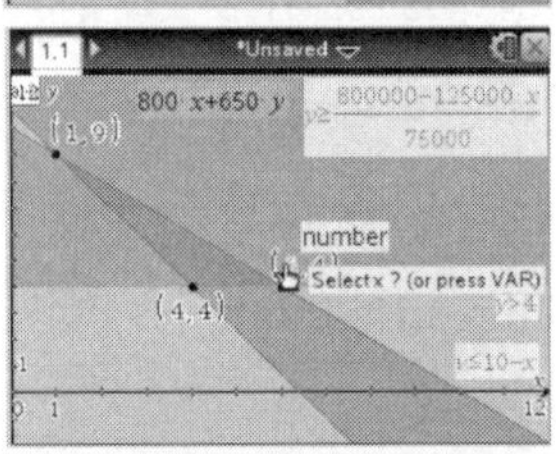 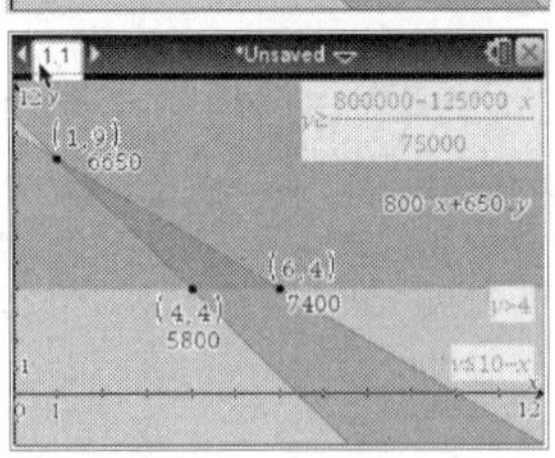	즉, $x+y \leq 10$는 $y \leq 10-x$, $125{,}000x+75{,}000y \geq 800{,}000$는 $y \geq \dfrac{(800000-125000x)}{75000}$와 같이 정리한 후에 입력한다. a)에서 구한 제한조건 중 $x \geq 0$는 함수형태로 나타낼 수 없으므로 나머지 세 개의 제한 조건만 부등식의 영역으로 나타난다. 세 부등식이 겹쳐지는 부등식의 영역에서 각각의 교점을 구하기 위해서 부등식 두 개씩 선택하여 [Intersection]을 활용하면, (6, 4), (1, 9), (4, 4)임을 알 수 있다. 최댓값을 찾기 위하여, [Text]를 선택하여 최댓값 식인 $800x+650y$를 정의하고, [Calculate]를 활용하여 $800x+650y$, 교점 (6, 4)을 순서대로 선택하면 그 값이 7400임을 알 수 있다. 이것을 다른 교점 (1, 9), (4, 4)에 대해서도 $800x+650y$을 계산하면, 6650과 5800가 된다. 따라서 x=6, y=4일 때, 최댓값은 7400이라는 것을 알 수 있다.

따라서 부등식의 영역을 그래프로 나타내면 다음과 같다.

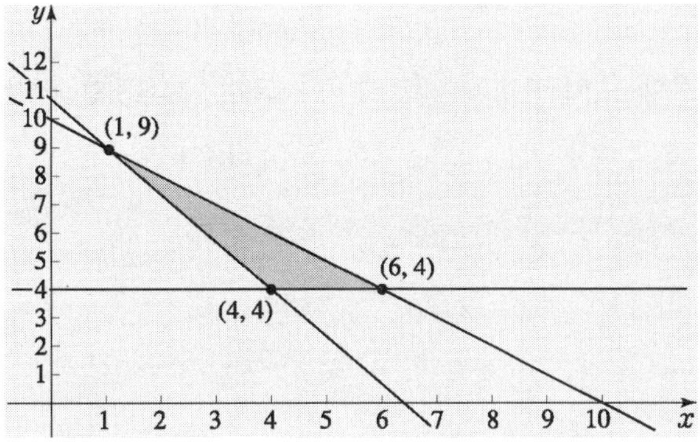

c) 최대 이익의 방정식은 각 트럭 한 대당 발생하는 이익과 그 횟수를 곱한 값의 합을 의미하므로 $P=800x+650y$이다.

d) 교점을 구하기 위해서 $x+y=10$와 $y=4$를 연립시켜 풀면, $x=6$이므로, $(6,\ 4)$이다.

$x+y=10$에서 $y=10-x$를 $125{,}000x+75{,}000y=800{,}000$에 대입시켜 풀면, $x=1,\ y=9$이므로, $(1,\ 9)$이다.

$y=4$를 $125{,}000x+75{,}000y=800{,}000$에 대입시켜 풀면, $125{,}000xx=4$이므로, $(4,\ 4)$이다.

e) b)에서 구한 교점들 $(1,\ 9)$와 $(4,\ 4)$, $(6,\ 4)$들을 모두 $P=800x+650y$에 대입하면,

$$(1,\ 9)\text{일 때, } P=800(1)+650(9)=6650$$
$$(6,\ 4)\text{일 때, } P=800(6)+650(4)=7400$$
$$(4,\ 4)\text{일 때, } P=800(4)+650(4)=5800$$

따라서 트럭 A가 6회, 트럭 B가 4회 움직였을 때, 최대 이익 $7400을 얻을 수 있다.

3.5 지수 · 로그함수

문제 다음에 주어진 방정식을 풀고, 그래핑 계산기를 이용하여 증명하시오.

a) $8^{-x}=4$ b) $6^{2x}-5\times6^{x}-6=0$

풀이 a) $(2^3)^{-x}=2^2$이므로, $2^{-3x}=2^2$이다.

따라서 $-3x=2$, $x=-\dfrac{2}{3}$이다.

b) $6^x=A$라고 놓으면, $6^{2x}-5\times6^x-6=0$에서

$$A^2-5A-6=0,$$
$$(A-6)(A+1)=0$$
$$A=6 \text{ 또는 } A=-1$$
$$6^x=6 \text{ 또는 } 6^x=-1$$

$6^x=-1$을 만족하는 x는 존재하지 않으므로, $6^x=6$에서 $x=1$만 가능하다.

그래핑 계산기를 이용한 다양한 풀이

키 누르기	계산기 화면	설명
방법 1 [on] [menu] [3:algebra] [1:solve] $8^{-x}=4$ [,]×[enter] 1:solve] $6^{2x}-5\times6^x-6=0$ [,] x [enter]	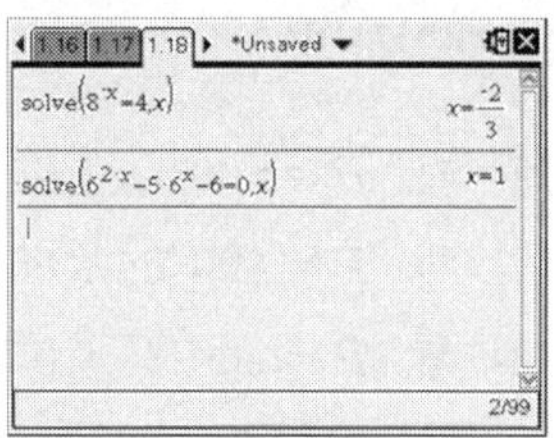	대수화면에서 주어진 방정식 $8^{-x}=4$을 x에 관하여 풀기 위해 입력하면, $x=-\dfrac{2}{3}$이다. 마찬가지로, 방정식 $6^{2x}-5\times6^x-6=0$을 입력하면, $x=1$이 된다.
방법 2 a) [enter] $f1(x)=8^{-x}$ [enter] $f2(x)=4$ [enter] [menu] [6: Analyze Graph] [1: zero] [lower bound?] [upper bound?] [enter]	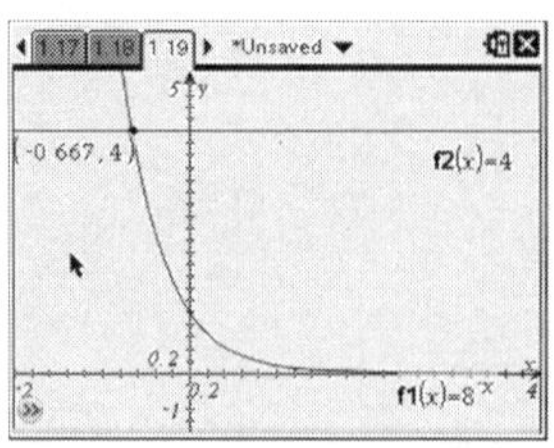	a) $f1(x)=8^{-x}$와 $f2(x)=4$를 입력한 후에 상한과 하한을 정하고 교점을 구하면 $x=0.667=-\dfrac{2}{3}$, 즉, $(-0.667, 4)$가 나온다.

키 누르기	계산기 화면	설명
방법 2 b) $f1(x)=6^{2x}-5\times 6^{x}-6$ [enter] [menu] [6: Analyze Graph] [1: zero] [lower bound?] [upper bound?] [enter] **방법 3** b) $f1(x)=6^{x}$ [enter] $f2(x)=6$ [enter] $f3(x)=-1$ [enter] [menu] [6: Analyze Graph] [4: Intersection] [lower bound?] [upper bound?] [enter]	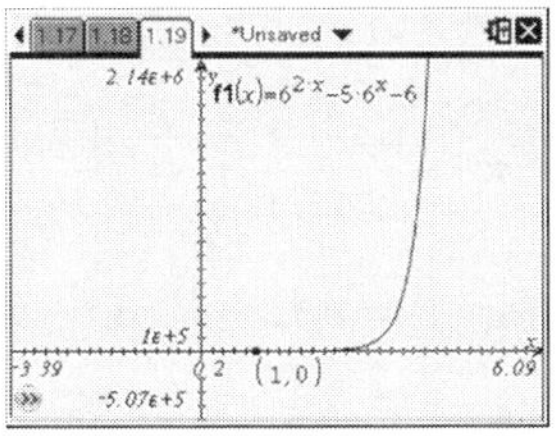 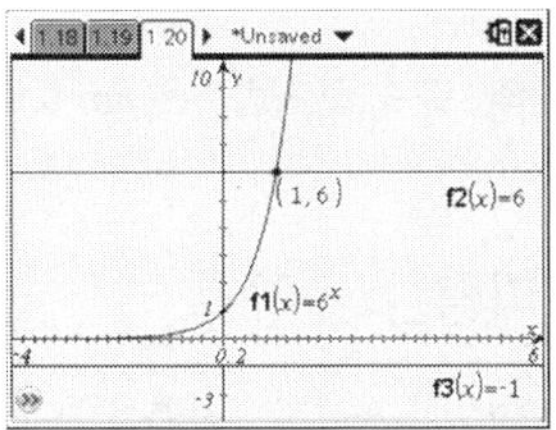 	b) $f1(x)=6^{2x}-5\times 6^{x}-6$에서 그래프를 그리고, 상한과 하한을 정하고 x축과의 교점을 구하면, (1, 0)이 나온다. 다른 방법으로, $6^{x}=A$라고 놓으면, $6^{2x}-5\times 6^{x}-6=0$에서 $A^{2}-5A-6=0$, $(A-6)(A+1)=0$ 따라서 $A=6$ 또는 $A=-1$ $6^{x}=6$ 또는 $6^{x}=-1$이므로 $f1(x)=6^{x}$와 $f2(x)=6$, $f3(x)=-1$을 그래프로 나타내어 보면, $f1(x)=6^{x}$가 $f3(x)=-1$과는 만나지 않음을 볼 수 있다. 따라서 교점은 $f1(x)=6^{x}$와 $f2(x)=6$에서, 즉, $x=1$일 때만 존재한다는 것을 알 수 있다.

문제 다음 표는 박테리아군의 개체 증가 수이다.

시간, t(분)	0	5	10	15	20
증가 수 p	600	700	820	950	1100

박테리아군의 시간(t)에 관한 함수로써 증가 수(p)에 대한 대수적 함수모델을 찾으시오.

풀이 P와 t의 관계를 보면, 직선 형태가 아님을 알 수 있다. t에 대하여, $\log_{10}p$를 표로 나타내면 다음과 같다.

t	0	5	10	15	20
$\log_{10}p$	2.78	2.85	2.91	2.98	3.04

구한 $\log_{10}p$와 t의 관계를 점으로 나타내어 보면, 직선으로 나타낼 수 있다.

따라서 $\log_{10}p = mt + c$

y축 상의 교점은 2.78이므로, $c = 2.78$.

$$m = \frac{3.04 - 2.78}{20 - 0} = \frac{0.26}{20} = 0.013$$

m과 c를 대입하면, $\log_{10}p = mt + c = 0.013t + 2.78$

$p = 10^{0.013t+2.78} = 10^{2.78} \cdot 10^{0.013t} = 603 \cdot 10^{0.013t}$

따라서 주어진 데이터의 대수적 모델은 $p = 603 \times 10^{0.013t}$이다.

그래핑 계산기를 이용한 다양한 풀이

<table>
<tr><th>키 누르기</th><th>계산기 화면</th><th>설명</th></tr>
<tr><td>A열을 t라고 정하고 0 5 10 15 20을 입력한다.
B열을 증가수인 p로 정하고, 600 700 820 950 1100을 입력한다.
[menu] [3:Data] [9:Quick Graph]
방향키를 y축 가까이 대고 p 선택</td><td>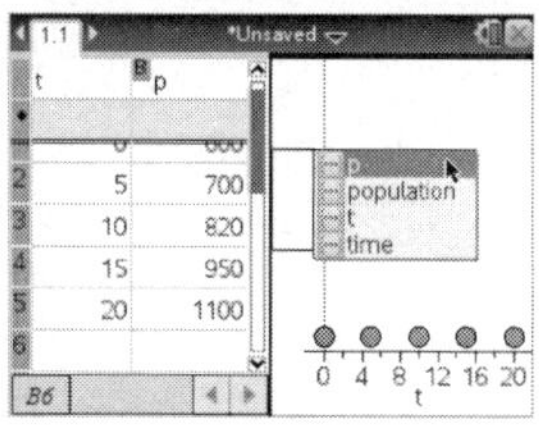
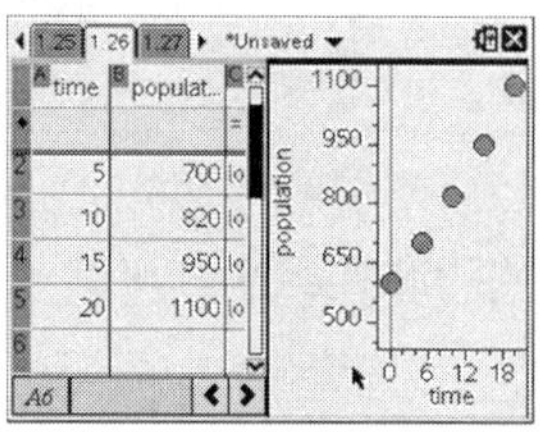</td><td rowspan="3">시간에 따른 박테리아군의 개체 증가 수와의 관계를 알아보기 위해 를 선택하고, A열은 t라고 정의하고, 0 5 10 15 20을 입력한다. B열은 p라고 정의하고, 600 700 820 950 1100을 입력한다. t를 x축으로 하고, p를 y축으로 하는 데이터 분포를 보면 직선형태가 아님을 알 수 있다.
메뉴에서 데이터분포에 따라 예상되는 지수함수 형태를 선택하면 $y = 602 \cdot (1.03)^x$가 나온다. 따라서, 구한 데이터 분포는 지수함수임을 예측할 수 있다.
대수화면에서 $10^{2.78} \times 10^{0.013t}$는 $603 \cdot (1.03)^t$와 같다는 것을 확인할 수 있고 데이터를 활용한 함수와 1이라는 약간의 오차가 생길 수 있음을 알 수 있다.</td></tr>
<tr><td>[menu] [4: Analyze]
[6:Regression]
[8: Show Exponential]</td><td>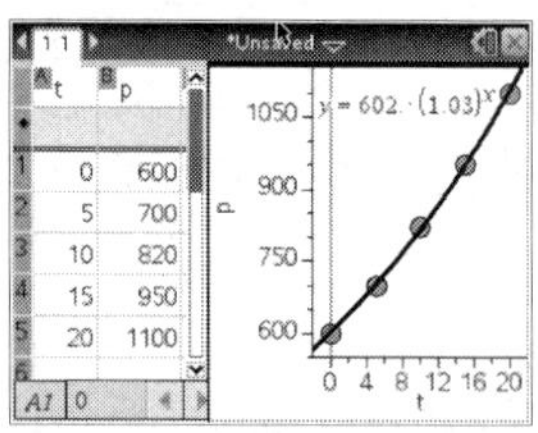</td></tr>
<tr><td>$10^{2.78} \times 10^{0.013t}$ [enter]</td><td>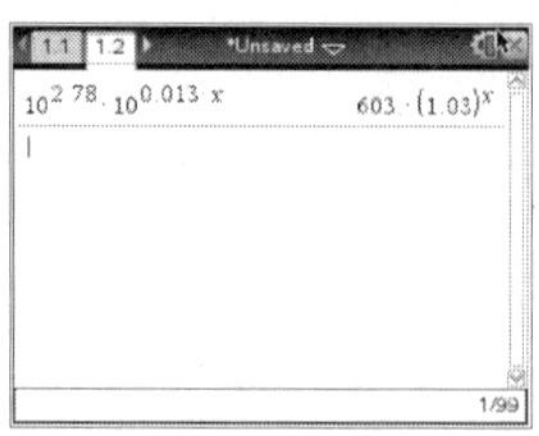</td></tr>
</table>

3.6 삼각함수

문제 다음 그래프는 삼각함수를 나타낸 것이다. 그래프에 적합한 함수 모델을 제시하시오.

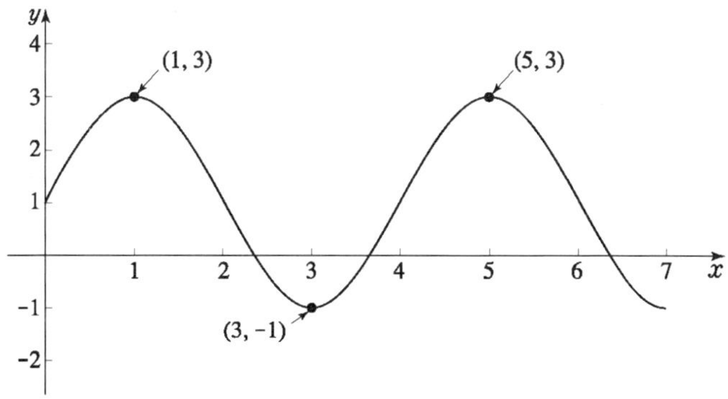

풀이 삼각 함수의 모델 중 $y = a\sin bx + c$라고 가정하여 주어진 점을 이용하여, a, b, c를 구하도록 한다. 진폭은 최댓값을 갖는 $(1, 3)$과 최솟값을 갖는 $(3, -1)$에서 $\dfrac{3-(-1)}{2} = 2$이므로 $a = 2$임을 알 수 있다.

$y = 2\sin x$가 1만큼 y축의 양의 방향으로 1만큼 평행이동 하였으므로, $y = 2\sin x + 1$이다.

$a = 2$, $c = 1$이므로, b를 구하기 위하여, $(1, 3)$을 $y = a\sin bx + c$에 대입하면,

$$3 = 2\sin b + 1$$

$$\sin b = 1$$

$$b = \frac{\pi}{2}$$

따라서 $y = 2\sin\dfrac{\pi}{2}x + 1$임을 알 수 있다.

그래핑 계산기를 이용한 다양한 풀이

키 누르기	계산기 화면	설명
[menu] [4: Window Zoom] [1:Window Settings] $[-1,\ 7],\ [-2,\ 4]$ $f1(x)=2\sin x$ [enter] $f2(x)=\sin x$ [enter] $f1(x)=2\sin x+1$ [enter]	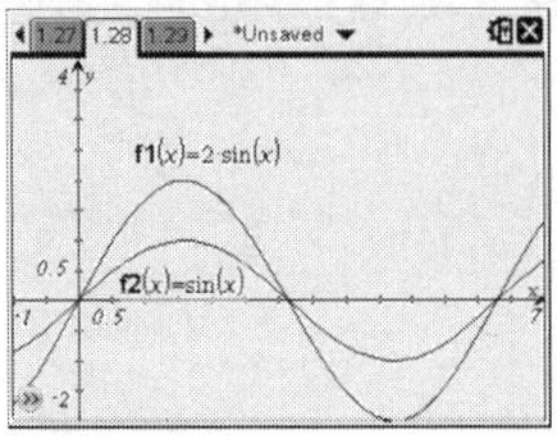 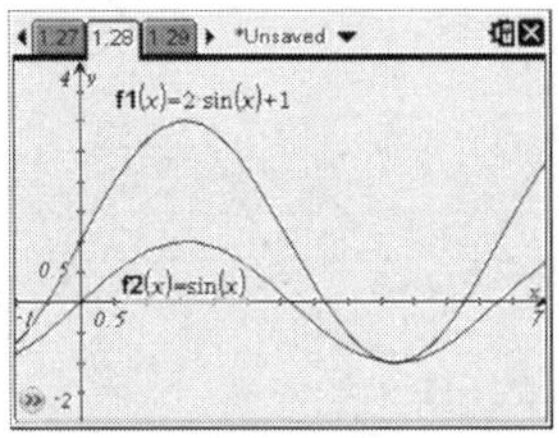	삼각 함수의 모델 중 $y=a\sin bx+c$ 라고 가정하여 $y=\sin x$ 그래프를 그리고 주어진 그래프와 일치하도록 a, b, c를 찾는다. [Window Settings]에서 주어진 그래프와 같이 $[-1,7]$, $[-2,4]$로 맞춘다. 진폭을 구하기 위해 $(1,3)$과 $(3,\ -1)$을 이용하면 $\frac{3-(-1)}{2}=2$이므로 $y=2\sin x$임을 알 수 있다. $f1(x)=2\sin x$를 그리고
$f1(x)=2\sin\frac{\pi}{2}x+1$ [menu] [7: Points & Lines] [1: Point]	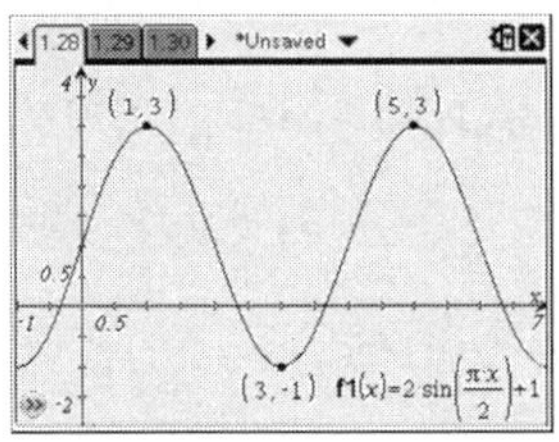	$f2(x)=\sin x$와 비교해 보면, $2\sin x$의 그래프가 y축의 양의 방향으로 1만큼 평행이동 하였으므로, $2\sin x+1$이다. $f2(x)=2\sin x+1$를 그려보면 주어진 그래프와 일치하지 않음을 알 수 있다. $a=2$, $c=1$이므로, b를 구하기 위하여, $(1,3)$을 $y=a\sin bx+c$에 대입하여 풀면, $3=2\sin b+1$, $\sin b=1$, $b=\frac{\pi}{2}$이다. 따라서 $y=2\sin\frac{\pi}{2}x+1$임을 알 수 있다. 사인함수 $y=2\sin\frac{\pi}{2}x+1$에서의 점들을 확인하기 위하여, [1: Point]를 선택하여 방향키를 움직이면서 곡선 상의 각 점 (1, 3), (3, −1), (5, 3)들을 선택하여 존재여부를 확인한다.

문제 다음 그림은 삼각함수 g와 h를 나타낸 것이다.

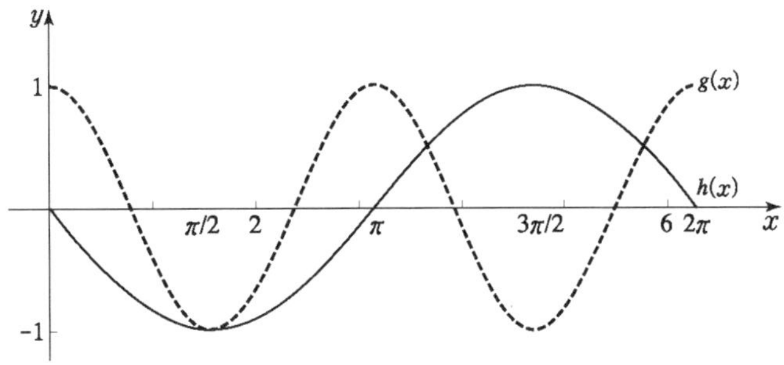

a) 삼각함수 $g(x)$와 $h(x)$를 구하시오.

b) 함수 $h(x)$의 주기는 얼마인가?

c) $g(x)=h(x)$가 되는 x값들을 $0 \le x \le 2\pi$에서 구하시오.

풀이 a) 삼각함수 $g(x)$는 코사인 형태의 그래프임을 알 수 있고, 진폭은 1이고, $0 \le x \le 2\pi$에서 주기가 2번 나타난 것을 보면 $g(x)=\cos(2x)$임을 알 수 있다.

$h(x)$는 사인 그래프가 x축에 대칭임을 알 수 있다.

따라서 $h(x)=-\sin x$이다.

b) $h(x)$의 그래프를 보면, $0 \le x \le 2\pi$에서 주기가 한 번 나타난 것으로 보아 2π임을 알 수 있다.

c) **방법 1** $\cos(2x)=-\sin x$가 되는 x값을 구하기 위해,

$\cos(2x)=2\cos^2 x-1$이므로, $2\cos^2 x-1=-\sin x$

$$2(1-\sin^2 x)-1=-\sin x$$
$$2\sin^2 x-\sin x-1=0$$
$$(2\sin x+1)(\sin x-1)=0$$

따라서

$$\sin x=-\frac{1}{2} \text{ 또는 } \sin x=1$$

이다.

$0 \le x \le 2\pi$에서 $\sin x=-\frac{1}{2}$를 만족하는 $x=\pi+\frac{\pi}{6}=7\frac{\pi}{6}=3.67$,

$2\pi - \dfrac{\pi}{6} = \dfrac{11\pi}{6} = 5.76$이고, $\sin x = 1$을 만족하는 $x = \dfrac{\pi}{2} = 1.57$이다.

그래핑 계산기를 이용한 다양한 풀이

키 누르기	계산기 화면	설명
[menu] [4: Window Zoom] [1:Window Settings] $[-2, 2]$, $[0, 2\pi]$ $f1(x) = \cos 2x$ [enter] $f2(x) = -\sin x$ [enter] [menu] [7: Points & Lines] [3: Intersection Point(s)]	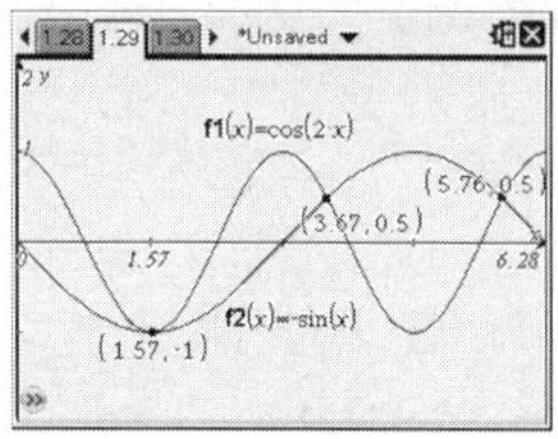	c) **방법 2** $g(x) = h(x)$가 되는 교점을 찾기 위해서는, [Window Settings]에서 $[0, 2\pi]$, $[-2, 2]$로 그래프 화면을 맞추고, 두 함수를 입력한다. $\cos(2x) = -\sin x$가 되는 점을 찾기 위해 [3:Intersection Point(s)]를 선택하면, 세 개의 교점 $(1.57, -1)$, $(3.67, 0.5)$, $(5.76, 0.5)$임을 알 수 있다.
[menu] [3:algebra] [1:solve] $\cos 2x = -\sin x$ [,]×[|] $0 \le x \le 2\pi$ [enter]	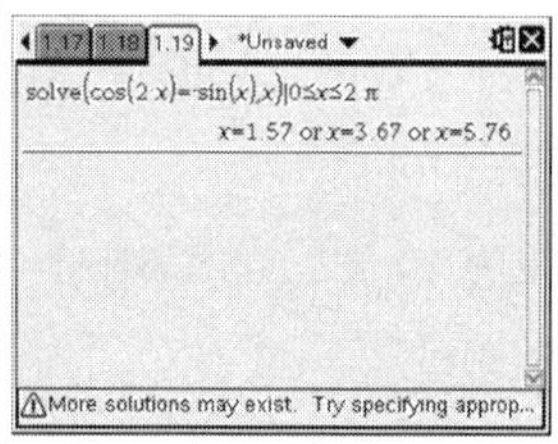	c) **방법 3** 그래핑 계산기의 대수 화면에서 두 함수를 $\cos(2x) = -\sin x$와 같이 방정식의 형태로 입력하고, x의 범위를 $0 \le x \le 2\pi$에서 구하면, 세 개의 교점을 찾을 수 있다.

문제 미국 세인트루이스시의 연중 기온변화를 살펴보면, 1월 15일에 최저 기온 37°F, 7월 15일에 최고 기온 89°F라고 하고, 사인 곡선에 가깝다고 한다.

a) 온도 변화를 $T(t)=A\sin(B(t + C)) + D$라고 할 때, A, B, C, D를 구하여 $T(t)$를 구하시오. (단, t는 1월 1일부터 시작해 경과한 개월 수를 나타낸다.)

b) 이 모델을 이용하여 5월 15일의 평균 최고기온을 구하고 그래프로 나타내시오.

풀이 $T(0.5) = 37$, $T(6.5) = 89$, 1년 주기 $= 12$개월

a) 주기 B는 $\dfrac{2\pi}{B} = 12,\ B = \dfrac{2\pi}{12} = \dfrac{\pi}{6}$

진폭 $A = \dfrac{1}{2}(89 - 37) = 26$

$D = \dfrac{1}{2}(89 + 37) = 63$

$T(t) = 26\sin(\dfrac{\pi}{6}(t + C)) + 63$

$(3.5,\ 63)$이므로, $T(t) = 26\sin(\dfrac{\pi}{6}(t - 3.5)) + 63$

b) $T(4.5) = 26\sin(\dfrac{\pi}{6}(4.5 - 3.5)) + 63 \approx 76\,^{\circ}F$

이것을 그래프로 나타내면 다음과 같다.

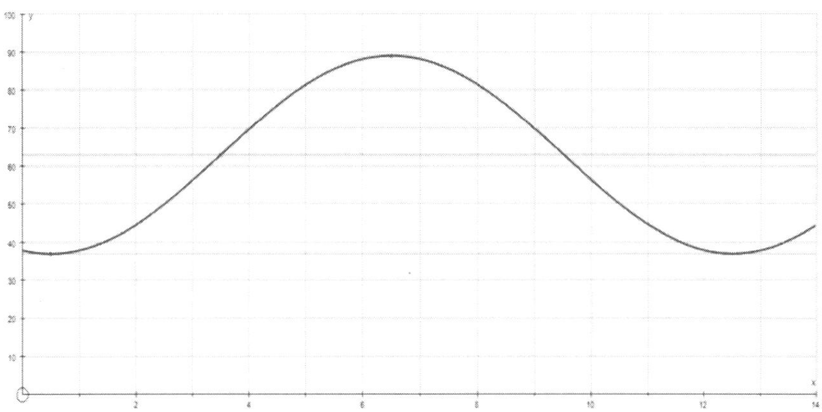

그래핑 계산기를 이용한 다양한 풀이

키 누르기	계산기 화면	설명
[on] [enter] $f1(x)$=$26\sin(\dfrac{\pi}{6}(x-3.5))$+63 $f2(x)$ = 63[enter] [menu] [7:point & Lines]	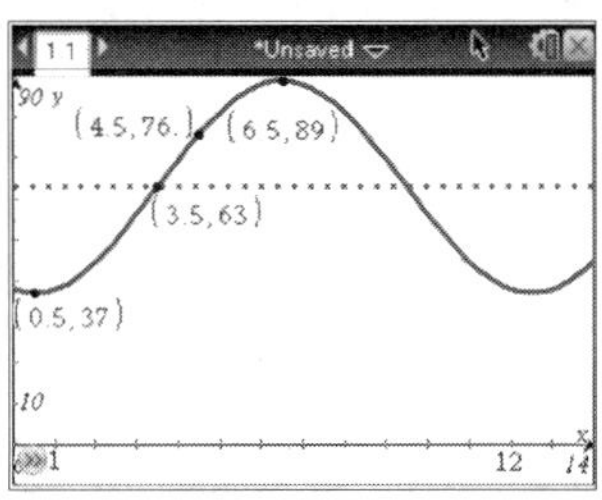	1월 15일은 1년의 12개월 중에서 0.5개월이고, 7월 15일은 6.5개월을 의미 하므로 T(0.5)= 37이고, T(6.5)= 89, 1년 주기는 12개월이므로

키 누르기	계산기 화면	설명
[1:point] 포인터로 4.5를 지정한다. 그 밖에 $x=0.5$, 3.5, 6.5일 때의 값도 그래프에 나타낼 수 있다.		a) 주기는 $B=\frac{2\pi}{12}=\frac{\pi}{6}$ 이다. $A=\frac{1}{2}(89-37)=26$ 이므로, $D=\frac{1}{2}(89+37)=63$ 이고, $\frac{1}{2}(6.5-0.5)=3$ 이므로, $x=3.5$일 때, 63임을 알 수 있다. 따라서 $T(t)=26\sin(\frac{\pi}{6}(t-3.5))+63$ 그래핑 계산기에서 그래프를 그리려면 $T(t)$를 x에 관한 함수로 입력해야 한다. b) 5월 15일의 온도는 $t=4.5$일 때의 값을 의미하므로, 그래프 상에서 4.5가 나타날 때까지 포인터를 움직여서 찾으면 $76°F$임을 알 수 있다.

3.7 수열

문제 $a_1=10$, $a_{n+1}=a_n+2\,(n=1,2,3,\ldots)$로 정의된 수열 $\{a_n\}$에 대하여 $a_n>200$을 만족시키는 자연수 n의 최솟값을 구하시오.

풀이 $a_{n+1}=a_n+2$는 공차가 2인 등차수열이므로,

$$a_n=10+2(n-1)=2n+8$$

$a_n>200$에서 $2n+8>200$, $n>96$

따라서 부등식을 만족시키는 자연수 n의 최솟값은 97이다.

그래핑 계산기를 이용한 다양한 풀이

키 누르기	계산기 화면	설명
[on] [그래프 키 아이콘] [3:Graph Type] [5:Sequence] [1:Sequence] $u1(n)=u1(n-1)+2$ Initial Terms:=10 [4:Window/zoom] [A:Zoom Fit] [menu] [5:Trace] [1:Graph Trace] [menu] [2:view] [A:Show Table]	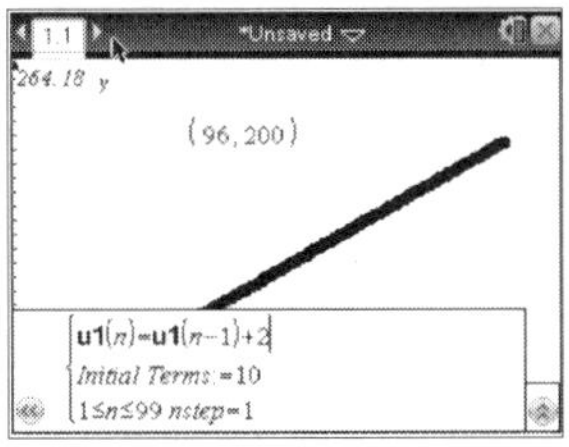 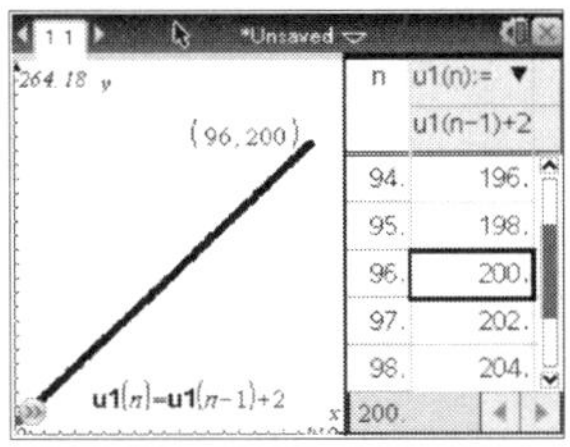	수열을 그래프로 이해하기 위해서 우선 그래프 모드에서 [Sequence]를 선택한다. 주어진 초기값 10을 [Initial terms]에 입력하고, 이웃하는 두 항 사이의 관계 $a_{n+1}=a_n+2$에서 n 대신에 $n-1$을 대입하여 $u1(n)=u1(n-1)+2$라고 변형하여 입력한다. 수열 전체를 보기 위해서 [Zoom Fit]를 선택한다. [Trace] 기능을 이용하면 $(96, 200)$을 찾을 수 있다. 이것은 제96항에서 200임을 의미하고, $n>96$일 때, $a_n>200$이라는 것을 알 수 있다. 따라서 조건을 만족시키는 n의 최솟값은 97임을 알 수 있다. 이것을 표에서 확인해 보면 제 97항부터 항의 값이 200보다 크다는 것을 알 수 있다.

문제 수열 $\{a_n\}$에 대하여, $a_1=1$, $a_{n+1}=\dfrac{n}{n+1}a_n\,(n=1,2,3,\dots)$이라고 정의 할 때, a_{50}의 값을 구하시오.

풀이 $a_{n+1}=\dfrac{n}{n+1}a_n$에서 $n=1,\ 2,\ 3,\ \cdots,\ n-1$을 대입하고 변끼리 곱하면

$$a_2=\frac{1}{2}a_1,\ a_3=\frac{2}{3}a_2,\ a_4=\frac{3}{4}a_3,\ \cdots,\ a_n=\frac{n-1}{n}a_{n-1}$$

$$a_n=\left(\frac{1}{2}\cdot\frac{2}{3}\cdot\frac{3}{4}\cdot\cdots\cdot\frac{n-1}{n}\right)a_1=\frac{1}{n}$$

$$a_{50}=\frac{1}{50}=0.02$$

그래핑 계산기를 이용한 다양한 풀이

키 누르기	계산기 화면	설명
[on] [3:Graph Type] [5:Sequence] [1:Sequence] $u2(n)=\frac{n-1}{n}u2(n-1)$ [Initial Terms:=]1 [4:Window/zoom] [A:Zoom Fit] [menu] [5:Trace] [1:Graph Trace] [menu] [2:view] [A:Show Table]	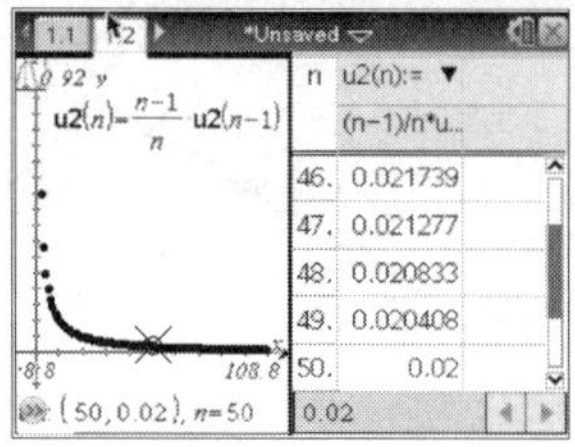	주어진 두 항 사이의 관계 $a_{n+1}=\frac{n}{n+1}a_n$ 에서 $u2(n)$에 n 대신에 $n-1$을 대입하여 $\frac{n-1}{n}u2(n-1)$라고 정의하고, 초기값을 1이라고 놓고, 그래프를 그린다. 수열 전체를 보기 위해 [Zoom Fit]를 선택한다. [Trace] 기능을 이용하여 50항의 값을 찾을 수 있고, 그 값은 0.02(=$\frac{1}{50}$)임을 알 수 있다. 또한 표로써 나타내면, $n=50$일 때, 0.02임을 찾을 수 있다.

문제 모든 실수에 대하여 정의된 함수 $f(x)$는 $f(x)=x^2(-1\le x\le 1)$과 $f(x+2)=f(x)$를 만족하는 주기함수이다. 좌표평면 위에서 각 자연수 n에 대하여 직선 $y=\frac{1}{2n}x+\frac{1}{4n}$과 함수 $y=f(x)$의 그래프와의 교점의 개수를 a_n이라 할 때, $\lim_{n\to\infty}\frac{a_n}{n}$의 값은?

풀이 x축 방향으로 a만큼씩 평행이동 할 때마다 똑같은 모양이 반복된다면 x의 값이 a만큼 커졌을 때의 함숫값도 x의 함숫값과 같으므로 $f(x-a)=f(x)$가 성립하고, 그래프로 나타내면 다음과 같다. 이 때 a를 함수 f의 주기라 한다.

그래프에서 나타난 것처럼 모든 실수 x에 대하여 $f(x+2)=f(x)$이므로 함수 $f(x)$의 최소주기는 2임을 알 수 있다. 직선 $y=\frac{1}{2n}x+\frac{1}{4n}$과 함수 $y=f(x)$의 그래프와의 교점의 개수가 a_n이므로,

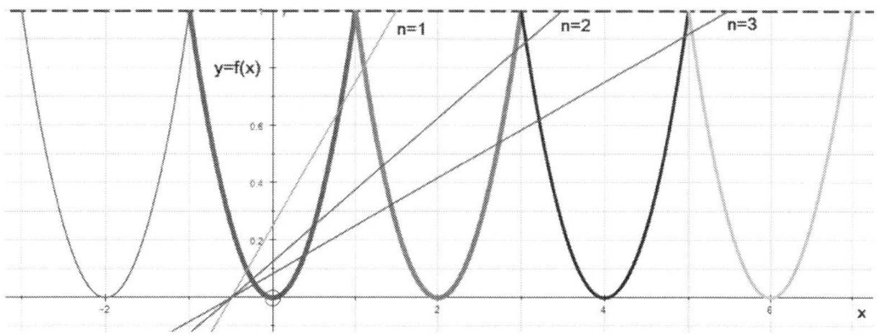

$$n=1\text{일 때, } y=\frac{1}{2}x+\frac{1}{4}\text{이므로 } a_1=3$$

$$n=2\text{일 때, } y=\frac{1}{4}x+\frac{1}{8}\text{이므로 } a_2=5$$

$$n=3\text{일 때, } y=\frac{1}{6}x+\frac{1}{12}\text{이므로 } a_3=7$$

$$\vdots$$

$$\therefore \{a_n\}=3,\ 5,\ 7,\ 9,\cdots$$

$$\therefore\ a_n=2n+1\text{이므로, } \lim_{n\to\infty}\frac{a_n}{n}=\lim_{n\to\infty}\frac{2n+1}{n}=2\text{이다.}$$

그래핑 계산기를 이용한 다양한 풀이

키 누르기	계산기 화면	설명
[on] [그래프키] $f1(x)=x^2$ $f2(x)=f1(x-a)$[|] $a=\{2,4,6\}$ $f3(x)=x/(2n)+1/(4n)$ [|]$a=\{1,2,3\}$ 그래프화면 조정 [4:Window/Zoom] [1:Window Settings...] [(-)0.5, 1] $x$scale:1 [-1, 8] $y$scale:1	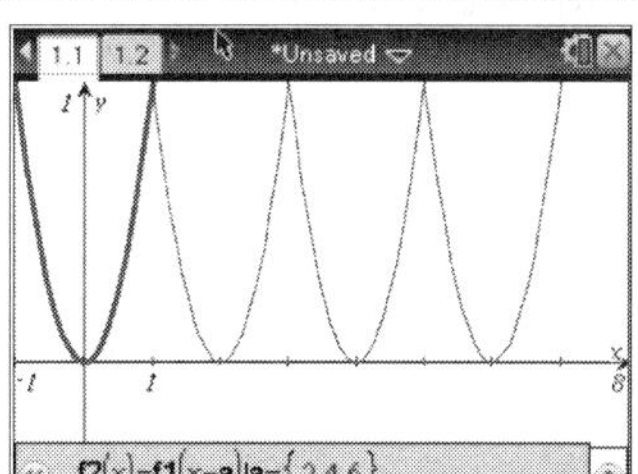	그래프 화면에서 함수 $f1(x)=x^2$를 정의하고, $a=\{2,4,6\}$에 대하여 $f2(x)=f1(x-a)$라고 정의하면, 그래프로부터 x의 값이 a만큼 커졌을 때의 함숫값이 x의 함숫값과 같다는 것을 알 수 있다. $n=1,2,3,\cdots$일 때 직선 $y=\frac{1}{2n}x+\frac{1}{4n}$과 함수 $f(x)$의 교점의 개수를 차례

키 누르기	계산기 화면	설명
	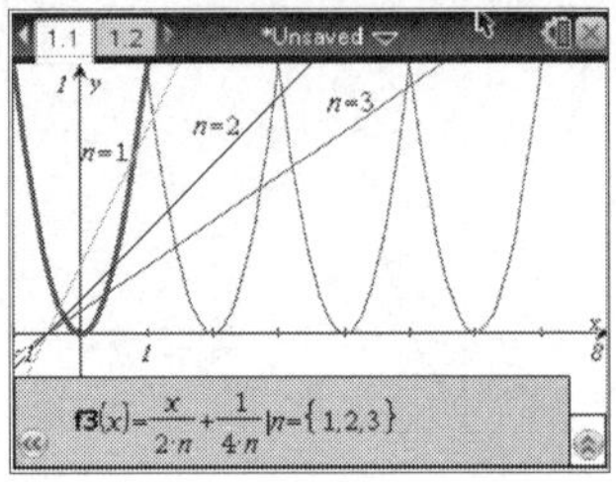	대로 구한다면, $a_1=3,\ a_2=5,\ a_3=7\ldots$ $a_n=2n+1$이므로, $\lim\limits_{n\to\infty}\dfrac{a_n}{n}=2$이다.

3.8 극한

문제 함수 $f(x)=\dfrac{x^2-7x+10}{x-2}$에 대하여,

a) $x=2$에서 극한값이 존재하는지를 조사하시오.

b) x, y 교점을 포함한 그래프를 그리고, 그래프에 대한 이유를 설명하시오.

그래핑 계산기를 이용한 다양한 풀이

키 누르기	계산기 화면	설명
[menu] [1:Actions] [1: Define] $f(x)$ [|] $x=\{2.1,\ 2.01,\ 2.001,\ 2.0001,\ 2.00001\}$ [enter] $f(x)$ [|] $x=\{1.9,\ 1.99,\ 1.999,\ 1.9999,\ 1.99999\}$ [enter] $f(2)$ [enter] [menu] [4: Calculus] [4:Limit]	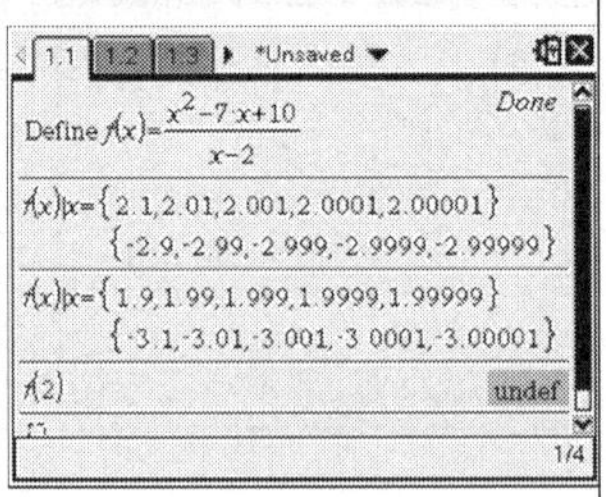	a) **방법 1** 함수 $f(x)=\dfrac{(x^2-7x+10)}{(x-2)}$을 정의하고, $f(x)$에 $x=\{2,\ 2.01,\ 2.001,\ 2.0001,\ 2.00001,\ 2.000001\}$을 대입하면, x값이 오른쪽에서 2에 가까워지면 $f(x)$값이 -3에 점점 가까워진다는 것을 알 수 있다. 마찬가지로 $f(x)$에 $x=\{1.9,\ 1.99,$

키 누르기	계산기 화면	설명
x 2 [$-$] $f(x)$ [enter] [4: Calculus] [4:Limit] x 2 [+] $f(x)$ [enter] [4: Calculus] [4:Limit] x 2 $f(x)$ [enter] [menu][2:Algebra] [2: Factor] $f(x)$ [enter]	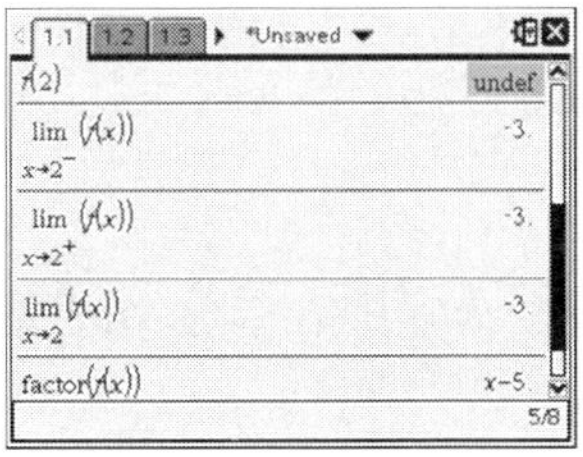	1.999, 1.9999, 1.99999} 를 대입하면, x값이 왼쪽에서 2에 가까워지면, $f(x)$값이 -3에 점점 가까워진다는 것을 알 수 있다. 따라서 $f(2)$에서는 값이 정의 되지 않지만, 좌극한과 우극한의 값은 -3임을 알 수 있다. **방법 2** [Limit]를 이용하여, 좌극한과 우극한을 구하면, 극한값이 -3인 것을 알 수 있다. $\lim_{x\to2^-}f(x)=\lim_{x\to2^+}(x)$ $=\lim_{x\to2}f(x)=-3$ b) 교점을 찾기 위해 $f(x)$를 인수분해 하면, $x-5$임을 알 수 있다.
$f1(x)=\dfrac{(x^2-7x+10)}{(x-2)}$ [enter] [menu] [5: Trace] [1: Graph Trace] [2: View] [A: Show Table] [menu] [5:Table] [5: Edit Table Settings] [Independent] [Ask] [enter] 1.9 [enter] 1.99 [enter] 1.999 [enter] 2 [enter] 2.1 [enter] 2.01 [enter] 2.001 [enter] 2.0001 [enter]	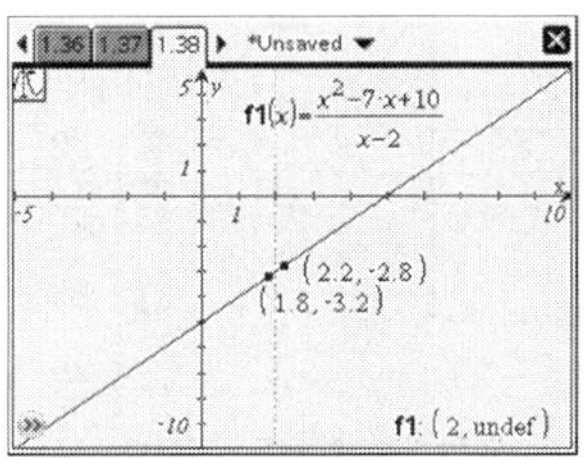 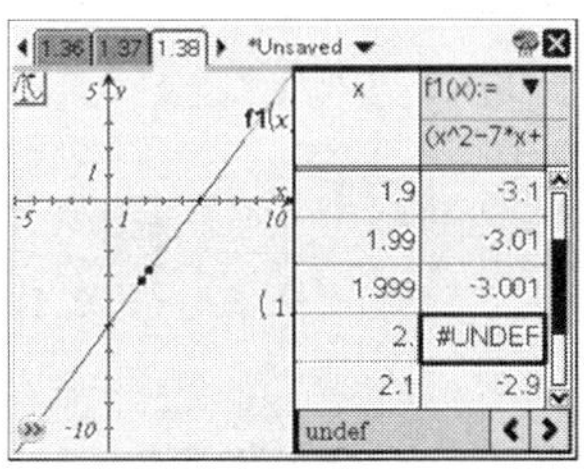	그래프 화면에서 $f1(x)=\dfrac{(x^2-7x+10)}{(x-2)}$를 정의하고, 그래프를 그리면, $x-5$가 그려진다. [Trace]를 이용하여 그래프상에서 값들의 변화를 $x=2$ 근방에서 살펴보면, $(1.8,\ -3.2)$, $(2.2,\ -2.8)$이다. 하지만, 겉으로 볼 때, 그래프가 $x=2$에서 연속인 것처럼 보이지만, (2, undef)로 정의되지 않는다는 것을 알 수 있다. 표에서 x값 대신에 1.9, 1.99, 1.999, 2, 2.1을 넣어보면, x값이 2로 접근할 때, -3에 가까워진다는 것을 알 수 있지만 $x=2$에서는 정의되지 않는다는 것을 알 수 있다.

3.9 미분

3.9.1 도함수의 활용

문제 $x>1$에서 $x^3+x^2+2x-k>0$가 항상 성립할 때, k값의 범위를 구하여라.

풀이 $f(x)=x^3+x^2+2x-k$에서 $f'(x)=3x^2+2x+2=3(x+\frac{1}{3})^2+\frac{5}{3}>0$

이므로 $f(x)$는 단조 증가함수이다.

$f(1)=4-k\geq 0$이므로, $k\leq 4$임을 알 수 있다.

그래핑 계산기를 활용한 풀이

키 누르기	계산기화면	설명
방법 1 [on] [그래프 아이콘] $f1(x)=x^3+x^2+2x$ $f2(x)=1$ [menu] [8:Geometry] [1:Points & Lines] [2:Points on] [menu] [7:Table] [1:split-screen Table]	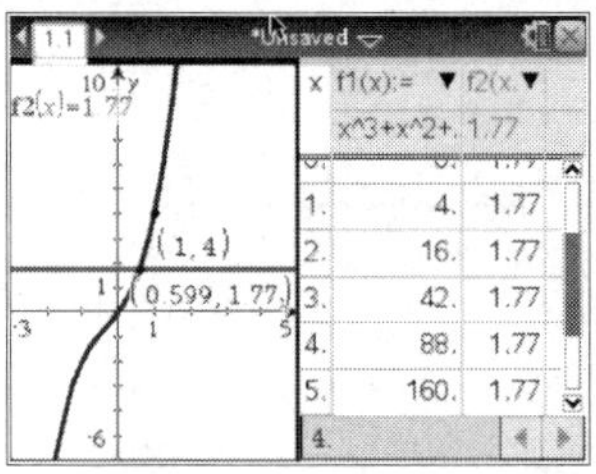 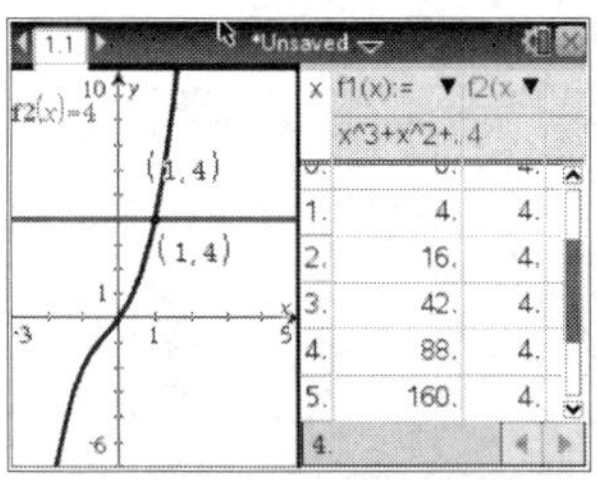 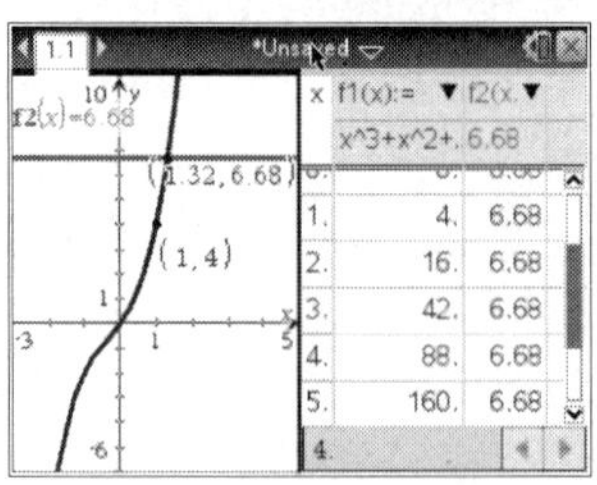	그래프화면에서 x^3+x^2+2x-k를 두 함수로 나누어, $f1(x)$를 x^3+x^2+2x라고 정의 하고, $f2(x)$를 k 대신에 임의로 1이라고 정의한다. [Points on]을 이용하여 그래프를 선택하고 두 그래프 상에서 각각 임의의 점을 각각 잡는다. 마우스를 $f2(x)$ 그래프에 가까이 하면 ✣가 나타난다. 클릭한 상태에서 위아래로 움직이면, 처음에 입력한 $f2(x)$가 변화하는 것을 볼 수 있다. $f1(x)>f2(x)$를 만족하는 k값의 범위를 찾기 위하여 그래프상의 점의 좌표 변화와 함께 표를 불러들여 두 함수 값을 비교한다. 따라서 $x>1$일 때, $x^3+x^2+2x>k$이기 위해서

키 누르기	계산기화면	설명
		$k \leq 4$여야 한다는 것을 알 수 있다.
방법 2 [on] [menu] [4:Calculus] [1:Derivative] x x^3+x^2+2x-k [menu] [3:Algebra] [5:Complete the Square] [menu] [3:Algebra] [1:Solve] $1^3+1^2+2 \cdot 1-k \geq 0$ [,] k	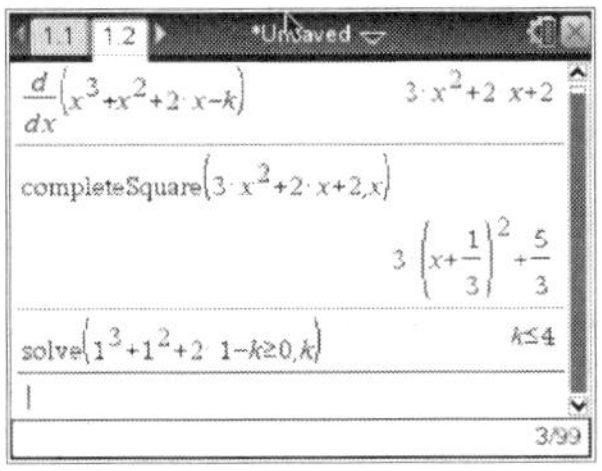	대수화면에서 도함수를 구하면 $3x^2+2x+2$임을 알 수 있다. [completeSquare]을 이용하여 완전제곱꼴로 변형하면 단조증가함수임을 알 수 있다. 따라서, $f(1) \geq 0$이어야 함으로 [Solve]를 선택하여 k에 관하여 풀면, $k \leq 4$임을 알 수 있다.

문제 방정식 $x^3-3x^2=9x+a$가 두 개의 양의 실근과 한 개의 음의 실근을 갖기 위한 정수 a의 개수를 구하시오.

풀이 $x^3-3x^2=9x+a$을 $f(x)=x^3-3x^2-9x$, $g(x)=a$라고 정의한다.

$$y'=3x^2-6x-9=0$$
$$x=-1,\ 3$$

$f(-1)=5$, $f(3)=-27$이고 $-27<a<0$이므로, a의 개수는 26개이다.

그래핑 계산기를 활용한 풀이

키 누르기	계산기화면	설명
방법 1 [on] $f1(x)=x^3-3x^2-9x$ $f2(x)=1$ [menu] [8:Geometry] [1:Points & Lines] [3:Intersection	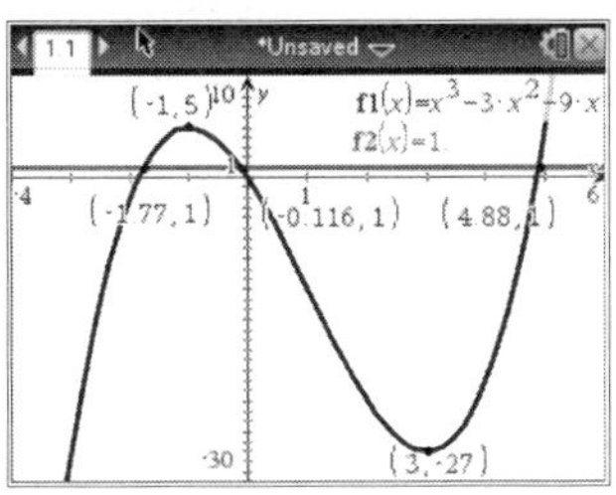	그래프화면에서 x^3-3x^2-9x-a를 두 함수로 나누어, $f1(x)$를 x^3-3x^2-9x라고 정의 하고, $f2(x)$를 a 대신에 임의로 1이라고 정의한다. [Intersection point(s)]를 이용하여 두 그래프를 선택하여 교점들을 찾

키 누르기	계산기화면	설명
point(s)] [menu] [6:Analyze Graph] [3:Maximum] 그래프 $f1(x)$ 선택 [lower bound?] [upper bound?] [6:Analyze Graph] [2:Minimum] 그래프 $f1(x)$ 선택 [lower bound?] [upper bound?]	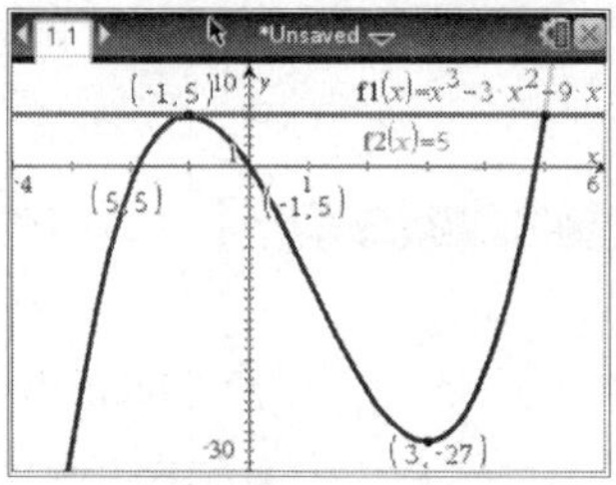 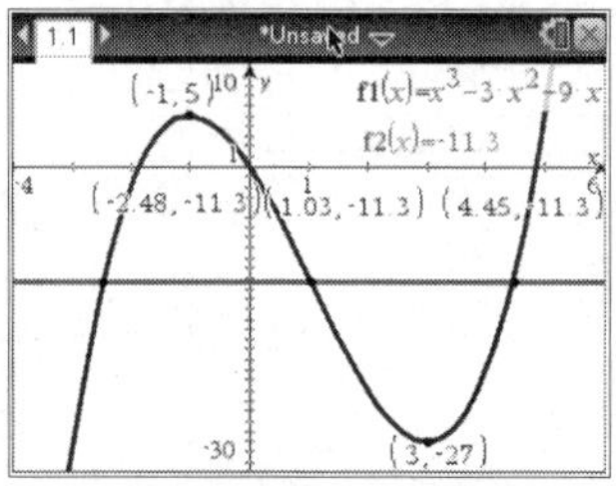 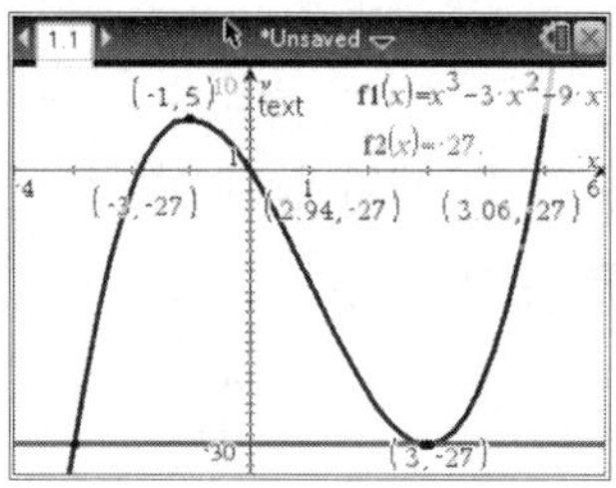	는다. [Maximum]을 선택하고, 구간을 지정하면 함수 $f1(x)$가 (-1, 5)에서 최댓값을 갖는다. [Minimum]을 선택하고, 구간을 지정하면 (3, -27)에서 최솟값을 갖는다. 그래프에서 서로 다른 세근을 갖기 위해서는 $f2(x)$의 그래프가 5와 -27사이에서 움직여야 한다는 것을 알 수 있고, 두 개의 양의 실근과 한 개의 음의 실근을 갖기 위해서는 0과 -27 사이여야 한다는 것을 알 수 있다. 마우스를 $f2(x)$ 그래프 가까이 하면 ✥가 나타난다. 클릭한 상태에서 위아래로 움직이면, 처음에 입력한 $f2(x)$ 그래프의 변화를 보면서 a값의 범위가 0과 -27에서 움직이는 것을 확인할 수 있고, 조건을 만족시키는 a의 개수가 26개라는 것을 확인할 수 있다.
방법 2 [on] [4:Calculus] [1:Derivative] x x^3-3x^2-9x [3:Algebra] [1:Solve] ▲ [enter] [=] 0 [,] x [enter] x^3-3x^2-9x [|] x={-1, 3} [enter]	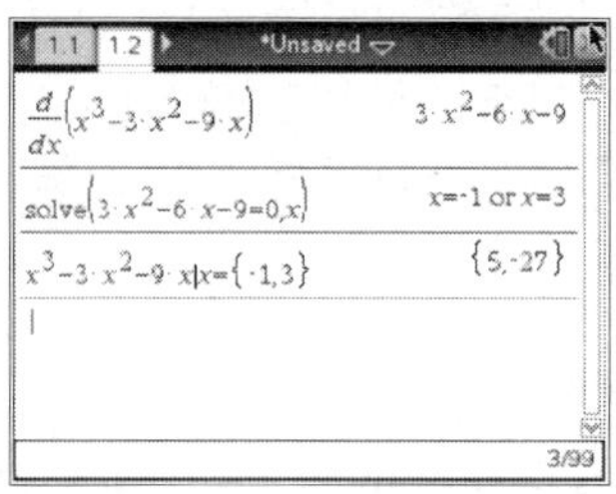	대수 화면에서 주어진 식 x^3-3x^2-9x에 대한 도함수를 구하기 위하여, $\frac{d}{d\square}\square$에 식을 입력한다. [Solve]를 선택하여, ▲를 이용하여 위에서 구한 도함수가 0이 되는 x값을 구한다. 구한 x값을 이용하여 세근을 갖기 위한 a값이 범위가 -27과 5 사이임을 알 수 있다. 두 개의 양의 실근과 한 개의 음의 실근을 갖기 위한 a의 범위는 $-27<a<0$이므로, 만족하는 a의 개수는 26개임을 알 수 있다.

문제 어떤 스케이트보드 경사로는 방정식 $y=\dfrac{1}{1+x}\,(0 \le x \le 3)$에 의해 모델화 할 수 있다고 한다. 스케이트보드 경사로는 기울기 $-\dfrac{1}{4}$로 접하는 레일로 지탱 된다고 할 때, 지탱하는 레일의 방정식을 구하시오.

풀이 $y=\dfrac{1}{1+x}\,(0 \le x \le 3)$에서 $y'=\dfrac{-1}{(1+x)^2}=-\dfrac{1}{4}$이다.

$\dfrac{-1}{(1+x)^2}=-\dfrac{1}{4}$을 풀면, $x=-3$, $x=1$이다.

$0 \le x \le 3$이므로, $x=1$임을 알 수 있다.

따라서, $x=1$일 때, $y=\dfrac{1}{1+1}=\dfrac{1}{2}$이므로, $(1, \dfrac{1}{2})$를 지나고 기울기가 $-\dfrac{1}{4}$인 접선의 방정식은 $y=-\dfrac{1}{4}(x-1)+\dfrac{1}{2}$이므로, $y=-\dfrac{1}{4}x+\dfrac{3}{4}$임을 알 수 있다.

그래핑 계산기를 활용한 풀이

키 누르기	계산기화면	설명
[on] 🖩 [4:Calculus] [1:Derivative] x 1 [÷] $(x+1)$ [3:Algebra] [1:Solve] ▲ [enter] [=] ⊖1[÷] 4 [,] x [enter] $y=-\dfrac{1}{4}(x-1)+\dfrac{1}{2}$ [enter]	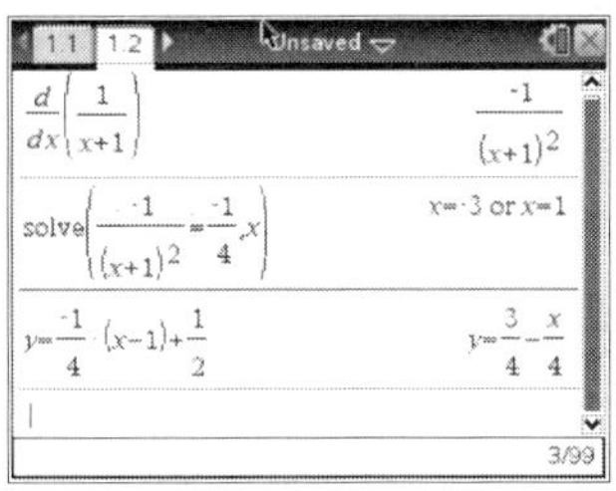	대수 화면에서 주어진 식 $\dfrac{1}{(1+x)}$에 대한 도함수를 구하기 위하여, 🖩에 식을 입력한다. [Solve]를 선택하여, ▲를 이용하여 위에서 구한 도함수가 $-\dfrac{1}{4}$이 되는 x값을 구한다. $0 \le x \le 3$이므로 $x=1$만을 취하고, 기울기가 $-\dfrac{1}{4}$이고, $(1, \dfrac{1}{2})$을 지나는 접선의 방정식을 $y=-\dfrac{1}{4}(x-1)+\dfrac{1}{2}$라 하고 정리하면, $y=-\dfrac{1}{4}x+\dfrac{3}{4}$임을 알 수 있다.

키 누르기	계산기화면	설명
[on] [그래프 키] $f1(x)=\frac{1}{1+x}\mid 0\le x$ [6:Analyze Graph] [6:dy/dx] [8:Geometry] [1:Points & Lines] [7:Tangent] [1:Actions] [8:Coordinates and Equations]	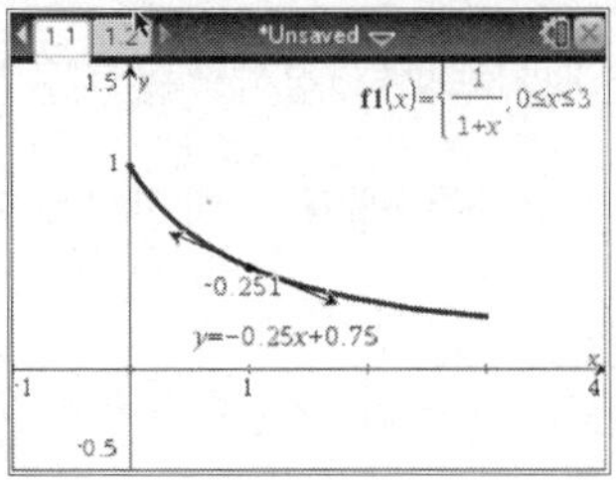	그래프 화면에서 $y=\frac{1}{1+x}\,(0\le x\le 3)$을 입력한다. 기울기 $-\frac{1}{4}$에서 접하므로, [6:dy/dx]를 선택하고, -0.25(=$-\frac{1}{4}$)가 되는 점을 찾아서 선택한다. 접선의 기울기 $-\frac{1}{4}$인 방정식을 찾기 위하여, [7:Tangent]를 이용하여, 접점인 -0.25를 선택한다. 지탱하는 레일의 방정식은 접선의 방정식을 구하는 것을 의미한다. 따라서, [8:Coordinates and Equations]를 선택하고 방향키를 움직여서 -0.25를 지정하면 접선의 방정식이 $y=-0.25x+0.75$라고 나타난다.

3.9.2 도함수를 활용한 변곡점의 이해

문제 스케이트보드의 경사로는 함수 $y=\ln(4x^2+3)$, $(-3\le x\le 3)$라고 한다. 스케이트보드 경사로는 두 개의 변곡점을 갖는다고 할 때, 변곡점이 경사로의 곡면에 미치는 영향을 설명하시오.

풀이 $y=\ln(4x^2+3)$

$$\frac{d}{dx}(\ln(4x^2+3)) = \frac{8x}{4x^2+3}$$

$$\frac{d^2}{dx^2}\left(\frac{8x}{4x^2+3}\right) = \frac{-32x^2+24}{(4x^2+3)^2}=0$$

$$x = -\frac{\sqrt{3}}{2},\ \frac{\sqrt{3}}{2}$$

$-3\le x\le 3$에서 변곡점은 두 개임을 알 수 있다.

스케이트보드의 경사로의 곡면이 변곡점 $x=-\dfrac{\sqrt{3}}{2}$에서는 위쪽에서 아래쪽으로 변하고, $x=\dfrac{\sqrt{3}}{2}$에서는 아래쪽에서 위쪽으로 변한다는 것을 알 수 있다.

키 누르기	계산기 화면	설명
[on] $\dfrac{d^2}{dx^2}(\ln(4x^2+3))$ [menu] [3:Algebra] [1:Solve] ▲ [enter] [=] 0 [,] [enter]	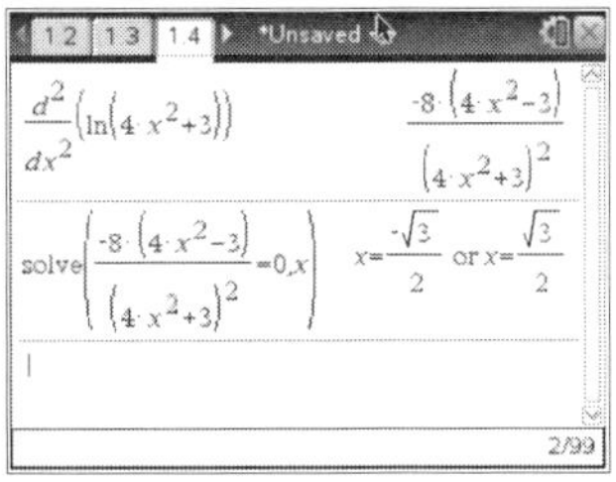	대수 화면에서 $y=\ln(4x^2+3)$에 대하여 두 번 미분한 도함수 $\dfrac{d^2}{dx^2}(\ln(4x^2+3))=\dfrac{-32x^2+24}{(4x^2+3)^2}$를 구한다. 변곡점을 구하기 위하여 [Solve]를 선택하여 위에서 구한 도함수가 0이 되는 x값을 구하면, $x=-\dfrac{\sqrt{3}}{2}$, $\dfrac{\sqrt{3}}{2}$임을 알 수 있고 $-3\le x\le 3$을 만족한다는 것을 알 수 있다.
[on] $f2(x)=\ln(4x^2+3)$ [|] $-3\le x\le 3$ [6:Analyze Graph] [5:Inflection] [lower bound?] [upper bound?] $f3(x)=\dfrac{d}{dx}(f2(x))$ $f4(x)=\dfrac{d}{dx}(f3(x))$	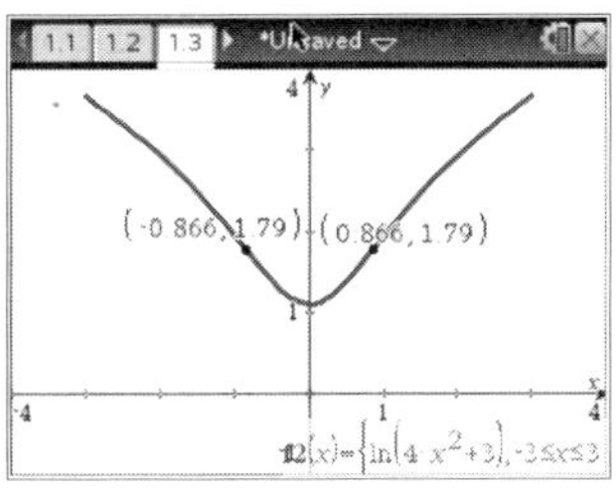 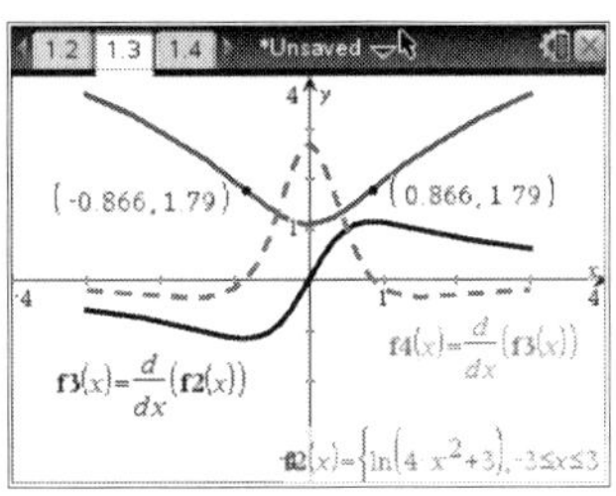	그래프화면에서 $f2(x)$에 $\ln(4x^2+3)$를 입력하고 x의 범위를 $-3\le x\le 3$라고 정의하고 그래프를 그린다. 변곡점을 찾기 위하여 [Inflection]을 선택하고 그래프 왼쪽에부터 예상되는 범위를 정하면 첫 번째 변곡점 $x=-\dfrac{\sqrt{3}}{2}=-0.866$을 찾을 수 있다. 그래프 오른쪽에서도 같은 방법으로 [Inflection]을 선택하여 범위를 주면 두 번째 변곡점 $x=\dfrac{\sqrt{3}}{2}=0.866$을 찾을 수 있다. 따라서 스케이트보드의 경사로의 곡면이 변곡점 $x=-0.866$에서는 위쪽에서 아래쪽으로 변하고, $x=0.866$에서는 아래쪽에서 위쪽으로 변한다

		는 것을 알 수 있다. 정의한 함수 $f2(x)$에 대하여 도함수 $f3(x)=\frac{d}{dx}(f2(x))$와 2계 도함수를 각각 정의하여 변곡점과 그래프와의 관계 또한 알 수 있다.

문제 한 마리 소로부터 생산되는 우유의 양은 $M(x)=3x^{\frac{2}{3}}-x$에 의해 함수로 모델화 할 수 있다. x가 하루에 한 마리 소에게 투입할 수 있는 호르몬 주사의 수치라고 하고, 10mg을 초과 할 수 없다고 한다. 한 마리 소로부터 나올 수 있는 우유의 양을 최대로 생산하기 위해 호르몬 주사의 수치는 얼마로 해야 하는가?

풀이 $M(x)=3x^{\frac{2}{3}}-x$에서 최댓값을 갖는 x값을 구하기 위해서는 $0 \le x \le 10$에서 $M'(x)=0$되는 x값을 구하고, 그 값이 $0 \le x \le 10$ 내에 존재 하면, $x=0$일 때와 $x=10$일 때의 우유의 양과 비교하여 우유의 양이 최댓값을 갖는 x값을 호르몬 수치로 선택해야 한다.

$$M'(x)=2x^{-\frac{1}{3}}-1=0$$
$$2x^{-\frac{1}{3}}=1$$
$$x^{-\frac{1}{3}}=\frac{1}{2}$$
$$x^{\frac{1}{3}}=2$$

따라서 $x=8$일 때, 극댓값은 $M(8)=3\times 2^2-8=4$이다.
$x=0$일 때, $M(0)=0$이고, $x=10$일 때, $M(10)=3\times 4.6-10=3.9$이므로, 우유의 생산량을 최대화 할 수 있는 호르몬 수치는 $x=8\text{mg}$일 때이다.

그래핑 계산기를 이용한 다양한 풀이

키 누르기	계산기화면	설명
[menu] [4: Window Zoom] [1:Window Settings] [−1, 12], [−2, 6] [enter] $f1(x) = 3x^{\frac{2}{3}} - x$ [enter] [menu] [6:Analyze Graph] [3:Maximum] [lower bound?] [upper bound?] [menu][7: Points & Lines] [1: point]	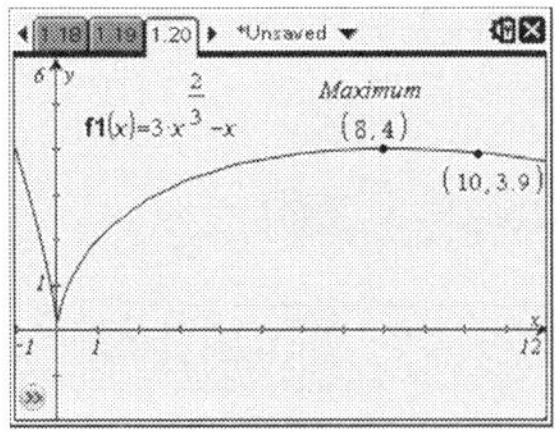	함수 $M(x)$ 대신에 $f1(x)$에 $3x^{\frac{2}{3}} - x$를 입력하여 그려보면, $0 \le x \le 10$이므로 [Window Settings]에서 [0, 12], [−2, 6]으로 한 후, 극댓값을 구하기 위해 [3:Maximum]에서 상한과 하한 범위를 정하면, (8, 4)가 그래프 상에 나타난다. 즉, 우유의 양을 극대화 할 수 있는 호르몬의 양을 $x=8$일 때, 4임을 알 수 있고, 그래프상에서 방향키를 움직여서 $x=10$일 때의 값을 찾으면, 3.9로써 감소된다는 것을 알 수 있다.
[menu] [2: View] [A: Show Table]	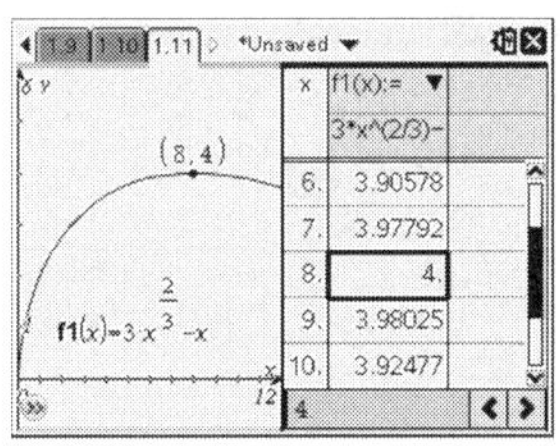	표로 나타내면, $x<8$일 때까지는 값이 점점 커지다가, $x>8$부터 값이 점점 작아지는 것을 볼 수 있다. 따라서 $x=8$일 때, 우유의 생산량은 최대임을 알 수 있다.

문제 9개월간의 생쥐의 번식률을 모델화하면 다음과 같다.

$$N(t) = 10e^{0.5t} + 12\ln(2t+7),\ 0 \le t \le 9$$

단, N은 생쥐의 전체 마리 수이고, t는 달 수를 나타내는 시간이다. 7개월 되는 달에 생쥐의 번식률은 얼마인가?

풀이 생쥐의 달 수에 따르는 생쥐 번식률은

$$\frac{dN}{dt} = 10 \times 0.5e^{0.5t} + \frac{12 \times 2}{2t+7} = 5e^{0.5t} + \frac{24}{2t+7}$$

$t=7$에서의 생쥐 번식률을 구하면,

$$\frac{dN}{dt}_{t=7} = 5e^{0.5\times 7} + \frac{24}{2\times 7+7} = 166.72$$

따라서 7개월 되는 달에 생쥐의 번식률은 167마리라고 할 수 있다.

그래핑 계산기를 이용한 다양한 풀이

키 누르기	계산기 화면	설명
방법 1 [menu] [4:Calculus] [1: Derivative] $10e^{0.5x}+12\ln(2x+7)$ [enter] $5e^{(x/2)}+\dfrac{12}{x+3.5}$ [|] $x=7$ [enter]	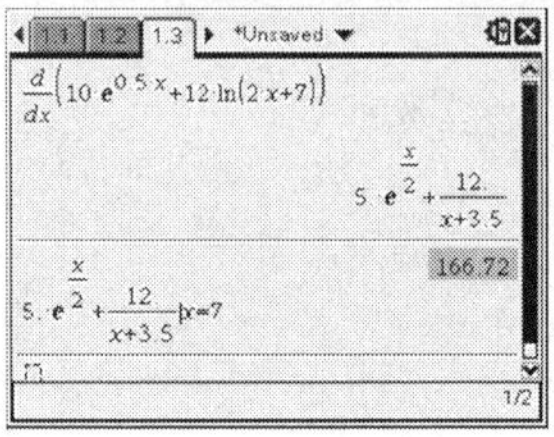	대수식 화면에서 [Calculus]에서 t 대신에 x에 관한 식으로 바꾸어, $10e^{0.5x}+12\ln(2x+7)$을 미분하고, 그 식에 $x=7$을 대입하면 166.72를 얻을 수 있다. 따라서 166.72마리라고 할 수 없으므로, 167마리라고 해야 한다.
방법 2 $f1(x)=10e^{0.5x}+$ $12\ln(2x+7)$ [enter] $f2(x)=\dfrac{d}{dx}(f1(x))$ [enter] [menu] [6:Analyze Graph] [7:Points & Lines] [1:Point] 방향키	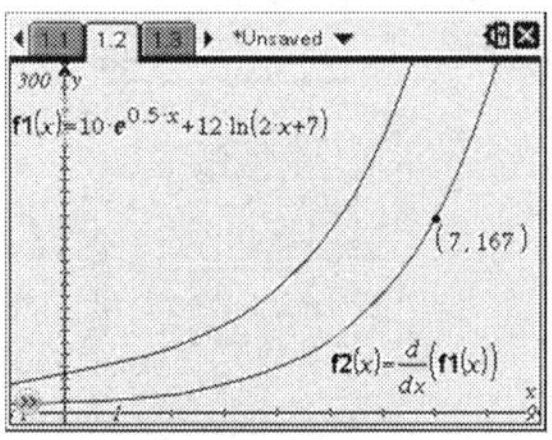	그래프 화면에서 주어진 함수를 $f1(x)=10e^{0.5x}+12\ln(2x+7)$로 정의하고, 미분한 그래프를 $f2(x)=\dfrac{d}{dx}(f1(x))$를 정의해서 그래프를 그리고, 그래프 $f2(x)$ 상에서 [Point]를 선택하고, 방향키 방향키를 움직여서 7을 선택하면, 7개월 되는 달의 쥐의 번식률을 구하기 위해 구할 수 있고, 곡선 상에 $(7, 167)$이라고 명시된다.
방법 3 [menu] [2: View] [A: Show Table]	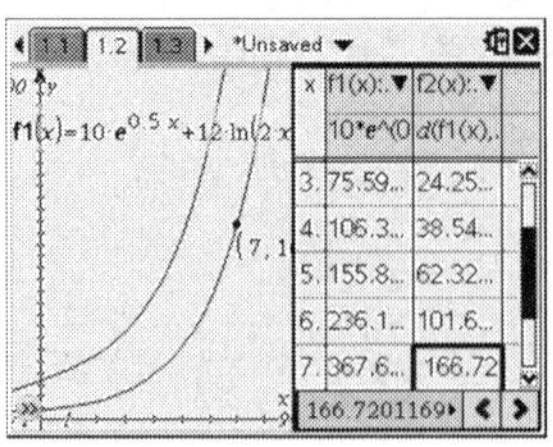	그래프를 표로 나타내면 7개월째의 쥐의 번식률 166.72를 찾을 수 있다. 하지만, 166.72마리라고 할 수 없으므로, 167마리라고 해야 한다.

문제 구간 $[-2,\ 5]$에서 $f(x) = x^3 - 3x^2$에 대하여,

a) 함수 $f(x)$의 그래프를 그리고, 도함수 $f'(x)$를 같은 좌표를 써서 그리시오.

b) $f'(x) < 0$인 구간을 찾으시오.

c) 이 구간에서 x가 증가할 때, $f(x)$가 감소하는 구간은?

풀이 a) 함수 $f(x)$를 그리기 위해 x교점을 구하면, $f(x) = x^3 - 3x^2 = 0$에서 $x^2(x-3) = 0$이므로 $x = 0$ 또는 $x = 3$이다.

y 교점은 $f(0) = 0$이므로 (0, 0)이다.

$f'(x) = 3x^2 - 6x$를 그리기 위해서 x교점을 구하면

$3x^2 - 6x = 0$이므로,

$3x(x-2) = 0$, $x = 0$ 또는 $x = 2$이다. $f'(0) = 0$이므로

y 교점은 (0, 0)이다. 따라서 두 그래프는 앞의 그림과 같다.

b) $f'(x) = 3x^2 - 6x < 0$을 구하면, $3x(x-2) < 0$이므로, $0 < x < 2$임을 알 수 있다.

c) 앞의 그래프에서 보면 알 수 있듯이 $0 < x < 2$에서 $f'(x) < 0$일 때, $f(x)$는 감소한다는 것을 알 수 있다.

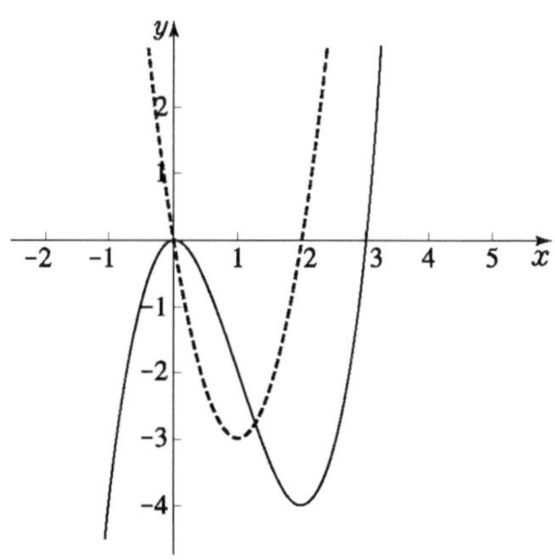

그래핑 계산기를 이용한 다양한 풀이

키 누르기	계산기 화면	설명
방법 1 [menu] [3: Algebra] [1: Solve] $x^3-3x^2=0$ [,] [x] [enter] [4:Calculus] [1: Derivative] x^3-3x^2 [enter] [menu] [3: Algebra] [1: Solve] $3x^2-6x=0$ [,] [x] [enter]	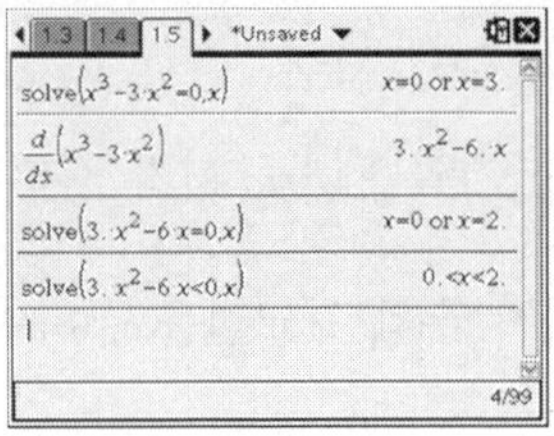	a) 함수 $f(x)$와 $f'(x)$를 그리기 위해서 x교점과 y교점을 구해야 한다. 함수 $f(x)$의 y교점은 $f(0)=0$이고, $f(x)=0$일 때 x교점을 구할 수 있으므로 [Solve]를 이용하여 $x=0$ 또는 3임을 알 수 있다. 함수 $f'(x)$의 y교점은 $f'(0)=0$이고, [Derivative]를 이용하여, $3x^2-6x$를 구하고, [Solve]를 이용하여 x교점을 구하면, $x=0$ 또는 2임을 알 수 있다. b) $f'(x)<0$되는 구간을 찾기 위해 [Solve]에서 $3x^2-6x<0$을 구하면 $0<x<2$임을 알 수 있다.
방법 2 $f1(x)=x^3-3x^2$ [enter] $f2(x)=\dfrac{d}{dx}(f1(x))$ [enter] [menu] [7:Points & Lines] [3:Intersection point(s)] 방향키 $f1(x)$ [enter] 방향키 x축 [enter] 방향키 $f2(x)$ [enter] 방향키 x축 [enter]	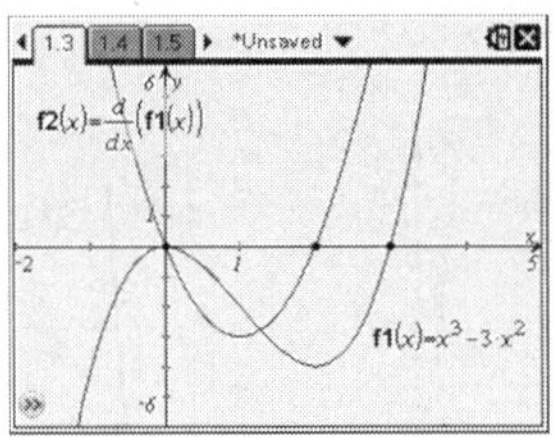	a) 함수 $f(x)$와 $f'(x)$를 그리기 위해서 그래프 화면에서 $f1(x)=x^3-3x^2$과 $f2(x)=\dfrac{d}{dx}(f1(x))$를 입력한다. 각 함수 $f(x)$와 $f'(x)$의 x축과의 교점을 찾기 위해서 [Intersection point(s)]을 선택하고 먼저 그래프 $f(x)$를 선택하고 방향키를 x축에 가까이 대고 [enter]를 치면 x교점이 나타나고, $f'(x)$에 대해서도 마찬가지 방법으로 하면 된다. b) 그래프에서 보면, $f'(x)<0$ 되는 구간은 $0<x<2$임을 알 수 있다

키 누르기	계산기 화면	설명
[menu] [2: View] [A: Show Table] [menu] [5:Table] [5: Edit Table Settings…] [Table Start] -2 [enter] [Table Step] 0.2 [enter]	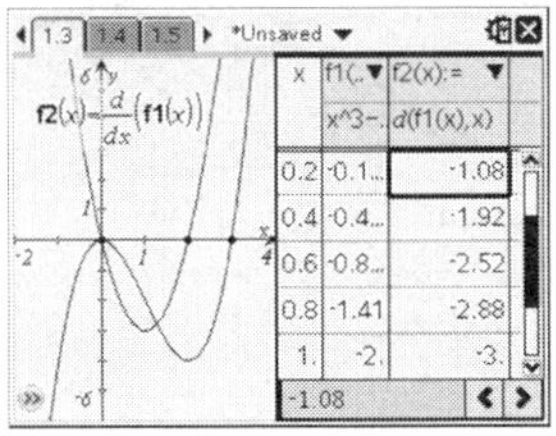	c) **방법 1** [Table Settings]에서 간격을 0.2로 놓고 구간 $[-2, 5]$에서 방향키를 계속 아래로 움직여 보면 $0 < x < 2$에서 $f'(x)$가 음수이고, $f(x)$값이 감소한다는 것을 알 수 있다. 따라서 $f'(x) < 0$일 때, $f(x)$가 감소한다는 것을 알 수 있다.
[menu] [7: Points & Lines] [7: Tangent] [menu] [8: Measurement] [3: Slope]	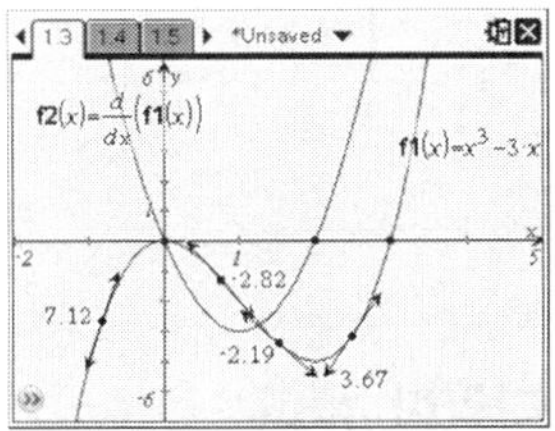	**방법 2** 그래프화면에서 함수 $f(x)$에서의 접선의 기울기변화를 보면, $f(x)$와 $f(x)'$의 관계를 알 수 있다. [Tangent]를 선택하고, 그래프 가까이에 방향키를 가까이 하여 접점을 선택하면, 접선이 나타나고, [Slope]을 선택하여 각각의 접점 위에 방향키를 가까이 하면 접선의 기울기가 나타난다. 따라서 각각의 접선의 기울기 값의 변화를 보면, $f'(x) < 0$일 때, $f(x)$가 감소한다는 것을 알 수 있다.

3.10 적분

문제 1. $y = 25 - x^2$과 x축으로 둘러싸인 넓이를 구하시오. 그래프를 그리고 x축으로 둘러싸인 넓이에 빗금을 칠하시오.

풀이 $y = 25 - x^2$가 x축과 만나는 교점을 구하면, $25 - x^2 = 0$이다.
인수분해 하면, $(5+x)(5-x) = 0$ 따라서 $x = -5$ 또는 5이다.

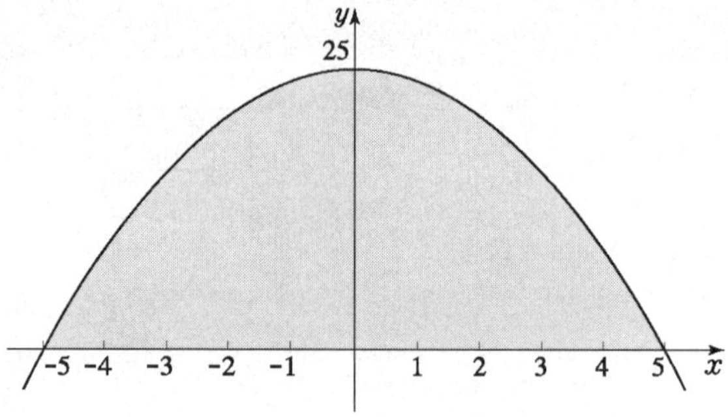

$x=-5$와 5사이의 넓이를 구하면,

$$\int_{-5}^{5} 25-x^2 dx = \left[25x-\frac{x^3}{3}\right]_{-5}^{5} = \frac{500}{3} = 166.667$$

임을 알 수 있다.

그래핑 계산기를 이용한 다양한 풀이

키 누르기	계산기 화면	설명
[menu] [3: Algebra] [1:Solve] [enter] $25-x^2=0$ [,] x [enter] [4:Calculus] [3: Integral] [enter] $\int_{-5}^{5} 25-x^2 dx$ [enter]	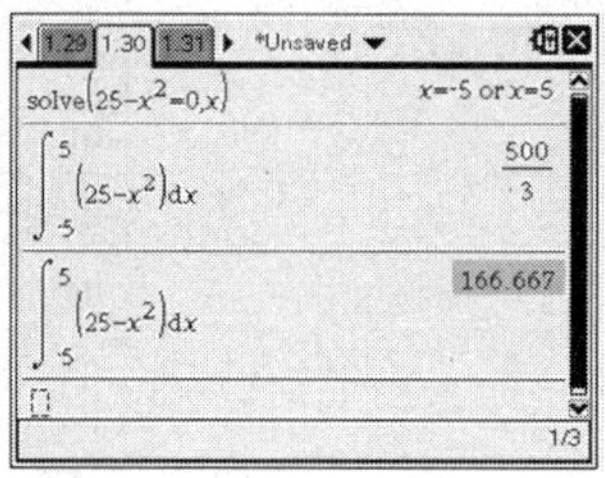	대수 화면에서 [Solve]를 이용하여, x축과 만나는 교점을 구하면, $x=-5$와 5이다. [Integral]을 이용하여, 상한과 하한범위를 $[-5, 5]$라고 정하고, 적분을 하면 $\frac{500}{3}$이다. [ctrl][enter]를 누르면 소수 166.667로도 표현할 수 있다.
$f1(x)=25-x^2$ [enter] [6:Analyze Graph] [7: Integral] [lower bound?] [upper bound?][enter]	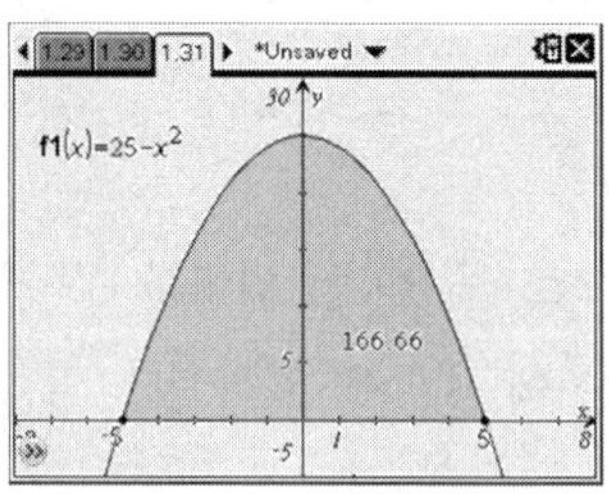	그래프 화면에서 함수 $f1(x)=25-x^2$를 입력하고, 방향키를 움직이면서 상한과 하한 범위를 -5와 5를 정하면, 회색으로 색칠한 영역이 166.66으로 나타난다.

문제 2. $y=x^2-4x-5$와 x축으로 둘러싸인 넓이를 구하시오.

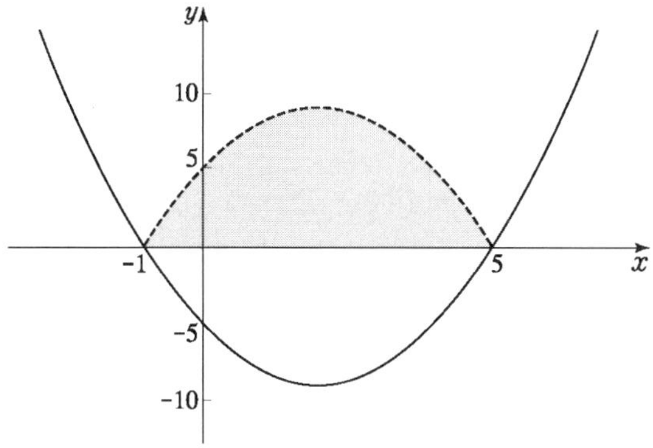

풀이 x의 교점을 구하면, $x^2-4x-5=0$에서 $(x+1)(x-5)=0$

따라서 $x=-1$ 또는 5이다.

x의 구간 $[-1, 5]$에서 적분하면,

$$\int_{-1}^{5}(x^2-4x-5)dx=\left[\frac{x^3}{3}-2x^2-5x\right]_{-1}^{5}=-36$$

그런데, 오른쪽 그래프에서 보여주고 있는 것처럼, -36은 x축 아래를 의미하며, 이것은 넓이가 될 수 없다.

이것은 적분값이 항상 넓이가 될 수 없음을 알 수 있다.

넓이를 구하기 위해서는 주어진 함수 x^2-4x-5를 절댓값 함수로 바꾸어 $\int_{-1}^{5}|x^2-4x-5|dx$와 같이 계산한다.

따라서 $\int_{-1}^{5}|x^2-4x-5|dx=36$이다.

그래핑 계산기를 이용한 다양한 풀이

키 누르기	계산기 화면	설명
[menu] [3: Algebra] [1:Solve] [enter] $x^2-4x-5=0$ [,] x [enter] [4:Calculus] [3: Integral] [enter] $\int_{-1}^{5}(x^2-4x-5)dx$ [enter] $\int_{-1}^{5}\lvert x^2-4x-5\rvert dx$ [enter]	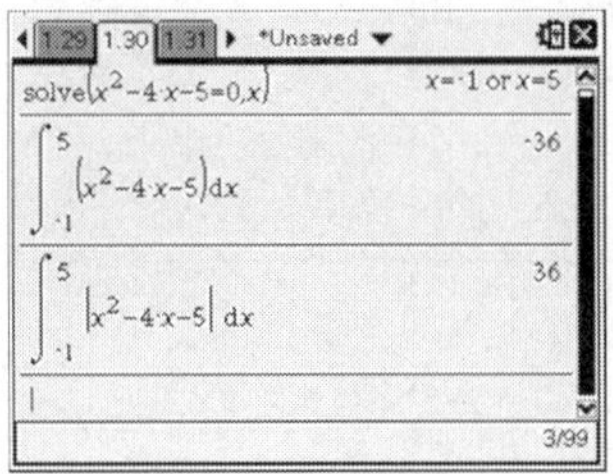	대수화면에서 [Solve]를 이용하여 함수 $y=x^2-4x-5$과 x축이 만나는 교점을 구하면, -1과 5임을 알 수 있다. $[-1, 5]$ 구간에서 [Integral]을 이용하여, 적분을 하면, -36이 된다. 넓이는 음수값을 가질 수 없으므로, 함수 x^2-4x-5의 절댓값 함수에 대하여 적분값을 다시 구하면, 36임을 알 수 있다.
$f1(x)=x^2-4x-5$ [enter] [menu] [7:Points & Lines] [3: Intersection Point(s)][enter] [6:Analyze Graph] [7: Integral] [lower bound?] [upper bound?][enter] [menu] $f2(x)=\lvert f1(x)\rvert$ [enter] [6:Analyze Graph] [7: Integral] [lower bound?] [upper bound?][enter]	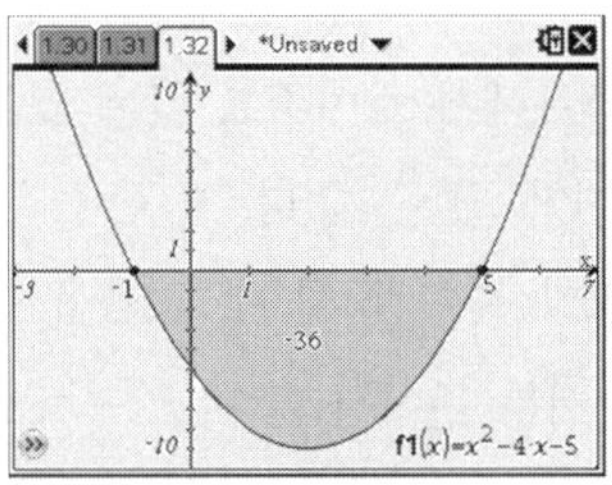 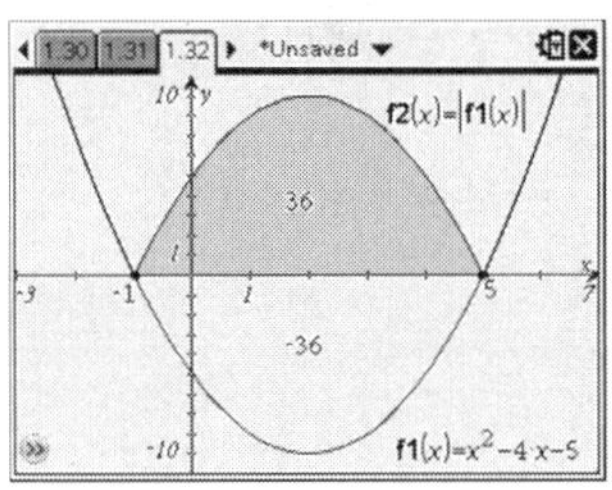	그래프 화면에서, $f1(x)$에 x^2-4x-5를 정의하고, 그래프를 그린 후 [Intersection Point(s)]를 이용하면, x축 상의 교점 -1과 5를 얻을 수 있다. $[-1, 5]$에서의 적분 값을 구하기 위해 [Integral]을 이용하여, 방향키를 움직이면서 상한과 하한 범위를 -1에서 5를 선택하면, 회색으로 색칠한 영역이 -36이 된다. $f2(x)$에 절댓값 함수 $\lvert f1(x)\rvert$를 정의하고 그래프를 그려보면 $[-1, 5]$ 구간에서의 x축 아래 그래프가 위로 올라온 것을 알 수 있다. 같은 방법으로 적분 값을 구하면, 36임을 알 수 있고 이것을 넓이라고 할 수 있다.

문제 3. 함수 $f(x)=x^3-x^2-2x$에 대하여,

a) $x=-1$과 $x=0$으로 둘러싸인 넓이를 구하시오.

b) $x=0$과 $x=2$로 둘러싸인 넓이를 구하시오.

c) $\int_{-1}^{2} x(x+1)(x-2)dx$을 구하시오.

d) a)와 b)에서 구한 두 개의 넓이의 합이 c)의 결과와 일치하지 않는 이유를 설명하시오.

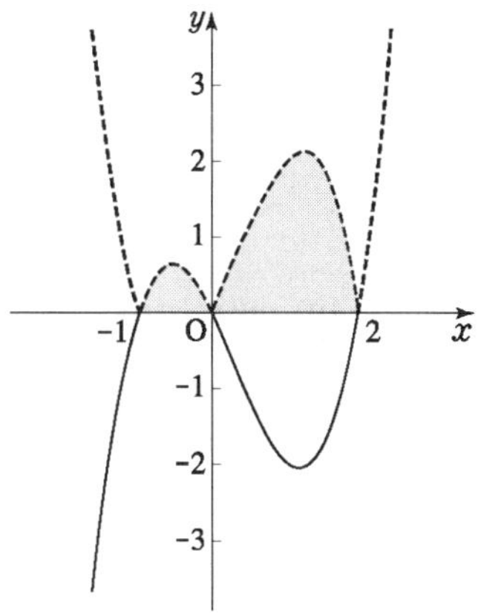

풀이 a) $$\int_{-1}^{0}(x^3-x^2-2x)dx=\left[\frac{x^4}{4}-\frac{x^3}{3}-x^2\right]_{-1}^{0}=\frac{5}{12}=0.417$$

b) $$\int_{0}^{2}(x^3-x^2-2x)dx=\left[\frac{x^4}{4}-\frac{x^3}{3}-x^2\right]_{0}^{2}=-\frac{8}{3}=-2.667$$

$[0, 2]$에서의 넓이는 음수가 될 수 없으므로 절댓값 $|-2.667|$이다. 따가서 $[0, 2]$에서의 넓이는 2.667이다.

c) $$\int_{-1}^{2}(x^3-x^2-2x)dx=\left[\frac{x^4}{4}-\frac{x^3}{3}-x^2\right]_{-1}^{2}$$

$$=-\frac{9}{4}=0.417+(-2.667)=-2.25$$

d) a)와 b)의 넓이의 합을 구하면,

$$\int_{-1}^{2}|x^3-x^2-2x|dx=0.417+|-2.667|=3.083\text{이다.}$$

$[-1, 2]$에서 구한 적분값인 c)의 결과와 a)와 b)의 넓이의 합이 일치하지 않는 것으로 보아, 적분값이 항상 넓이와 일치하지 않는다는 것을 보여주는 것이다. 따라서 넓이를 구하기 위해서 적분값이 음수가 되는 구간에서는 다음과 같이 절댓값을 취해야 한다는 것을 알 수 있다.

$$\int_{-1}^{2}(x^3-x^2-2x)dx$$

$$= \int_{-1}^{0} (x^3 - x^2 - 2x)dx - \int_{0}^{2} (x^3 - x^2 - 2x)dx$$

$$= 0.417 - (-2.667) = 3.083$$

그래핑 계산기를 이용한 다양한 풀이

키 누르기	계산기 화면	설명
방법 1 [menu] [3: Algebra] [1:Solve] [enter] $x^3 - x^2 - 2x = 0$ [,] x [enter] [4:Calculus] [3: Integral] [enter] $\int_{-1}^{0} (x^3 - x^2 - 2x)dx$ [enter] $\int_{0}^{2} (x^3 - x^2 - 2x)dx$ [enter] $\int_{-1}^{2} (x^3 - x^2 - 2x)dx$ [enter] $\int_{-1}^{2} \lvert x^3 - x^2 - 2x \rvert dx$ [enter]	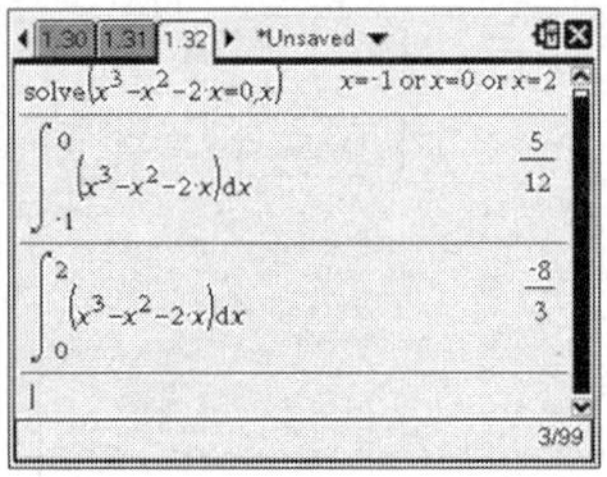 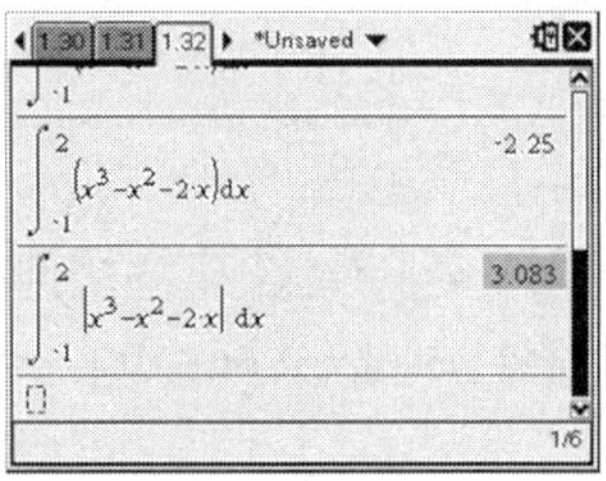	대수화면에서 [Solve]를 이용하여 함수 $y = x^3 - x^2 - 2x$과 x축이 만나는 교점을 구하면, $-1, 0, 2$임을 알 수 있다. [Integral]을 이용하여, $[-1, 0]$과 $[0, 2]$에서 적분값을 구하면, $\frac{5}{12}$와 $-\frac{8}{3}$임을 알 수 있다. [ctrl] [enter]하면, 소수값으로 나타낼 수 있다. $[-1, 2]$ 구간에서의 적분값을 구하면, -2.25이고, 절댓값 함수 $\lvert x^3 - x^2 - 2x \rvert$으로 다시 적분값을 구하면, 3.083임을 알 수 있다. 이것은 $[0, 2]$ 구간에서의 적분값이 음수이므로 넓이를 구할 때는 그래프의 x축 아래 존재하는 구간에서 절댓값을 취해야 한다는 것을 알 수 있다.
방법 2 $f1(x) = x^3 - x^2 - 2x$ [enter] [menu] [7:Points & Lines] [3: Intersection Point(s)] [enter]	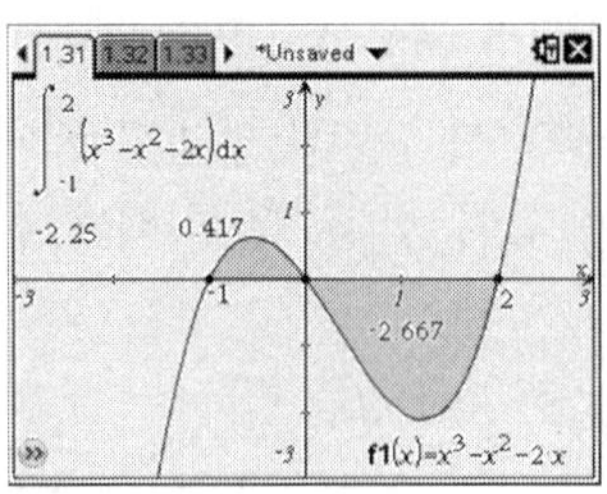	그래프 화면에서 $f1(x)$에 $x^3 - x^2 - 2x$를 정의하고, 그래프를 그리고, [Intersection Point(s)]를 이용하여, x축 상의 교점을 구하면, $-1, 0, 2$가 나타난다. [Integral]을 이용하여, 구간

키 누르기	계산기 화면	설명
[6:Analyze Graph] [7: Integral] [lower bound?] [upper bound?][enter] [menu] $f2(x)=\|f1(x)\|$ [enter] [6:Analyze Graph] [7: Integral] [lower bound?] [upper bound?][enter]	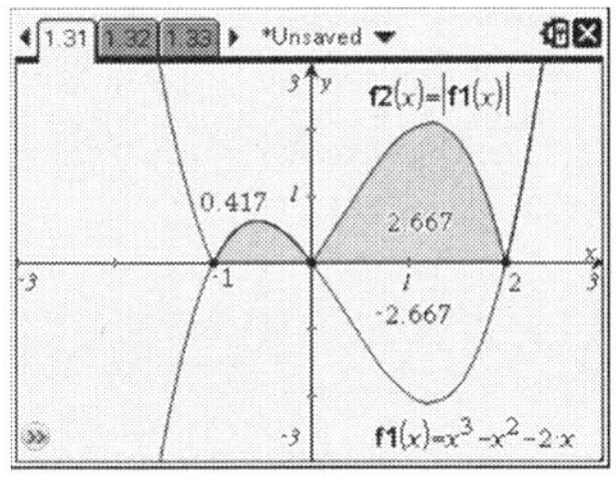	을 $[-1, 0]$, $[0, 2]$으로 나누어 적분값을 구하면, 0.417, -2.667이 되고, $[-1, 2]$에서 다시 적분을 하면, -2.25가 된다는 것을 알 수 있다. 함수 $f2(x)$에 $f1(x)$의 절댓값 함수를 그리고 $[0, 2]$ 구간에서 적분값을 구하면, 2.667임을 알 수 있다. 따라서 넓이는 $0.417-(-2.667)=3.083$임을 알 수 있다. 이것은 적분값이 항상 넓이와 일치하지 않는다는 것을 보여주는 것이다.

문제 4. 함수 $g(x)=-x^3+x^2+2x$에 대하여

a) $a=1, 2, 3$일 때, $g(x-a)$를 이용하여, $\int_a^{(1+a)} g(x-a)dx$의 값을 구하고, $\int_0^1 g(x)dx$와 어떤 관계가 있는지 알아보고, 그에 대한 타당한 이유를 설명하시오.

b) $b=1, 2, 3$일 때, $g(x)+b$를 이용하여 $\int_0^1 (g(x)+b)dx$의 값을 구하고, $\int_0^1 g(x)dx$와 어떤 관계가 있는지 알아보고, 그에 대한 타당한 이유를 설명하시오. (단, 그래프를 이용하여 설명하시오.)

풀이 a) 함수 $g(x)=-x^3+x^2+2x$를 정의하고, $a=\{1, 2, 3\}$일 때, $g(x-a)$를 구하면,

$$\int_0^1 g(x)dx = \int_1^2 g(x-1)dx = \int_2^3 g(x-2)dx$$
$$= \int_3^4 g(x-3)dx = \frac{13}{12} = 1.08$$

이다. 따라서 $g(x-a)$는 $g(x)$를 x축으로 a만큼 평행 이동한 것이고, 넓이에는 아무런 변화가 없음을 알 수 있다.

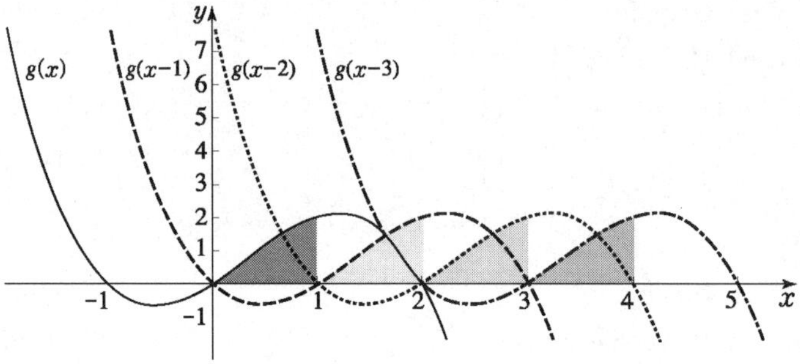

b) 함수 $g(x)=-x^3+x^2+2x$를 정의하고, $b=\{1, 2, 3\}$에 대하여, $g(x)+b$를 구하면,

$$\int_0^1 g(x)+1dx=\int_0^1 g(x)dx+\int_0^1 1dx=\frac{13}{12}+1=2.08$$

$$\int_0^1 g(x)+2dx=\int_0^1 g(x)dx+\int_0^1 2dx=\frac{13}{12}+2=3.08$$

$$\int_0^1 g(x)+3dx=\int_0^1 g(x)dx+\int_0^1 3dx=\frac{13}{12}+3=4.08$$

임을 알 수 있다. 즉, $\int_0^1 g(x)dx=\frac{13}{12}=1.08$에서 $g(x)$가 y축의 방향으로 1, 2, 3만큼 평행이동 함에 따라 사각형의 넓이 $1\times1=1$, $1\times2=2$, $1\times3=3$가 생겼으므로 더해줘야 한다는 것을 알 수 있다.

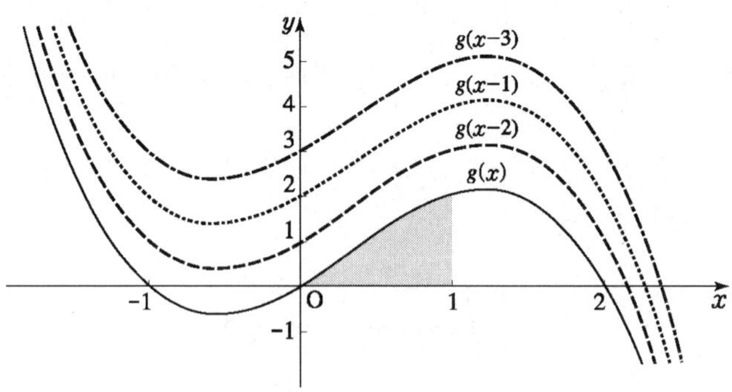

그래핑 계산기를 이용한 다양한 풀이 a)

키 누르기	계산기 화면	설명
[menu] [1: Actions] [1:Define] [enter] $g(x)=-x^3+x^2+2x$ [enter] [4:Calculus] [3: Integral] [enter] $\int_0^1 (g(x))dx$ [enter] $\int_1^{1+1}(g(x-1)dx$ [enter] $\int_2^{1+2}(g(x-2))dx$ [enter] $\int_3^{1+3}(g(x-3))dx$ [enter]	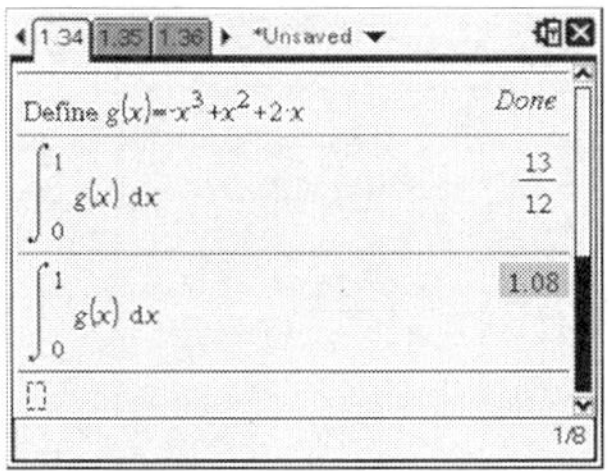 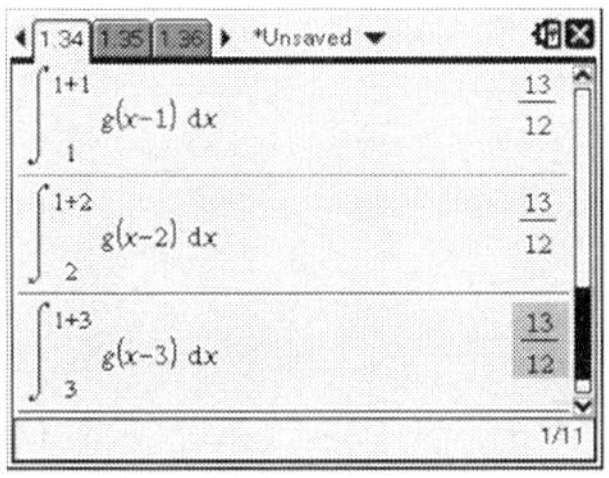 	**방법 1** 함수 $g(x)$를 $-x^3+x^2+2x$라고 정의하면, $\int_0^1 g(x)dx=\frac{13}{12}=1.08$임을 알 수 있고, $\int_0^{1+a}(g(x-a))dx$에 $a=1, 2, 3$을 차례대로 대입하면, $\int_1^{1+1}(g(x-1)dx$ $=\int_2^{1+2}(g(x-2))dx$ $=\int_3^{1+3}(g(x-3))dx$ $=\frac{13}{12}=1.08$ 임을 알 수 있다. 따라서 $\int_0^1 g(x)dx=\int_a^{1+a} g(x-a)dx$ 이고, $a=1, 2, 3$일 때, 상한과 하한 사이의 간격이 $[1, 2]$, $[2, 3]$, $[3, 4]$와 같이 일정하게 1만큼씩 움직였다는 것을 알 수 있다.
$f1(x)=g(x)$ [enter] [menu] [6:Analyze Graph] [7: Integral] [lower bound?]0 [upper bound?] 1 [enter] $f2(x)=g(x-1)$ [enter] [menu] [6:Analyze Graph]	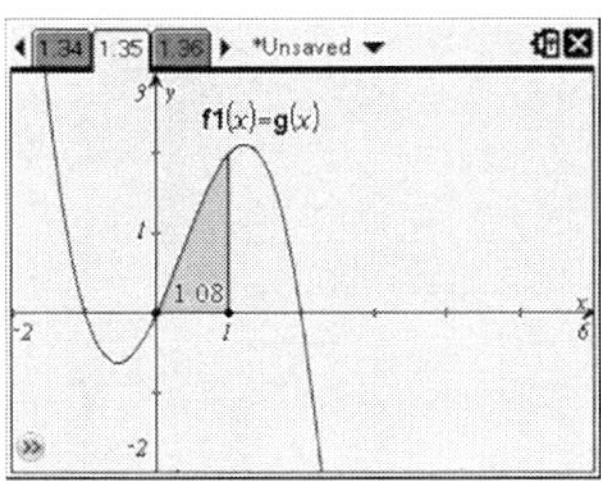 	**방법 2** 대수화면에서 정의한 함수 $g(x)$를 이용하여, $f1(x)=g(x)$라고 정의하고, 그래프를 그리고, 적분값을 구하기 위해 [6:Analyze Graph]에서 [Integral]을 이용하여 상한과 하한 범위를 0부터 1까지 정의하여, 적분값을 구하면, 1.08이다. $f2(x)=g(x-1)$,

키 누르기	계산기 화면	설명
[7: Integral] [lower bound?]1 [upper bound?] 2 [enter] $f3(x)=g(x-2)$ [enter] [menu] [6:Analyze Graph] [7: Integral] [lower bound?] 2 [upper bound?] 3 [enter] $f4(x)=g(x-3)$ [enter] [menu] [6:Analyze Graph] [7: Integral] [lower bound?] 3 [upper bound?] 4 [enter]	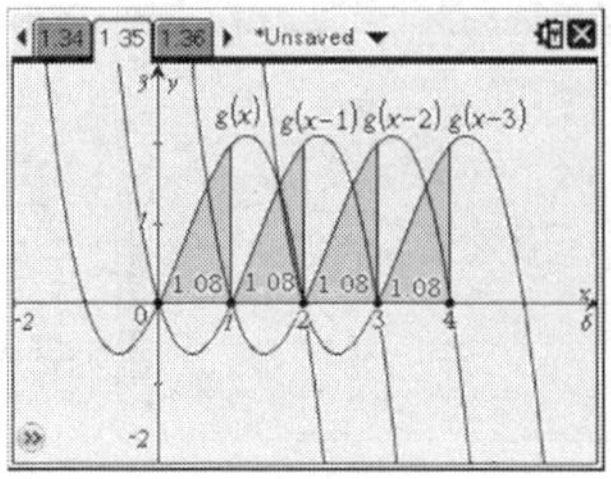	$f3(x)=g(x-2)$, $f4(x)=g(x-3)$ 을 정의하고 그래프를 그리고, 각각의 그래프상에서 상한과 하한 범위를 각각 [1, 2], [2, 3], [3, 4]라고 정의하면 적분값은 모두 1.08이다. 따라서 4개의 그래프에서 나타난 것처럼 함수 $g(x-a)$는 $g(x)$가 x축으로 a만큼 평행이동한 것임을 알 수 있고, $\int_{a}^{1+a} g(x-a)dx$는 $\int_{0}^{1}(g(x))dx$의 넓이가 x축의 방향으로 a만큼씩 평행이동한 것이며, 넓이는 모두 같다는 것을 알 수 있다.

그래핑 계산기를 이용한 다양한 풀이 b)

키 누르기	계산기 화면	설명
[menu] [1: Actions] [1:Define] [enter] $g(x)=-x^3+x^2+2x$ [enter] [4:Calculus] [3: Integral] [enter] $\int_{0}^{1}(g(x))dx$ [enter] $\int_{0}^{1}(g(x)+1)dx$ [enter]	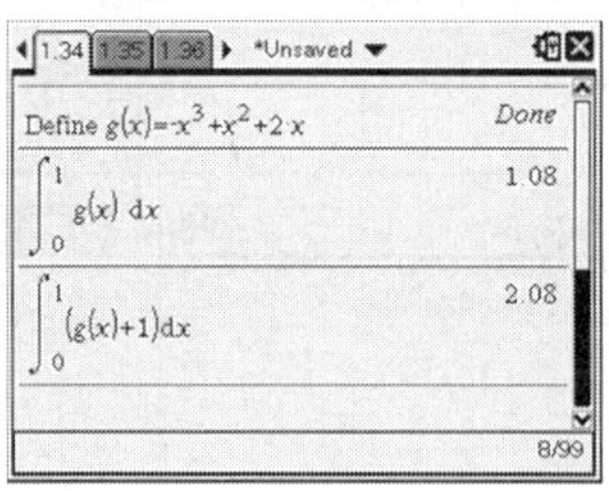	**방법 1** 함수 $g(x)$를 $-x^3+x^2+2x$라고 정의하면, [Integral]을 이용하면 $\int_{0}^{1} g(x)dx=13/12=1.08$이고, $\int_{0}^{1}(g(x)+1)dx=1.08+1=2.08$ $\int_{0}^{1}(g(x)+2)dx=1.08+2=3.08$ $\int_{0}^{1}(g(x)+3)dx=1.08+3=4.08$ 임을 알 수 있다. 즉,

키 누르기	계산기 화면	설명
$\int_0^1 (g(x)+2)dx$ [enter] $\int_0^1 (g(x)+3)dx$ [enter]	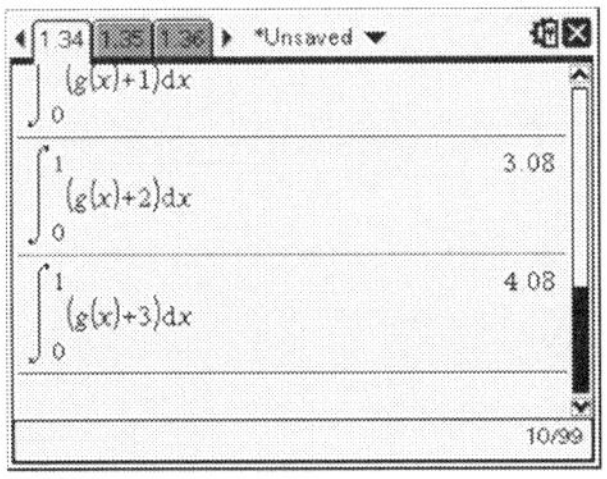	$\int_0^1 (g(x)+b)dx$ $= \int_0^1 (g(x))dx + \int_0^1 bdx$ 관계가 성립한다는 것을 알 수 있다.
$f1(x)=g(x)$ [enter] [menu] [6:Analyze Graph] [7: Integral] [lower bound?] 0 [upper bound?] 1 [enter] $f2(x)=g(x)+1$ [enter] [menu] [6:Analyze Graph] [7: Integral] [lower bound?] 0 [upper bound?] 1 [enter] $f3(x)=g(x)+2$ [enter] [menu] [6:Analyze Graph] [7: Integral] [lower bound?] 0 [upper bound?] 1 [enter] $f4(x)=g(x)+3$ [enter] [menu] [6:Analyze Graph] [7: Integral] [lower bound?] 0 [upper bound?] 1 [enter]	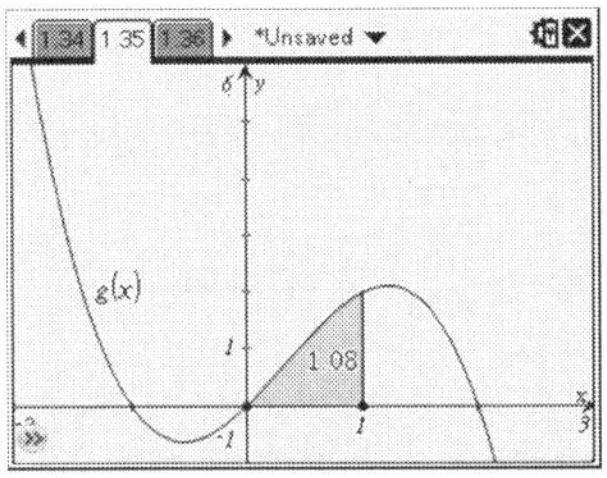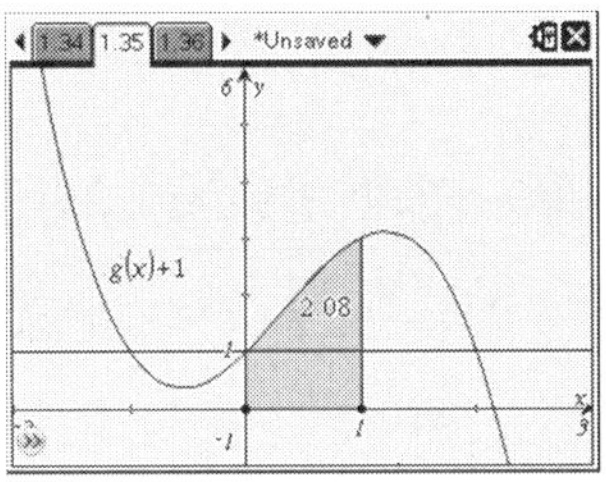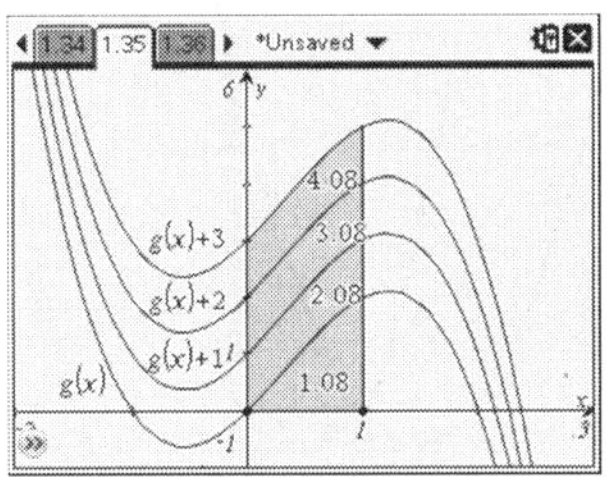	**방법 2** 대수화면에서 정의한 함수 $g(x)$를 그래프 화면에서 $f1(x)=g(x)$라고 정의하고, 그래프를 그리고, 적분값을 구하기 위해 [6:Analyze Graph]에서 [Integral]을 이용하여 상한과 하한 범위를 [0, 1]로 정의하여, 적분값을 구하면, 1.08이다. $f2(x)=g(x)+1$를 정의하고 그래프를 그리고, 상한과 하한 범위를 [0, 1]으로 정의하면 적분값이 2.08임을 알 수 있다. 그래프를 살펴보면, 함수 $g(x)$가 y축으로 1만큼 평행 이동한 것이고, 새로 생긴 가로 1, 세로 1인 직사각형의 넓이 1이 더해져서 2.08임을 알 수 있다. 같은 방법으로 $f3(x)=g(x)+2$, $f4(x)=g(x)+3$을 정의하고 그리면, y축의 방향으로 2와 3만큼 평행 이동하여, 각각의 사각형의 넓이 2, 3이 더해진 결과로 적분값이 3.08, 4.08임을 알 수 있다. 따라서 함수 $g(x)+b$는 $g(x)$가 y축으로 b만큼 평행이동 한 것이고, $\int_0^1 (g(x)+b)dx$는 $\int_0^1 (g(x))dx$의 넓이에 $b\times 1$만큼의 새로 생긴 사각형의 넓이가 더하여졌다는 것을 알 수 있다.

문제 5. $\int_0^2 x^2dx$ 를 이용하여, $\int_2^4 (x-2)^2dx$ 와 $\int_0^2 (x^2+2)dx$ 를 구하시오.

풀이 방법 1 $\int_0^2 x^2dx = \left[\frac{x^3}{3}\right]_0^2 = \frac{8}{3} = 2.67$

$$\int_2^4 (x-2)^2dx = \left[\frac{1}{3}x^3 - 2x^2 + 4x\right]_2^4 = \frac{56}{3} - 24 + 8 = \frac{8}{3} = 2.67$$

$$\int_0^2 (x^2+2)dx = \left[\frac{1}{3}x^3 + 2x\right]_0^2 = \frac{8}{3} + 4 = 6.67$$

방법 2. 함수 $(x-2)^2$은 x^2을 x축의 양의 방향으로 2만큼 평행이동한 것이므로, 함수 x^2에 대하여 구간 [0, 2]에서의 $\int_0^2 x^2dx$의 넓이도 2만큼 평행이동하면, [2, 4]에서 $\int_2^4 (x-2)^2dx$와 같다는 것을 알 수 있다.

따라서 $\int_2^4 (x-2)^2dx = 2.67$이다.

함수 x^2+2는 x^2을 y축의 양의 방향으로 2만큼 평행이동 하였으므로, [0, 2]에 대하여, $\int_0^2 (x^2+2)dx$는 $\int_0^2 x^2dx$의 넓이가 y축의 양의 방향으

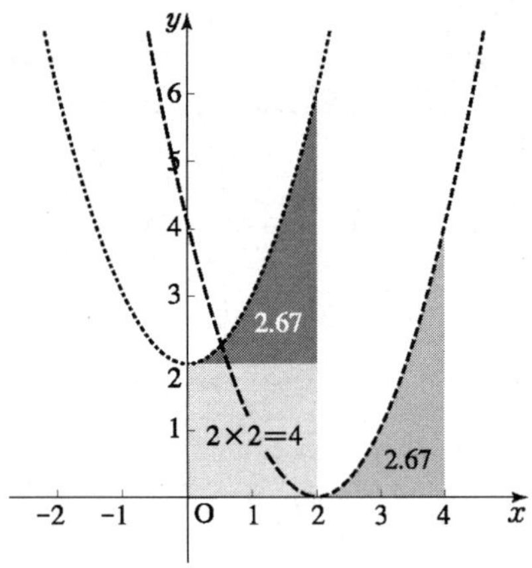

로 2만큼 평행이동 하였고, $2 \times 2 = 4$만큼의 사각형 넓이가 생긴 것이다. 따라서

$$\int_0^2 (x^2+2)dx = \int_0^2 x^2dx + \int_0^2 2dx = 2.67 + 4 = 4.67$$

이다.

그래핑 계산기를 이용한 다양한 풀이

키 누르기	계산기 화면	설명
방법 1 [menu] [4:Calculus] [3: Integral] $\int_0^2 x^2dx$ [enter] $\int_2^4 (x-2)^2dx$ [enter] $\int_0^2 x^2+2dx$ [enter]	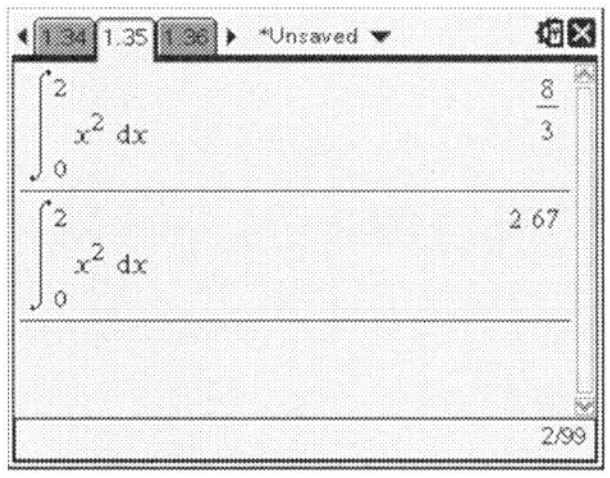 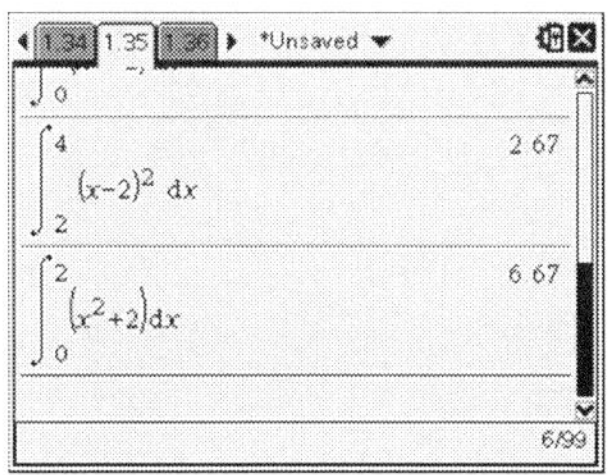	대수화면에서 [Integral]을 이용하면 $\int_0^2 x^2dx=8/3=2.67$이다. 임을 알 수 있다. $(x-2)^2$은 x^2의 그래프가 x축의 양의 방향으로 2만큼 움직인 것을 의미하고, 적분구간이 [0, 2]에서 2만큼씩 증가하여 [2, 4]가 되어, 적분값에는 변화가 없음을 알 수 있다. 따라서 $\int_2^4 (x-2)^2dx=\int_0^2 x^2dx=8/3$ $=2.67$이다. 함수 x^2+2는 x^2의 그래프가 y축의 양의 방향으로 2만큼 움직였으므로, $\int_0^2 (x^2+2)dx$는 구간 $[0, 2]$에서 $2\times2=4$만큼의 사각형 넓이가 $\int_0^2 x^2dx$에 더해졌다는 것을 알 수 있다. 즉, $\int_0^2 x^2+2dx=\int_0^2 x^2dx+4$ $=6.67$이다.
방법 2 $f1(x)=x^2$ [enter] [menu] [6:Analyze Graph] [7: Integral] [lower bound?] 0 [upper bound?] 2 [enter] $f2(x)=(x-2)^2$ [enter] [menu]	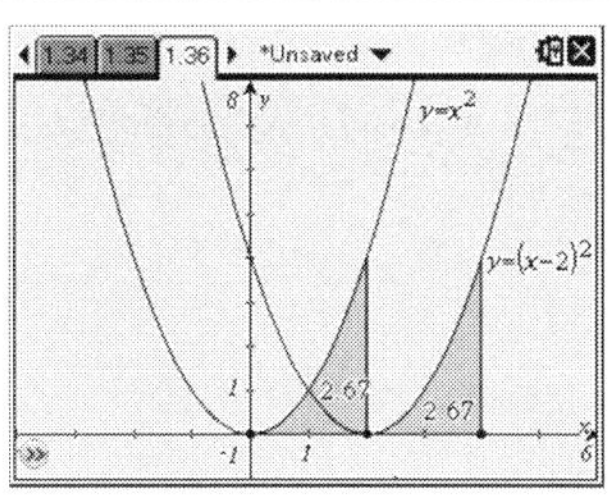	그래프 화면에서 $f1(x)=x^2$을 정의하고, 그래프를 그린다. [6:Analyze Graph]에서 [Integral]을 이용하여 상한과 하한 범위를 $[0, 2]$로 정의하여 적분값을 구하면, 2.67이다. 구간 $[2, 4]$에서 $f2(x)=(x-2)^2$를 정의하고 그래프를 그리고 적분값을 구하면, 2.67이다. 이것은

키 누르기	계산기 화면	설명
[6:Analyze Graph] [7: Integral] [lower bound?] 2 [upper bound?] 4 [enter] $f3(x)=x^2+2$ [enter] [menu] [6:Analyze Graph] [7: Integral] [lower bound?] 0 [upper bound?] 2[enter]	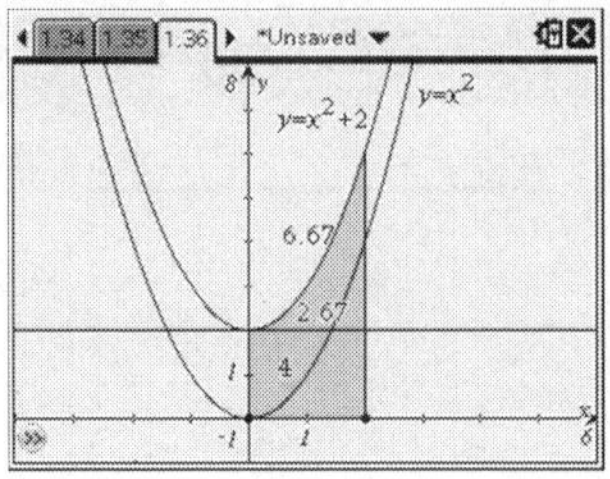 	$y=x^2$의 그래프가 x축의 방향으로 2만큼 평행이동 하였으므로 적분값에는 변화가 없음을 알 수 있다. $[0,2]$에서 $f3(x)=x^2+2$를 그리고 적분값을 구하면, 6.67이다. 이것은 $y=x^2$의 그래프가 y축의 방향으로 2만큼 평행이동 한 것이므로, $\int_0^2 x^2dx$에 새롭게 형성된 사각형의 넓이 4가 더해진 것임을 알 수 있다.

3.11 통계

3.11.1 정규분포

평균이 m, 분산이 σ^2인 확률변수 X가 실수 전체에서 확률밀도함수 $f(x)=\frac{1}{\sqrt{2\pi}\,\sigma}e^{-\frac{(x-m)^2}{2\sigma^2}}$를 가질 때, 확률변수 X는 정규분포 $N(m,\sigma^2)$을 따른다.

그래핑 계산기를 활용하여 정규분포에서 확률밀도함수 $f(x)$의 성질을 보면 다음과 같다.

키 누르기	계산기 화면	설명
[on] [menu][3:Graph Entry/Edit] [1:Function] $f1(x)=\frac{1}{\sqrt{2\pi}\,a}e^{-\frac{(x-m)^2}{2a^2}}$ [enter] [menu] [3:Graph Entry/Edit] [2:Equation] [1:Line] [2:$x=c$] m [enter] [menu] [1:Actions] [A:Insert Slider] [Settings] [Variable] a [Value] 1 [Minimum] 0 [Maximum] 5 [Step size] 0.5 [menu] [1:Actions] [A:Insert Slider] [Settings] [Variable] m [Value] 0 [Minimum] 0 [Maximum] 5 [Step size] 1 [menu] [6:Analyze Graph] [3:Maximum] [lower bound?] [upper bound?] [menu] [6:Analyze Graph] [7:Integral] [lower bound?] (-)5 [upper bound?] 5	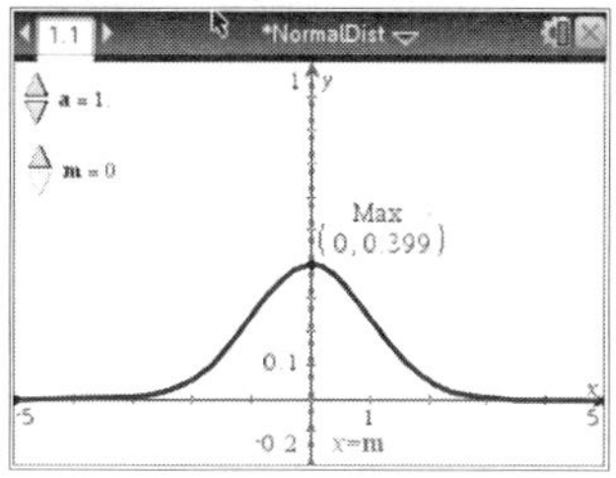 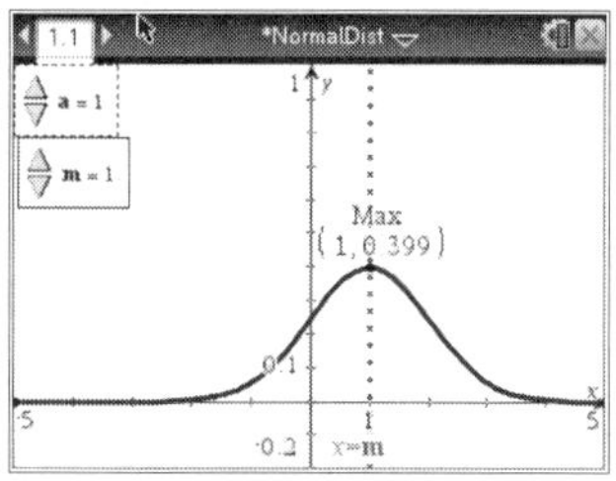 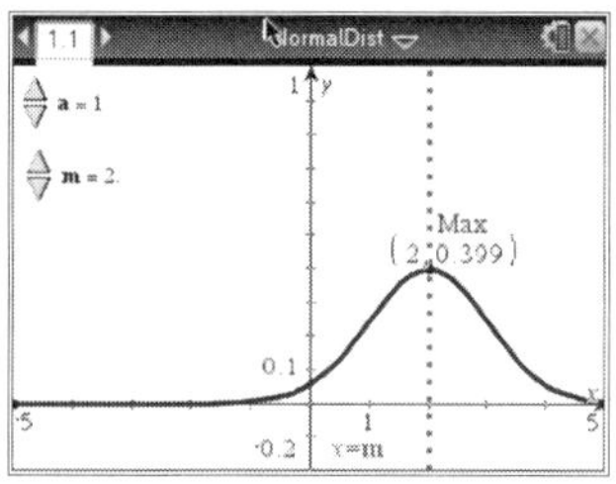 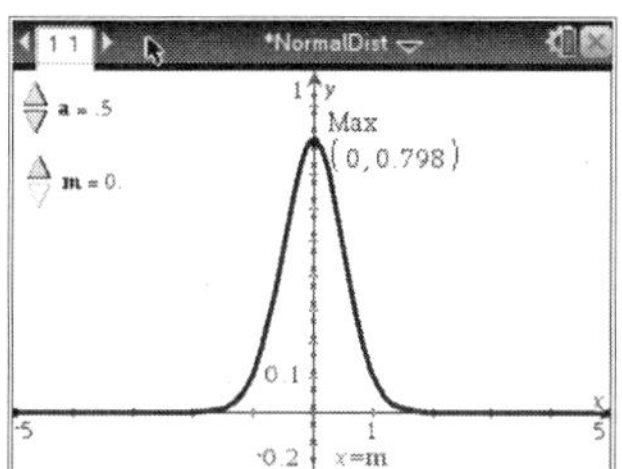 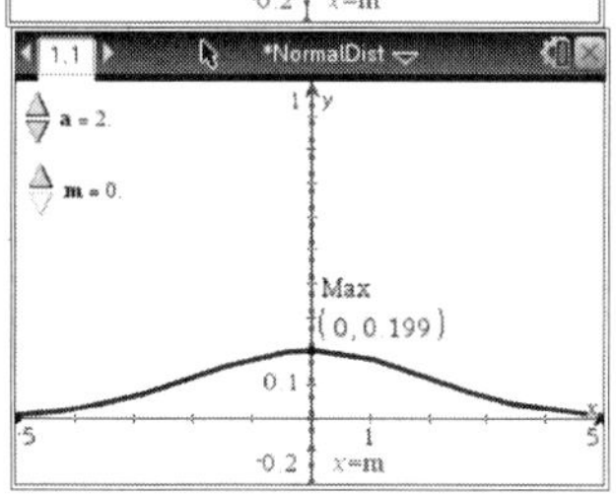 	그래프 화면에서 확률밀도 함수 $f(x)\rightarrow f1(x)$, 표준편차 $\sigma\rightarrow a$으로 바꾸어 $f1(x)=\frac{1}{\sqrt{2\pi}\,a}e^{-\frac{(x-m)^2}{2a^2}}$ 라고 정의한다. 평균값 m의 변화에 따르는 대칭축의 변화를 보기 위하여, [$x=c$]에서 $c\rightarrow m$이라고 정의한다. 평균 m과 표준편차 a의 변화를 보기 위하여 [Slider]기능을 이용하여, 각각의 초기값, 범위를 정한다. [Slider]에서 초기값을 각각 $a=1$, $m=0$이라고 정의하고, [Maximum]을 선택하여, 최댓값이 예상되는 구간 [lower bound]와 [upper bound]를 정하여 최댓값을 찾는다. $a=1$, $m=0$일 때는 x축에 대하여 종모양이고 1. 모든 실수에 x 대하여 $f(x)>0$ 2. 직선 $x=m$에 대하여 대칭 3. $x=m$일 때, 최댓값을 갖는다는 것을 알 수 있다. 방향키를 움직이면서 평균값 $m=0, 1, 2...$에 따르는 그래프의 변화를 보면 종의 모양은 일정하고 좌우로 평행하게 움직인다는 것을 알 수 있다. $a=1, 0.5, 2...$에 따르는 그래프의 변화를 보면 종의 위치는 일정한데, a값이 커질수록 종

키 누르기	계산기 화면	설명
	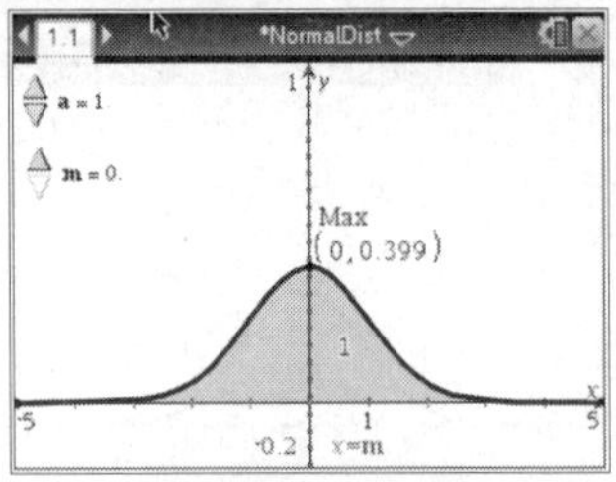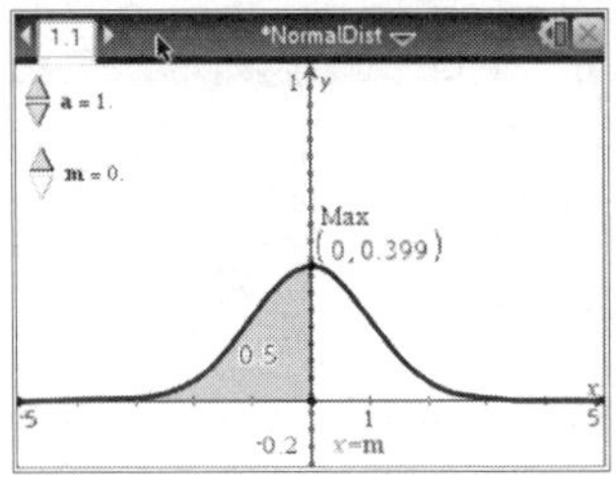	이 퍼진 모양으로 변하는 것을 알 수 있다. [Integral]을 이용하여 구간을 대략 [-5, 5]에서 넓이를 구하면, 1임을 알 수 있고, [-5, 0] 사이에서 넓이를 구하면 0.5인 것을 보아 종모양이 대칭임을 확인할 수 있다.

문제 확률변수 X가 정규분포 $N(60, 5^2)$라고 할 때, 확률 $P(60 \le X \le 70)$를 구하시오.

풀이 $m = 60$, $\sigma = 5$이므로,

$$P(60 \le X \le 70) = P\left(\frac{60-60}{5} \le Z \le \frac{70-60}{5}\right) = P(0 \le Z \le 2)$$

$$= 0.4772$$

그래핑 계산기를 활용한 풀이

키 누르기	계산기 화면	설명
방법 1 [on] [⊎] [menu] [3:Graph Entry/Edit] [1:Function] $f1(x) = \frac{1}{\sqrt{2\pi}\,a} e^{-\frac{(x-m)^2}{2a^2}}$ [enter]	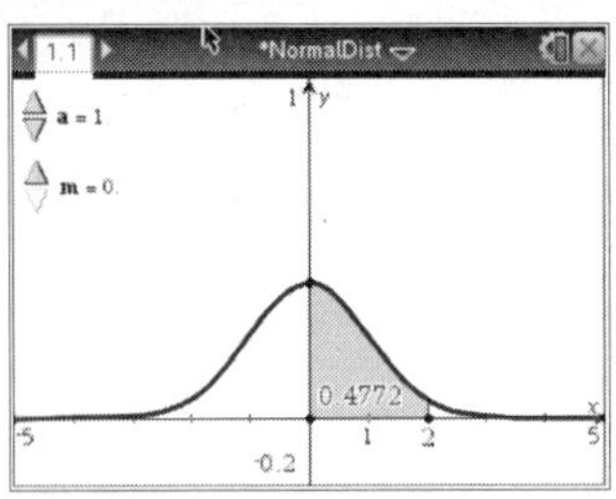	표준정규분포 $N(0, 1)$에 따라 $Z = \frac{X-m}{\sigma}$를 이용하여 표준화하면 $P(60 \le X \le 70)$ $= P(0 \le Z \le 2)$이다. 확률밀도함수 $f1(x)$를 정의하고, $a = 1$, $m = 0$일 때의 그래

키 누르기	계산기 화면	설명
[menu] [6:Analyze Graph] [7:Integral] [lower bound?] 0 [upper bound?] 2 [menu] [3:Algebra] [6:Statistics] [5:Distributions] [2:Normal cdf] 60 ▾ 70 ▾ 60 ▾ 5	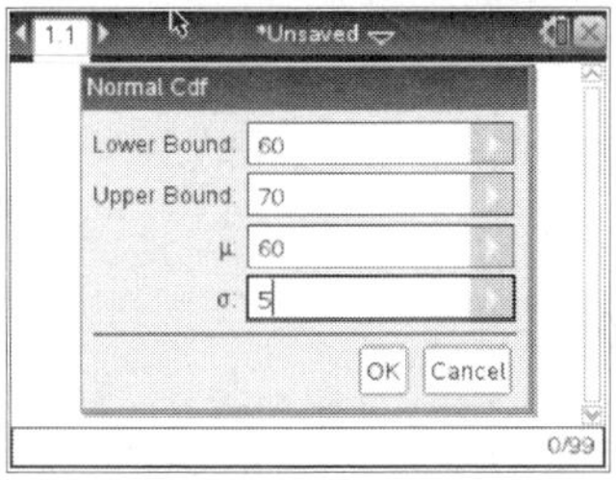 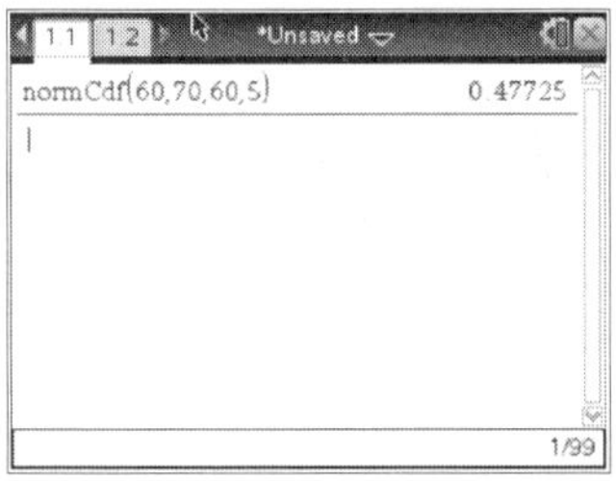	프를 그린다. [Integral]을 이용하여 구간 [0, 2]에서의 넓이를 구하면, 0.4772임을 알 수 있다. 대수 화면에서 [norm Cdf]를 이용하여, 확률 변수 X의 구간 $60 \le X \le 70$, 평균 = 60, 표준편차 = 5를 순서대로 넣으면 $P(60 \le X \le 70)$에 대한 확률은 0.47725임을 확인 할 수 있다.
방법 2 [on] [menu] [3:Graph Entry/Edit] [1:Function] $f1(x) = \frac{1}{\sqrt{2\pi} \times 5} e^{-\frac{(x-60)^2}{2 \times 5^2}}$ [menu] [6:Analyze Graph] [7:Integral] [lower bound?] 60 [upper bound?] 70	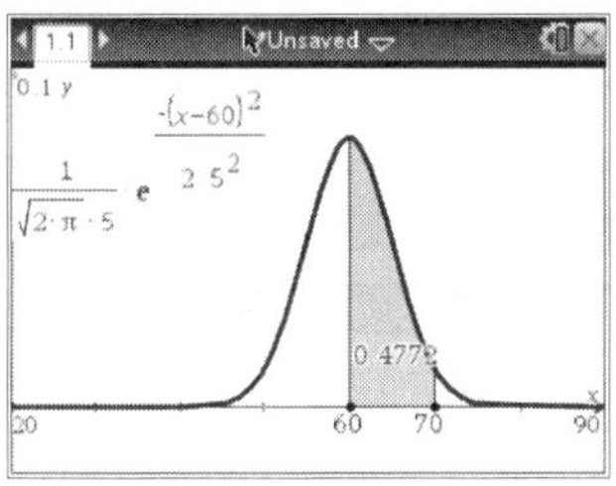	확률 $P(60 \le X \le 70)$를 그래프를 이용하여 직관적으로 구하려면, $m = 60$, $\sigma = 5$이므로 $f1(x) = \frac{1}{\sqrt{2\pi} \times 5} e^{-\frac{(x-60)^2}{2 \times 5^2}}$ 라고 정의하고 그래프를 그린다. [Integral]을 이용하여 구간 [60, 70]에서의 넓이를 구하면, 0.4772임을 알 수 있다.

3.11.2 연속확률변수의 평균, 분산

문제 확률밀도함수 $f(x)$를 $f(x) = kx(4-x)$ ($k > 0$인 상수)라고 정의할 때, 구간 $[0, 4]$에서 정의된 연속확률변수 X의 평균 $E(X)$와 분산 $V(X)$를 구하시오.

풀이 $\int_0^4 f(x)dx = 1$이므로,

$$\int_0^4 kx(4-x)dx = k\int_0^4 (4x-x^2)dx = \frac{32}{3}k = 1$$

$$\therefore\ k = \frac{3}{32}$$

$f(x) = \dfrac{3}{32}x(4-x)$이므로,

평균 $E(X) = \displaystyle\int_0^4 xf(x)dx = \frac{3}{32}\int_0^4 (4x^2-x^3)dx = 2$

$$E(X^2) = \int_0^4 x^2 f(x)dx = \frac{3}{32}\int_0^4 (4x^3-x^4)dx = \frac{24}{5}$$

$$\therefore\ V(X) = E(X^2) - (E(X))^2 = \frac{24}{5} - 2^2 = \frac{4}{5}$$

그래핑 계산기를 활용한 풀이

키 누르기	계산기 화면	설명
[on] [그래프 키] [menu][3:Graph Entry/Edit] [1:Function] $f1(x) = kx(4-x)$ [enter] [menu] [1:Actions] [A:Insert Slider] [Settings] [Variable] k [Value] 0.094 [Minimum] 0 [Maximum] 5 [Step size] 0.001 [menu] [6:Analyze Graph] [7:Integral] [lower bound?] 0 [upper bound?] 4 $f2(x) = x \times f1(x)$ [enter] [menu] [6:Analyze Graph]	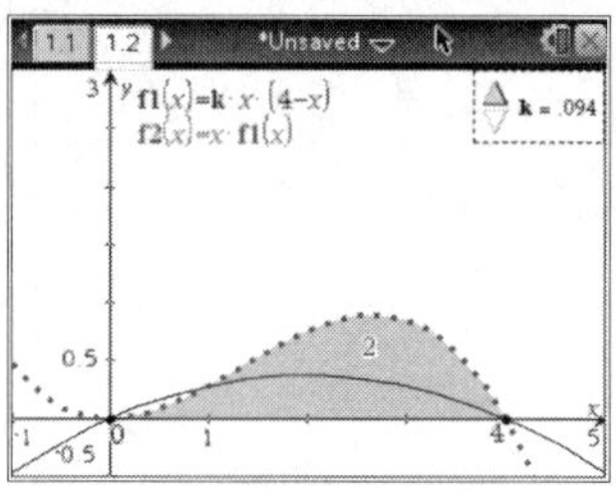 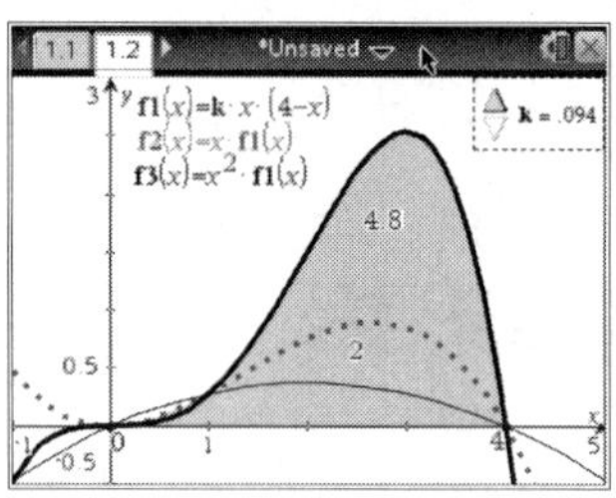 	그래프화면에서 [Slider]를 이용하여 변수 k를 정의하고, 0.001 간격으로 0부터 5까지 움직여본다. 함수 $f1(x) = kx(4-x)$라고 정의한다. 함수 $f1(x)$에 대하여 [Integral]을 활용하여 구간 [0, 4]에서 넓이를 구하고, ▶를 움직여보면 넓이 값이 변화됨을 알 수 있다. $k = 0.094(= \frac{3}{32})$일 때, 넓이가 1에 가깝다는 사실을 알 수 있다. 평균 $E(X)$를 함수 $f2(x) = x \times f1(x)$라고 정의하고 그래프를 그리고 구간 [0, 4]에서 넓이를 구하면 2.01임을 알 수 있고, 분산을 구하기 위하

키 누르기	계산기 화면	설명
[7:Integral] [lower bound?] 0 [upper bound?] 4 $f3(x)=x^2\times f1(x)$ [enter] [menu] [6:Analyze Graph] [7:Integral] [lower bound?] 0 [upper bound?] 4		여 함수 $f3(x)=x^2\times f1(x)$라고 정의하고 구간 [0, 4]에서 넓이를 구하면 4.81임을 알 수 있다. 따라서 분산$=4.8-2^2=0.8$이다.
[menu] [3:Algebra] [1:Solve] $\int_0^4 k\times x(4-x)dx=1$ [,] k [enter] $\frac{3}{32}\int_0^4 (x(4x-x^2))dx$ [enter] $\frac{3}{32}\int_0^4 (x^2(4x-x^2))dx$ [enter] $\frac{24}{5}-2^2$ [enter]	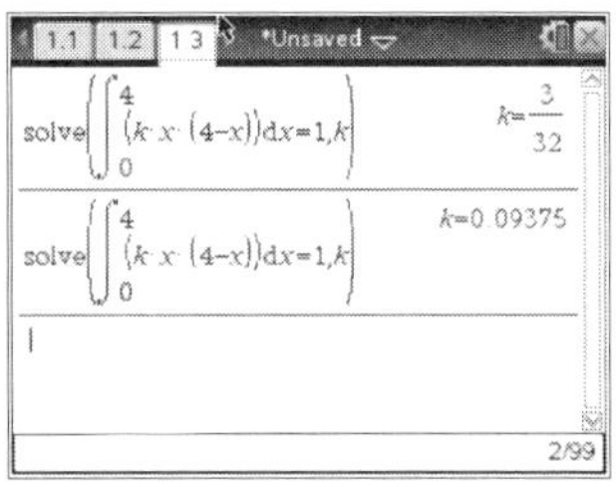 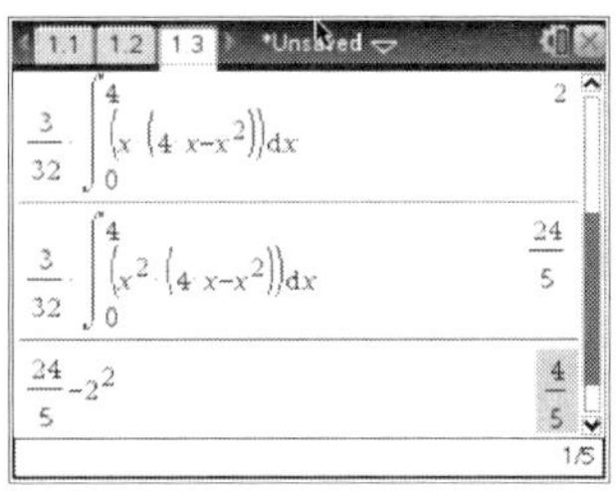	대수화면에서 [Solve]를 이용하여 풀면, $\int_0^4 k\times x(4-x)dx=1$를 k에 대하여 풀면, $\frac{3}{32}(=0.09375)$이고, 평균 $E(X)$는 $\frac{3}{32}\int_0^4 (x(4x-x^2))dx=2$ 이고, $\frac{3}{32}\int_0^4 (x^2(4x-x^2))dx=\frac{24}{5}$ 이므로, 분산 $V(X)$는 $\frac{24}{5}-2^2=\frac{4}{5}$임을 알 수 있다.

CHAPTER 04

수준별 교수·학습에서의 그래핑 계산기 활용

제7차 교육과정 전부터 단계형 수준별 교육과정에 대한 이론 연구가 지속되어왔다. 그러나 이러한 연구들은 대체로 이론적인 논의에 치우침으로 인하여 학교 현장에서의 학교 교육과정 편성과 운영 방안을 마련하는 것에는 실질적인 도움을 주지는 못하였다는 인식이 많았다. 제7차 교육과정에서 단계형 수준별 교육과정의 기본 정신이나 방법은 훌륭하다고 인정함에도 불구하고 우리나라 학교 교육에 적용하기에는 문제가 있어서 현실화하지 못하였다(배종수 외, 2000). 그러므로 학교 현장에서 직접적인 참고 자료로 활용할 수 있는 방법 등에 관련한 연구가 필요하다고 할 것이다.

정보화 시대에 있어서 교수·학습법은 지식의 전달이라는 전통적인 사고를 뛰어넘어 학습하는 방법을 배우고, 원하는 지식을 학생 스스로 찾을 수 있는 방법을 가르치는 것이 되어야 할 것이다. 이러한 맥락에서 수준별 교수학습은 학습행위를 학습자 개개인의 경험을 학습행위에 통합하기 위한 하나의 틀을 제공하는 것이라고 할 수 있으며, 교사는 학생들로 하여금 개별화된 형태의 수업이 가능하도록 할 수 있다(김정렬, 1999).

수준별 교육과정과 테크놀로지를 활용한 교육의 접목은 구성주의 학습이론에서 찾을 수 있다. 구성주의는 학습에 있어서 학습자의 역할을 크게 강조하고, 학교의 학습행위가 실생활에 어떤 의미를 가지도록 구성하는 것을 중요시하고 있다(황윤한, 1999). 우리가 알고 있는 지식은 우리의 경험이 통합되어 구조화된 것이며, 이러한 구조화 과정은 근본적으로 개인에 따라 다르기 때문에 효과적인 학습방법이라는 것도 개인에 따라 다르게 적용해야 한다고 볼 수 있다. 또한 학습의 목표에 있어서도 개인의 경험과 필요에 의해서 구성되고 설정되며, 학습에 대한 동기나 태도 또한 외적인 자극에 의한 것이 아니라 개인의 마음속에 자리 잡고 있는 원칙에 의해 결정된다고 할 것이다. 따라서 교사의 역할은 테크놀로지와 같은 공학도구를 활용하여 스스로 학습할 수 있는 다양한 학습경험을 만들어주고, 학습자 스스로 학습 경험을 실생활의 경험과 연결시킬 수 있도록 함으로써 학생 자신의 필요와 요구에 맞는 능력을 갖출 수 있도록 격려하고 도움을 주는 것이라 할 수 있다.

다음은 NCTM(1989, pp. 185-191)에서 제시한 필수교육과정의 개념적 기반이 되는 4단계 수준별 구성을 참고하여 고상숙 외(2012, pp. 380-383)에서 제시하였던, 4단계 수준별 구성을 바탕으로, 5단계로 세분화하여 교수·학습 어려움이 있는 미적분

교수·학습에 있어서 그래핑 계산기를 활용하여 수준별 문제구성을 통하여 학생들의 수학적 이해를 체계화 할 수 있으며, 실생활과 있어서도 수학적 개념을 연결하여 활용할 수 있음을 보여주기 위한 것이다. 수준별 접근은 다양한 수준의 학생들에게 그들의 필요와 능력에 맞게 높은 수준으로 발달 할 수 있도록 하고, 학생들의 수학적 이해와 흥미를 유발시키고, 창의적 사고를 촉진시킬 수 있다고 본다.

4.1 도함수에서의 수준별 5단계

문제 $x=2$에서 함수 $f(x)=x^2$에 대한 순간 변화율을 구하시오.

수준 ❶ 그래핑 계산기를 사용하여 평균변화율 $r(h)=\dfrac{f(2+h)-f(2)}{h}$을 정의하고 h의 값을 0.1, 0.01, 0.001, $\cdots$으로 0에 가까워지게 정의함으로써 4에 가까워진다는 것을 알 수 있다.

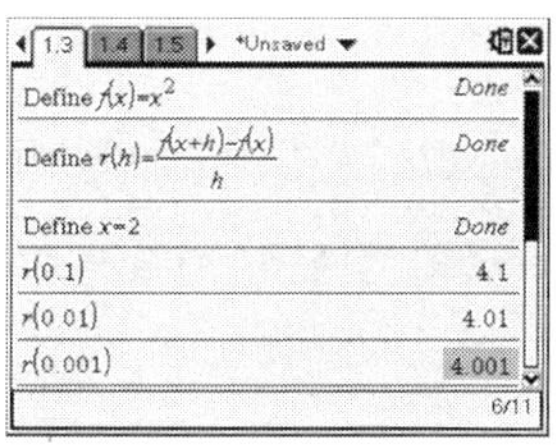

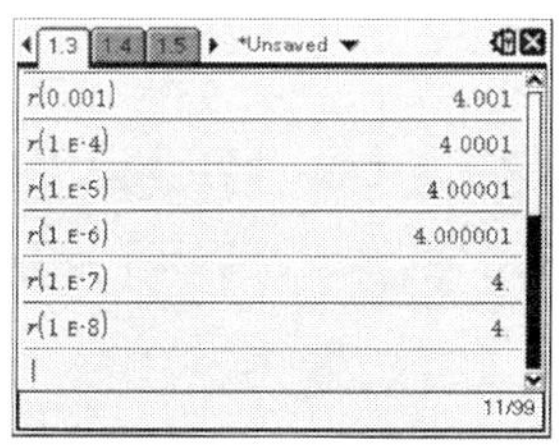

학생들로 하여금 다음 표를 완성하게 함으로써 $x=2$에서의 순간 변화율이 4임을 알게 할 수 있다.

x	$f(x)$	$\dfrac{f(2+h)-f(2)}{h}$
2.1		
2.01		
2.001		
2.0001		
2.00001		
2.000001		

학생들로 하여금 그래핑 계산기의 엑셀의 기능을 활용하여 다음과 같이 A열을 2.1, 2.01, 2.001, …로써 2에 가까워지게 정의하고, B열에 함수 $f(x)$의 값을 정의하고, C열에 평균변화율을 정의함으로써 4에 가까워진다 것을 다음과 같이 탐구할 수 있다.

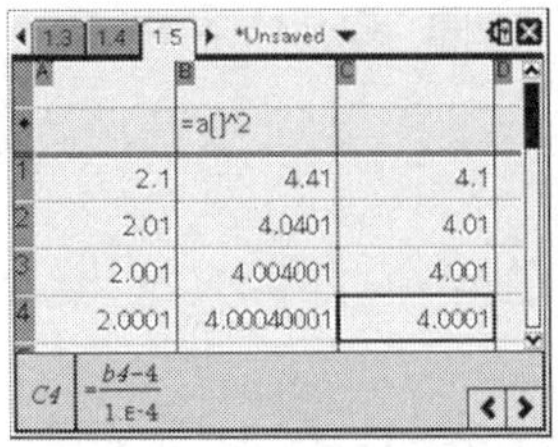

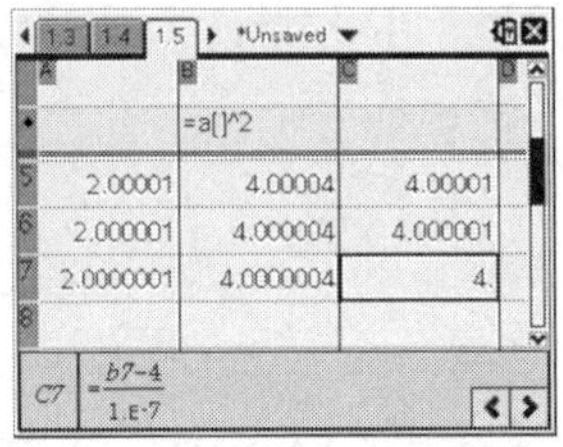

수준 ❷ 수준 1을 마친 후 학생들은 $x=2$에서의 순간변화율을 구하기 위해서는 h의 값이 점점 0에 가까워져야 한다는 것을 알 수 있고, 위의 표를 이용하여 극한개념을 사용하면서 기호화하여 다음과 같이 바꿀 수 있다.

$$\text{순간변화율 } f'(2)=\lim_{h\to0}\frac{(2+h)^2-2^2}{h}=\lim_{h\to0}\frac{4+4h+h^2-4}{h}$$

$$=\lim_{h\to0}\frac{h(4+h)}{h}=\lim_{h\to0}(4+h)=4$$

또한 그래핑 계산기를 이용하여 그래프와 $x=2$에서의 접선을 그려보게 함으로써, $x=2$에서의 순간변화율이 접선의 기울기와 같다는 사실을 탐구하게 할 수 있다.

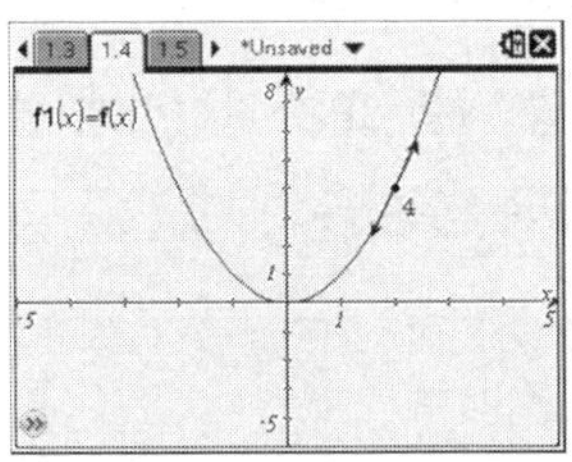

수준 ❸ 수준 2를 마친 후, 학생들은 순간변화율을 더욱 일반화 할 수 있을 것이다. x에서의 도함수를 구하기 위해 그래핑 계산기를 이용하여 $x=a$에서의 순간 변화율을 이용할 수 있다. 예를 들어, $a=-1, 0, 1, 2, 3$라고 할 때, $x=a$에서 h가 0에 가까워짐에 따라 순간변화율이, $-2, 0, 2, 4, 6$으로 변화되는 것을 탐구해봄으로써 학생 스스로가 그 규칙을 찾아 일반화 할 수 있고, 도함수가 $2x$가 된다는 결론에 도달할 수 있다.

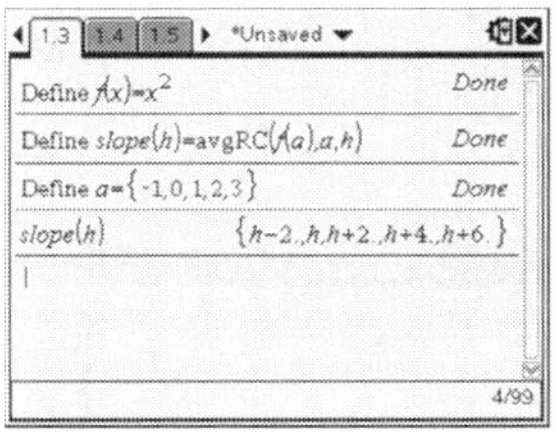

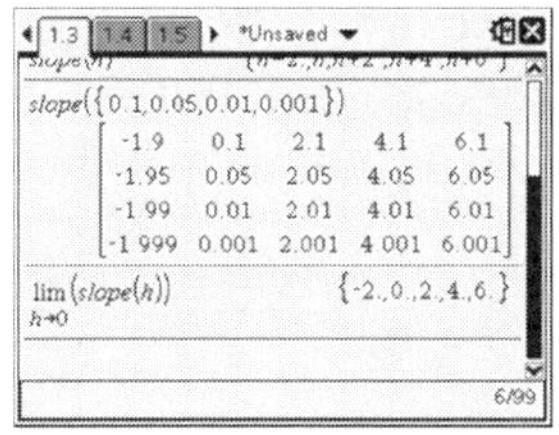

또한 그래프와 접선의 기울기, 그리고, 도함수와의 관계를 탐구하게 할 수 있다. $x=-1$, 1, 2, 3에서의 순간변화율이 각각 -2, 2, 4, 6이 된다는 것을 탐구하게 함으로써, 그 값들이 접선의 기울기와 같다는 사실에 확신을 갖게 할 수 있으며, $2x$의 관계가 있음을 유추하게 할 수 있다. 아래 그림과 같이 함수 $f(x)$와 도함수의 그래프를 그리고 표로 나타내어 보면 접선의 기울기의 값이 음수이면 도함수의 그래프가 x축 아래에 위치하고, $x=0$을 전환점으로 하여 기울기가 양수이면 그 값이 점점 커지면서 x축 위에 그려진다는 사실을 알게 된다. 따라서 접선의 기울기의 변화에 따른 도함수 그래프와의 관계를 이해함으로써 도함수 그래프를 그릴 수 있고 일반화 할 수 있다.

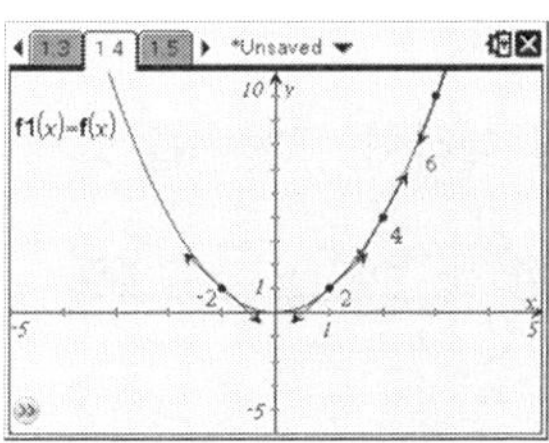

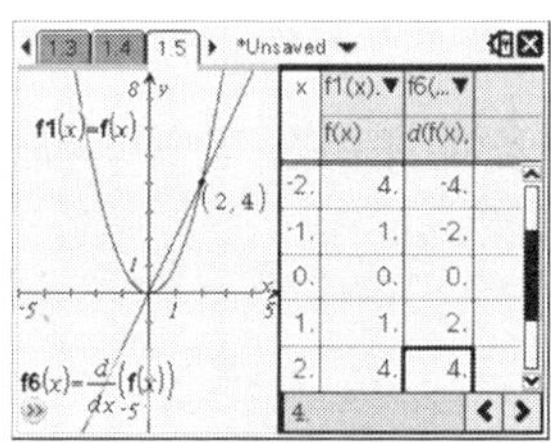

따라서 x에서의 도함수를 다음과 같이 기호화한 것에 대한 이해가 가능하다.

$$f'(x)=\frac{d}{dx}f(x)=\lim_{h\to 0}\frac{(x+k)^2-x^2}{h}$$

$$=\lim_{h\to 0}\frac{2hx+h^2}{h}=\lim_{h\to 0}(2x+h)=2x$$

수준 ④ 수준 3을 마친 후, 학생들은 함수 $f(x)=x^n$에 대하여 일반화시켜서 함수와 도함수와의 관계를 기호화하여 유출할 수 있다. 아래에 제시한 그림과 같이 그래핑 계산기를 이용하여, $f(x) = x^n$를 정의하고, $n = 1,\ 2,\ 3,\ 4,\ 10$이라고 하면, $f(x) = x,\ x^2,\ x^3,\ x^4,\ x^{10}$임을 알 수 있고, 평균 변화율을 solpe(h)라고 정의하고 h값이 0에 가까워질 때의 극한값을 탐구해 봄으로써, $1,\ 2x,\ 3x^2,\ 4x^3,\ 10x^9$임을 알 수 있다.

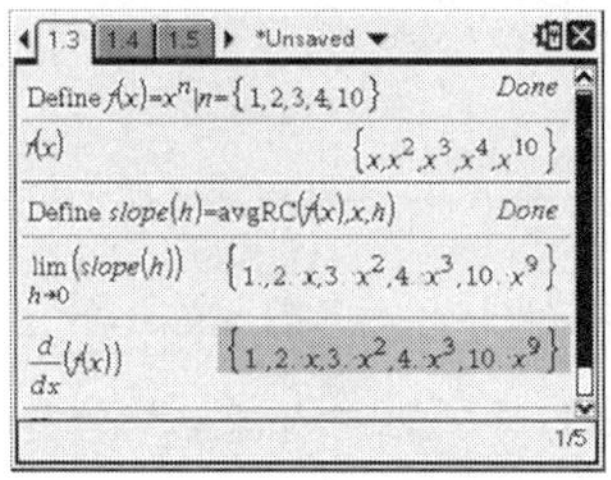

따라서 다음과 같이 $f'(x) = nx^{n-1}$의 관계임을 추론하여 기호화하는 것이 가능하다.

$$\frac{d}{dx}(f(x)) = f'(x) = \lim_{h \to 0} \frac{(x+h)^n - x^n}{h} = nx^{n-1}$$

수준 ⑤ 수준 4를 마친 후, 학생들은 함수 $f(x)$에 대한 x값의 변화에 따른 접선의 기울기의 변화임을 이해하여 함수식이 주어지지 않아도 도함수 그래프를 그릴 수 있다.

문제 **다음에 주어진 함수 그래프에 대하여 도함수를 그리시오.**

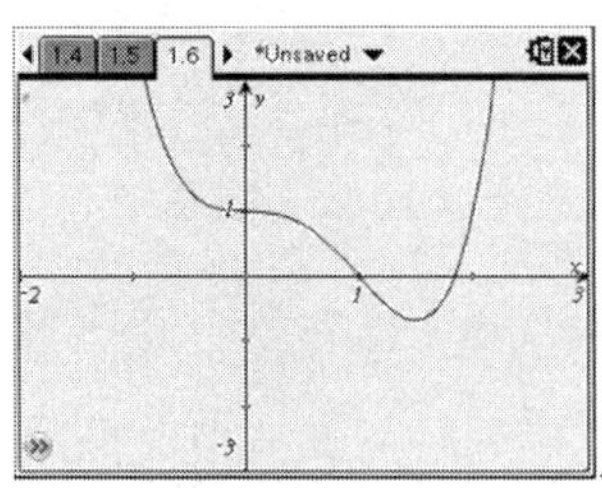

학생들은 주어진 함수의 그래프에서 기울기가 0이 되는 두 점 $x = 0$과 1.5정도 되는 지점에서 전환점의 위치를 예상할 수 있다. 아래 나타낸 <표 1>과 같이 $x < 0$일 때, 기울기의 변화는 음수이므로 도함수의 그래프는 x축 아래에 위치하고, $x = 0$일 때, 기울기는 0이므로 원점을 지나고, $0 < x < 1$일 때에는 기울기가 음수이므로

x축 아래에 위치하고, 기울기 값들이 점점 작아진다는 것을 알 수 있고, $x=1$일 때 극솟값을 갖는다는 것을 알 수 있다. $1 < x < 1.5$일 때 다시 기울기의 변화는 음수이고 점점 커진다는 것을 알 수 있다.

〈표 1〉 증감표를 통한 구간별 도함수 그래프 예측

x	$-\infty$	$\cdots$	0	$\cdots$	1	$\cdots$	1.5	$\cdots$	$+\infty$
$f(x)$			1		0				
$f'(x)$		$-$	0	$-$		$-$	0	$+$	
	$-\infty$	↗		↘		↗		↗	$+\infty$

$x > 1.5$일 때, 기울기의 변화는 양수가 되면서 점점 커진다는 것을 알 수 있다. 따라서 구체적인 함수가 주어지지 않아도 수준 4를 한 학생인 경우 주어진 그래프에 대하여 접선의 기울기의 변화를 알 수 있고 도함수 그래프를 나타냄으로써 아래 그림과 같이 일반화하여 그릴 수 있다.

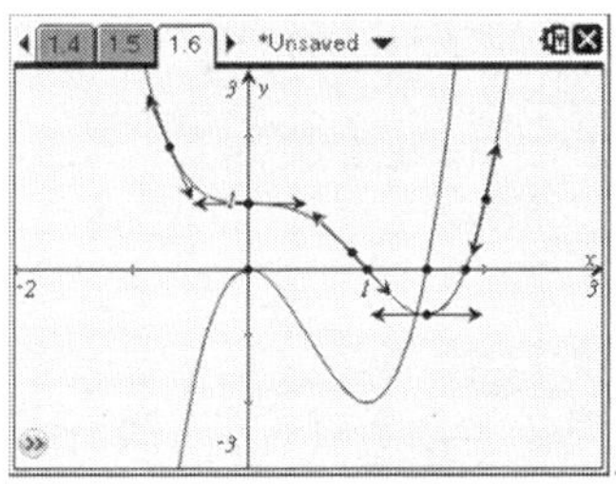

위의 예제에서 교사가 학생의 수준의 향상을 목적으로 하였다면 <표 2>와 같은 일반적인 총체적 평가 기준표를 사용할 수 있다.

〈표 2〉 수준에 따른 평가

수준	평가기준	점수
1	단순히 예상과 확인을 통해 답을 산출하였다.	1
2	그래프와 $x=2$에서의 접선을 그려보게 함으로써, $x=2$에서의 순간변화율이 접선의 기울기와 같다는 사실을 탐구하였다.	2
3	x에서의 도함수를 구하기 위해 $x=a$에서의 순간 변화율을 탐구해봄으로써 학생 스스로가 그 규칙을 찾아 일반화 할 수 있고, 도함수가 $2x$가 된다는 과정을 보였다.	3

4	함수식으로 일반화시켜서 함수와 도함수의 관계를 기호화하여 산출하였다.	4
5	구체적인 함수식이 주어지지 않고 그래프만 주어진 상태에서 점 x에서 기울기의 변화를 일반화시켜서 함수와 도함수의 관계를 그래프로 나타낼 수 있었다.	5

수준 5의 경우를 문항배점인 5점을 더욱 세분화해보면 <표 3>과 같다.

〈표 3〉 수준 5의 평가 기준표

평가기준	점수
주어진 그래프에서 기울기가 0이 되는 두 점을 찾는다.	2점
$x=1$에서 극솟값의 위치를 찾는다.	1점
$x<0$, $0<x<1$, $1<x<1.5$, $x>1.5$로 나누어 그래프를 제대로 그렸는지 확인한다.	구간 0.5점씩 2점
구간별로 증감 상태를 표로 나타낼 수는 있었는데 그래프는 그릴 수 없었다.	1점
합계	5점

다음은 대학에서 교양수학을 수강한 1학년 대학생들을 대상으로 앞에서 제시한 수준별 5단계를 적용한 경우이다. 학생들은 절반 이상이 문과 학생들로써 대부분이 수학에 흥미가 없는 학생들로 구성 되었다. 하지만, 수준별로 지도한 후에 실제로 중간고사에 구체적인 함수 $f(x)$가 주어지지 않고 2차와 3차 곡선 위에 각각 도함수를 그리도록 하였다. 일반적으로 판에 박힌 풀이에만 단련된 학생들은 주어진 그래프 형태에서 바로 도함수 그래프를 그리는 것이 아니라 함수의 유형과 x축과의 교점 등을 이용하여 함수의 일반형을 먼저 만들고, 함수식을 찾고자 한다. 하지만, 도함수의 개념을 접선의 기울기와 연관성을 가지고 단계적으로 학습한 학생들은 [그림 2]에서 학생 1, 2의 경우처럼 기울기의 증감에 따라 직관적으로 도함수를 그래프로 나타낼 수 있음을 보여주었다. 또한 학생 3, 4의 경우에서처럼 함수의 일반형을 덧붙여 완성함으로써, 그린 도함수에 대한 개념 이해를 뒷받침 해주었다. 이것은 교수·학습이 철저

하게 수준별로 준비되어 진행 된다면 그 대상의 호기심과 흥미를 유발시킬 수 있고 성취도 또한 높아질 수 있다는 가능성을 보여주는 것이다.

문제 다음에 주어진 함수 그래프에 대하여 도함수를 그리시오.

a)

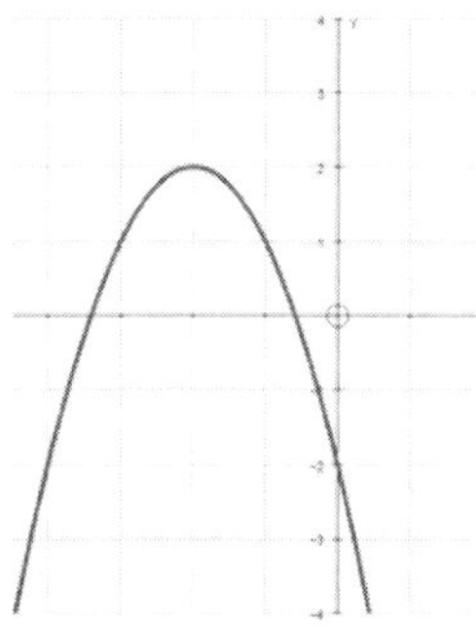

b)

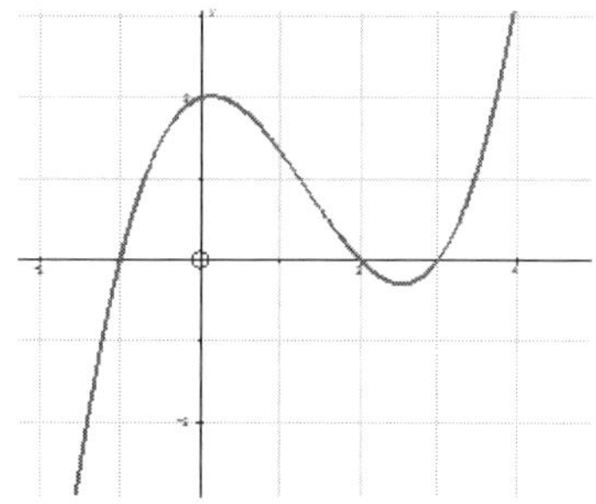

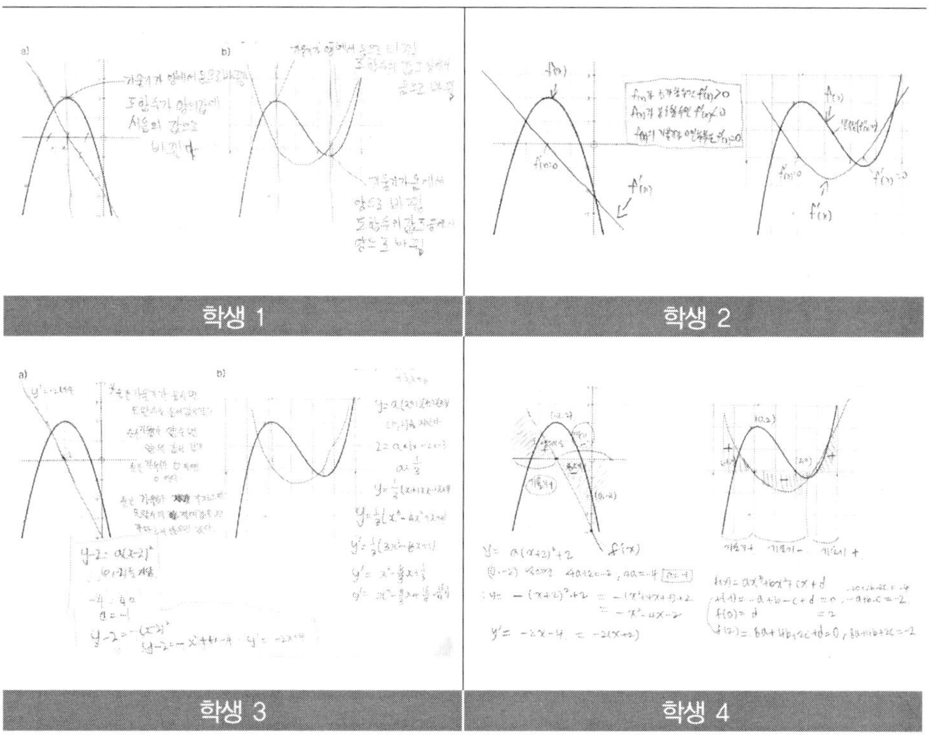

[그림 2] 학생들의 도함수 그래프 그리기 결과

4.2 적분에서의 수준별 5단계

적분에 관한 예로 리만합(Riemann sum)을 이용하여 적분의 개념을 살펴보기로 한다.

수준 ❶ 함수 $f(x)=x^2$에 대하여 구간 $[1,\ 6]$에서 주어진 표를 이용하여, 왼쪽 끝점에서 시작한 사각형들의 넓이의 합을 이용하여 정적분의 근삿값을 구해보게 한다.

문제 1. 다음 표는 함수 $f(x)=x^2$에 대하여 x축 상의 [1, 6]에서의 구간을 10개의 작은 구간들로 나누어 구한 값들이다. 그래프상의 쪼갠 구간의 왼쪽 끝점(left end points)에서 시작한 함숫값을 이용하여 정적분 $\int_1^6 x^2 dx$의 근삿값을 구하시오.

학생들은 10등분으로 분할된 구간에서 각 직사각형의 밑변의 길이는 모두 $(6-1)/10=0.5$이고, 높이는 함숫값 x^2임을 이용하여 다음과 같이 넓이를 구할 수 있다.

x	1	1.5	2	2.5	3	3.5	4	4.5	5	5.5	6
x^2	1	2.25	4	6.25	9	12.25	16	20.25	25	30.25	36

$$0.5(1+2.25+4+6.25+9+12.25+16+20.25+25+30.25)=63.13$$

이것을 그래핑 계산기의 엑셀 기능을 활용하여 주어진 표를 그대로 입력한 후에, leftsum(좌합)이라고 이름을 정하고 왼쪽 끝에서 시작한 직사각형의 넓이 0.5×1부터 10개의 직사각형의 넓이를 계속 더해 나가면 아래 표와 같이 63.13이라는 결과가 나온다.

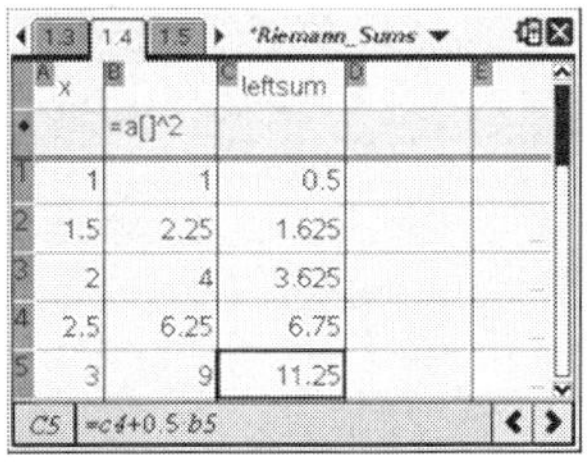

	A x	B	C leftsum	D	E
◆		=a[]^2			
1	1	1	0.5		
2	1.5	2.25	1.625		
3	2	4	3.625		
4	2.5	6.25	6.75		
5	3	9	11.25		

C5 =c4+0.5·b5

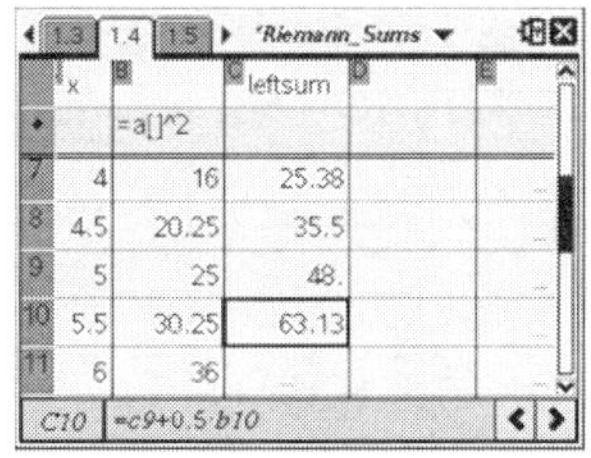

	A x	B	C leftsum	D	E
◆		=a[]^2			
7	4	16	25.38		
8	4.5	20.25	35.5		
9	5	25	48.		
10	5.5	30.25	63.13		
11	6	36			

C10 =c9+0.5·b10

수준 ❷ 수준 1을 마친 후 학생들은 위의 문제를 이용하여, 10개로 분할된 구간의 중점(mid points)와 오른쪽 끝점(right end points)을 이용하여 적분 $\int_1^6 x^2dx$의 근삿값을 구해보게 함으로써 적분 $\int_1^6 x^2dx$값은 그래프 x^2을 중심으로 좌합(leftsum)과 우합(rightsum) 사이에 존재한다는 사실을 알게 되어, 근사한 직사각형들의 합과 정확한 함수 $f(x)$의 넓이와의 관계를 알 수 있다. 또한 적분 $\int_1^6 x^2dx$값을 구하기 위해서는 좀 더 조밀한 직사각형들로 채워져야 한다는 사실을 알게 된다. 정확한 넓이를 구하기 위해서는 아래 [그림 3]과 같이 그래핑 계산기를 이용하여 구간 $[1, 6]$에서 직사각형들의 개수를 $n=5, 10, 50$으로 늘려가면 분할된 구간의 왼쪽, 가운데, 그리고 오른쪽 끝점에서 시작한 직사각형들의 합이 그래핑 계산기 상에서 'LRAM=55, 63.1, 69.9, MRAM=71.3, 71.6, 71.7, RRAM=90, 80.6, 70.4'으로 나타나고 그 값들은 'exact area=71.7'라고 제시된 $\int_1^6 x^2dx$의 적분값에 가까워진다는 사실을 알 수 있다.

학생들은 그래핑 계산기의 활용으로 구간 $[1, 6]$에서의 넓이는 직사각형의 개수를 무한히 쪼갠다면 좌합(leftsum)과 우합(rightsum)의 근삿값의 차이가 점점 0에 가까워진다는 사실을 알게 되고, 그것이 실제 넓이가 된다는 사실을 인식하게 된다. 다음과 같이 좌합(leftsum)과 우합(rightsum)을 기호화한 일반화된 형태로 나타낼 수 있고 그 값이 $\int_1^6 x^2dx$의 값과 일치한다는 사실을 알 수 있다.

$$\lim_{n\to\infty}\sum_{i=0}^{n-1}(f(x_i)\Delta x)=\lim_{n\to\infty}\sum_{i=1}^{n}(f(x_i)\Delta x)=\int_1^6 x^2dx=71.7$$

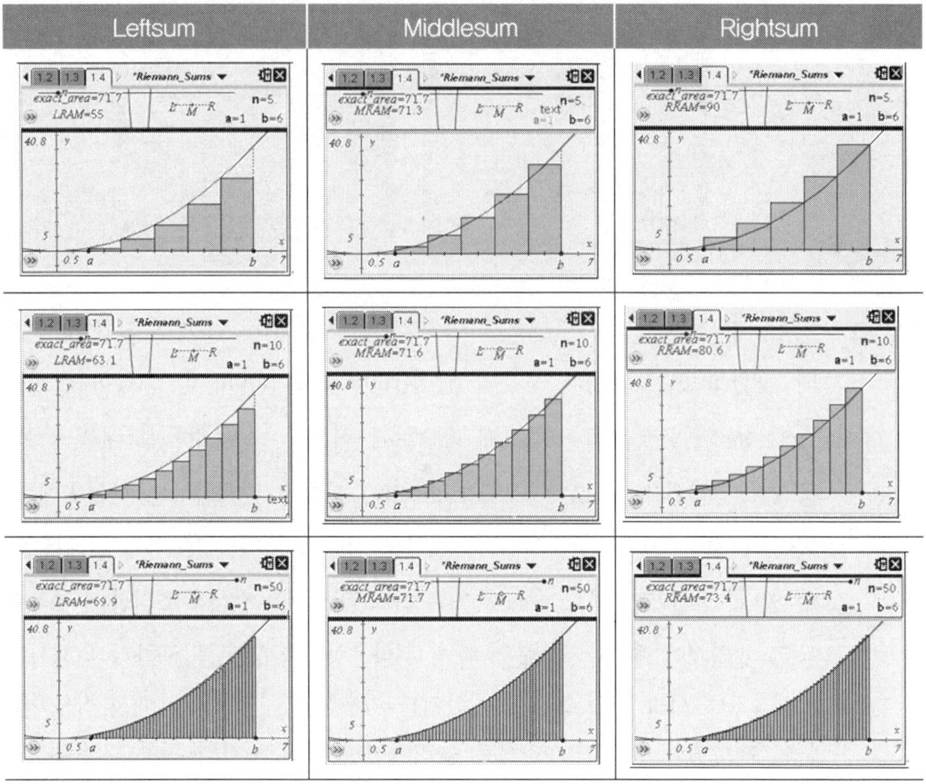

[그림 3] 직사각형 개수 증가에 따른 각 리만합(Riemann sum) 수준 2

수준 ❸ 수준 2를 마친 학생들은 정적분을 리만합의 극한으로 이해할 수 있다. 그래핑 계산기의 엑셀기능을 활용하여 구간 $[1,\ 6]$에서 적분 함수를 아래 그림과 같이 그래프로 그릴 수 있다. [그림 4]에서 제시된 것처럼 구간 $[1,\ 6]$에서 함수 x^2이 증가함수이고, 직사각형들의 개수를 $n=10,\ 50\cdots$으로 증가시키면 적분의 근삿값 좌합(leftsum)과 우합(rightsum) 또한 증가함수형태가 되고, 두 그래프가 서로 일치하게 된다는 사실을 알 수 있다.

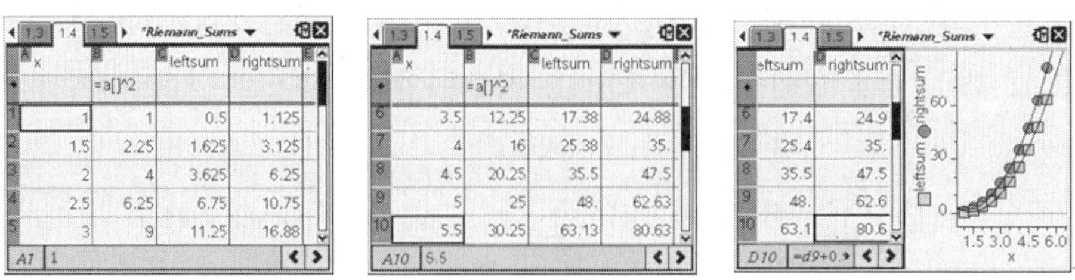

[그림 4] 표를 통한 좌 · 우합의 비교 (수준 3)

수준 ❹ 수준 3을 마친 학생들은 그래핑 계산기를 이용하여 함수의 증가구간과 감소구간에 대한 적분함수를 그래프로 나타내는 것을 경험할 수 있으므로 다음과 같이 구체적인 함수식이 주어지지 않는 함수 그래프에 대하여 적분 그래프를 그릴 수 있다.

문제 함수 $f(x)$의 그래프가 다음과 같다. $F(0)=0$이라고 할 때, 주어진 그래프의 부정적분 함수 $F(x)$를 대략의 그래프로 나타내고 이유를 설명하시오.

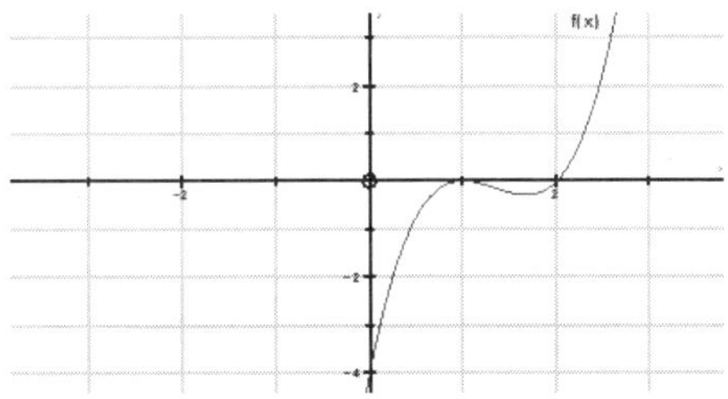

주어진 그래프에 맞게 그래핑 계산기를 활용하여 그려보고, 대략의 적분그래프를 그려보면 다음과 같이 그릴 수 있다.

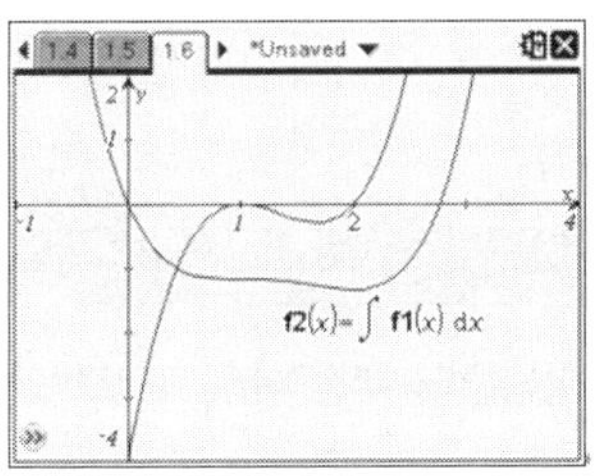

다음은 대학에서 교양수학을 수강한 1학년 대학생들을 대상으로 앞에서 제시한 수준별 5단계를 적분에 적용하여 지도한 후 실제로 기말고사에 출제한 경우이고, 문제에 대한 풀이를 나타낸 것이다. 문제에서 함수 $f(x)$가 구체적으로 제시 되어 있지 않고 그래프만 제시 된 상태에서 일반적으로 판에 박힌 풀이에만 단련된 학생들은 학생 4의 경우와 같이 주어진 식을 x축 상의 교점 $x=1$과 2를 이용하여 3차 함수 $f(x)=k(x-1)^2(x-2)$를 정의하고, 구체적인 적분함수 $F(x)$를 구하여 그래프를 그린다. 하지만, [그림 5]와 같이 그래핑 계산기를 활용하여 도함수에서 5단계를 모두 거친 학생들은 학생 1, 2, 3과 같이 문제에서 주어진 그래프를 적분함수의 그래프

$F(x)$로부터 구간별로 접선의 기울기 값의 변화로 인식하여 그래프를 그렸다. 이것은 학생들의 도함수 개념이 앞에서 제대로 형성 된다면 적분함수가 반드시 넓이의 의미로만 받아들이는 것뿐만 아니라 도함수의 개념의 역발상에 의한 다양한 사고 가능성을 시사하는 것이다.

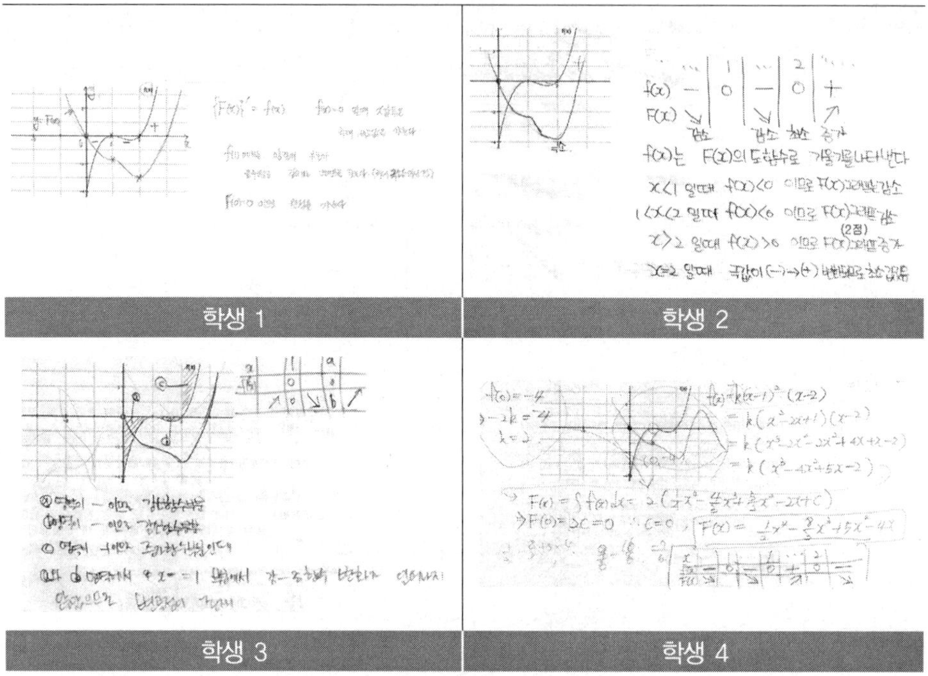

[그림 5] 학생들의 부정적분 그래프 그리기 결과

수준 ❺ 부정적분에 있어서의 C의 의미를 실제 문제 상황을 이용하여 이해하도록 한다.

문제 어느 낙하병의 자유낙하속도는 54m/s이다. 자유낙하 중에 낙하산을 펴면 떨어지는 낙하속도는 느려진다. 낙하산이 펴진 후의 시간을 t라고 하고, 이때의 낙하속도는 $300e^{-6t}\mathrm{m/s^2}$라고 가정할 때,

(1) 시간에 따른 속도의 식을 찾으시오. 시간 t=1, 2, 3, 4에 따른 속도를 계산하고, 여기서 알 수 있는 것이 무엇인지 설명하시오(6점).

(2) 지상으로부터 750m지점에서 낙하산을 편다면, 지상에 도달하는 시간을 구하시오(5점).

■ 풀이에 대한 평가 예

그래핑 계산기의 대수적 방법, 그래프 또는 표를 이용하여, 750m가 되는 지점에서의 시간을 구하면 다음과 같다.

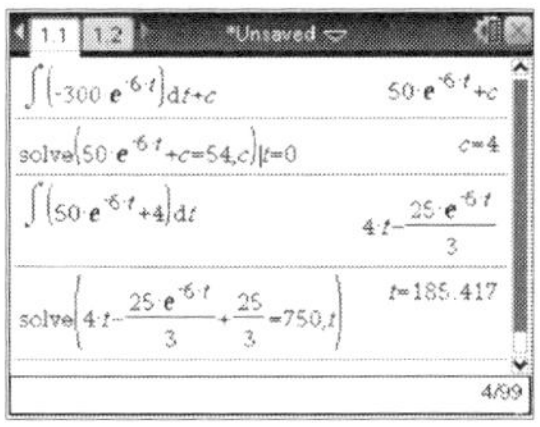

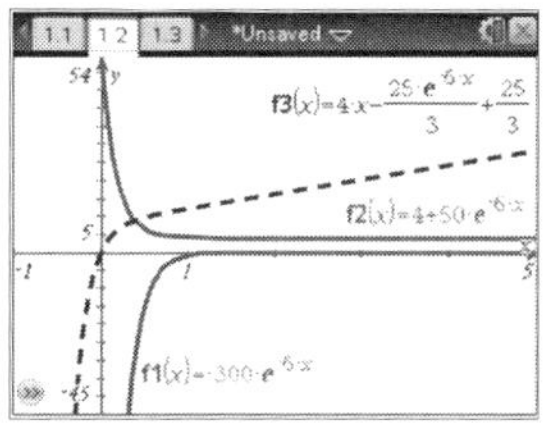

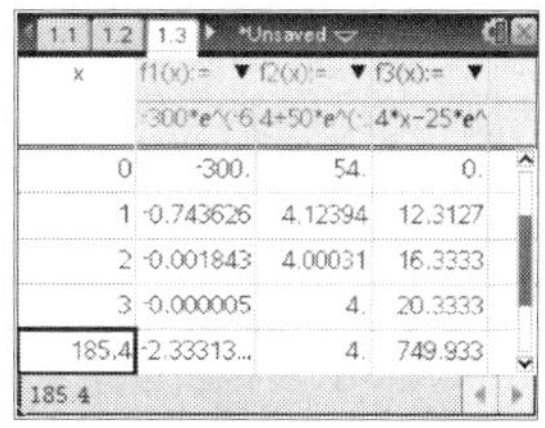

위에 보여준 풀이와 같이 거리에 대한 식을 만들고 750m 지점에서의 시간을 구하려면, 계산기를 사용하지 않고는 계산이 복잡하다. 그러므로 계산기를 활용한 평가에 있어서, 답만 제시한 경우만을 평가하는 것이 아니라 문제를 제대로 이해하고, 위의 풀이 과정을 모두 보여줄 수 있는가에 초점을 두되, 덧붙여 계산기의 대수적 방법을 제대로 사용하고 답안지에 표현한 것에 아는지에 대한 평가를 해야 한다. 또한 학생들로 하여금 그래프와 표를 함께 제시하게 함으로써 같은 답을 여러 가지 표현방법으로 답안지에 옮길 줄 아는지, 그리고 그에 대한 올바른 해석을 하였는지도 평가한다. 이것은 학생들의 공식을 암기하여 기계적으로 풀던 습관에서 이해에 대한 평가부분이 더 첨가되었다는 것을 의미하고, 이는 기존 평가와는 구별되는 것이라고 할 수 있다.

다른 방법으로는 $t=0$일 때, $s(0)=0$임을 고려하지 않는다면, $s(t)=4t+\frac{25}{3}e^{-6t}$이고, 그래핑 계산기의 그래프와 표를 이용할 수 있다. $t=2$초부터 초당 4m/s의 일정한 속도로 떨어진다고 가정한다면, 750m가 되는 지점에서의 시간은 187.5초라는 계산이 나온다. 이는 위의 185.4초에 근사한 값이라고 볼 수 있다.

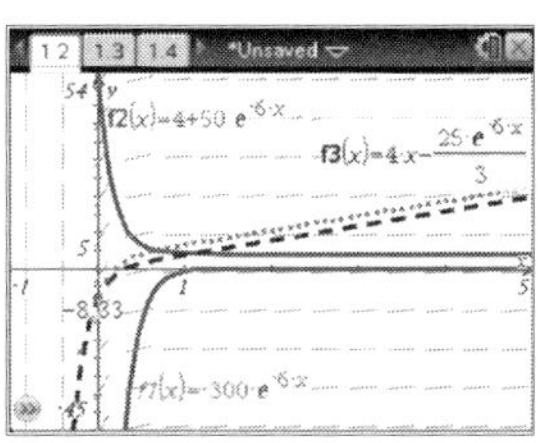

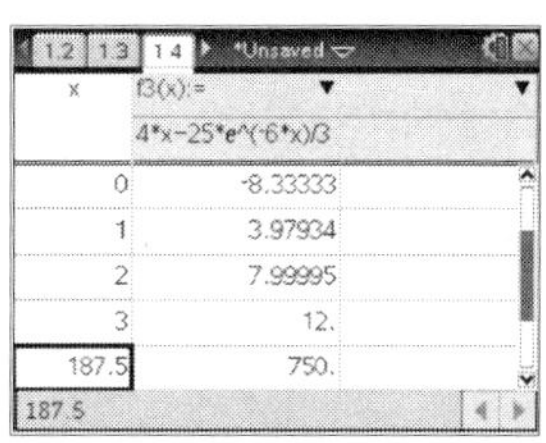

부정적분을 역도함수의 의미로 이해하게 하기 위해서는 현재의 고등학교 과정에서는 다루고 있지 않는 기울기장(slope field)을 이용하여 초기값을$(0,\ -8.33)$, $(0,\ 0)$으로 정해줌에 따라 형성되는 함수족으로 보고 $s(t)=\int v(t)dt+C$에서 C값에 대한 의미 또한 쉽게 이해할 수 있다. 따라서 낙하병은 근사한 값으로 3분이 지나자마자 땅에 도달한다는 사실은 변함이 없다는 것을 알 수 있다. 문제에 대한 평가기준은 다음과 같이 제시할 수 있다.

〈표 4〉 수준 5에서 평가기준표

문항	평가기준	점수
(1)	땅으로 떨어지는 방향이 양의 방향이므로, 낙하가속도는 $a(t)=-300e^{-6t}$이다.	1점
	낙하병의 속도는 $v(t)=\int(-300e^{-6t})dt=50e^{-6t}+C$이다.	1점
	$v(0)=54$이므로, $v(0)=50e^{-6\times0}+C=54$에서 $C=4$이다.	1점
	따라서 낙하병의 속도는 $v(t)=50e^{-6t}+4$이다.	1점
	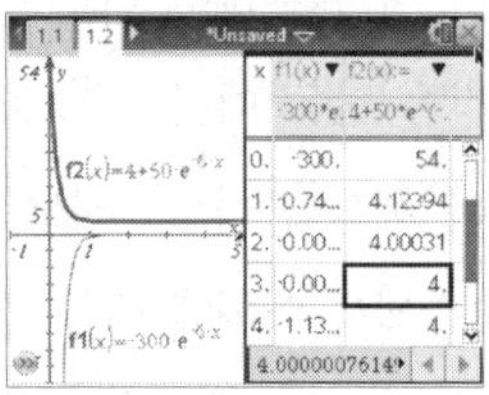 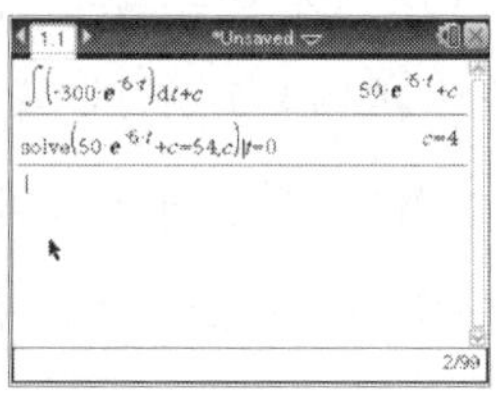 그래핑 계산기의 그래프와 표를 이용하면 1초 후에 속도는 4.12 m/s이고, 2초부터 그 이후의 속도는 매초 4m/s로 일정하다.	1점
	그래핑 계산기의 표에서 보여주고 있는 것처럼 낙하병의 낙하속도는 낙하산을 펴자마자 급격히 속도가 줄어들어서, $t=1$초일 때, 4.12m/s이고, $t=2$초일 때, 4m/s이다. $t=2$초 이후부터는 낙하속도가 4m/s로써 일정한 속도로 낙하한다는 것을 알 수 있다.	1점
(2)	거리 $s(t)=\int v(t)dt$이므로, $s(t)=\int(50e^{-6t}+4)dt=4t-\frac{25}{3}e^{-6t}+C$이다.	1점
	$t=0$일 때, $s(0)=0$이므로, $C=\frac{25}{3}$이다.	1점
	따라서 $s(t)=4t-\frac{25}{3}e^{-6t}+\frac{25}{3}$이다.	1점

	750m가 되는 지점에서의 시간을 구하기 위해서는 $s(t)$=750이므로, $4t-\frac{25}{3}e^{-6t}+\frac{25}{3}$=750	1점
	$t=185.4$임을 알 수 있다. 따라서 185.4초 또는 약 3분 후에 땅에 닿을 수 있음을 알 수 있다.	1점

위의 예제에서 교사가 학생의 수준의 향상을 목적으로 하였다면 아래와 같은 일반적인 수준별 평가기준표를 사용할 수도 있다.

〈표 5〉 적분에서의 (수준별) 총체적 평가기준표 예

수준	평가기준	점수
1	주어진 표를 이용하여, 왼쪽 끝점에서 시작한 사각형들의 넓이의 합을 이용하여 정적분의 근삿값을 구한다.	1
2	분할된 구간의 중점(mid points)와 오른쪽 끝점(right end points)을 이용하여 정적분의 근삿값을 구해봄으로써 적분값은 x^2 그래프 아래의 좌합(leftsum)과 위의 우합(rightsum)사이에 존재한다는 사실을 알게 되어, 근사한 직사각형들의 합과 정확한 함수 $f(x)$의 넓이와의 관계를 알 수 있다.	2
3	정적분을 리만합의 극한으로 이해할 수 있다. 구간 $[1, 6]$에서의 넓이는 직사각형의 개수를 무한히 쪼갠다면 좌합(leftsum)과 우합(rightsum)의 차이가 점점 0에 가까워진다는 사실을 알게 되고, 그것이 실제 넓이가 된다는 사실을 기술할 수 있다.	3
4	함수의 증가구간과 감소구간에 대한 적분함수를 그래프로 나타내는 것을 경험해 봄으로써 구체적인 함수식이 주어지지 않는 함수 그래프에 대하여 적분 그래프를 그릴 수 있다	4
5	역도함수와 적분의 관계를 이해하고 부정적분에 있어서의 C의 의미를 실제 문제 상황을 이용하여 설명할 수 있다.	5

CHAPTER 05

그래핑 계산기를 활용한 평가예

'2009 개정교육과정'에서 '방정식과 부등식' 부분을 삭제하고, 증감표 작성에 필요한 고차부등식의 경우 미분을 이용하여 그래프를 그려서 해결할 수 있도록 유도하도록 하였다. 하지만 이것은 다음에 제시되는 방정식 문제와 같이 그래핑 계산기를 활용한다면 그래프와 표를 이용하여 직관적인 수업이 가능하다고 할 수 있다. 고차식의 그래프를 직접 그려보고 그래프로부터 변화를 인지할 수 있고, 미분그래프를 그려봄으로써 함수와의 관계도 함수 증감에 따른 미분 그래프의 변화를 인지할 수 있기 때문이다. 즉, 테크놀로지는 수학에서의 학습과 지도에서 가능한 것을 전달해 주는 역할을 할 수 있다. 학생들은 그래핑 계산기에서와 같이 다양한 표현간의 관계를 이해하고, 그것에 대한 타당한 해석을 할 수 있게 됨으로써, 학습 지도를 쉽게 하도록 도와주는 것이라고 할 수 있다.

5.1 방정식 문제

문제 방정식 $x^3 - 6x^2 + 12 = 0$의 실근의 개수를 구하여라.

다음과 같이 그래핑 계산기를 활용하여 함수 $f(x)$와 $f'(x)$에 대하여 그래프를 그릴 수 있고 두 그래프간의 관계를 이해했는지에 대한 평가를 3가지로 생각할 수 있다.

평가기준: 다음과 같이 적용되었는지를 평가한다.

1. 도함수를 이용했는가?
2. 풀이 과정에서 계산기를 적절히 사용했는가?
3. 그것을 토대로 올바른 결론을 이끌어 냈는가?

풀이 $f(x) = x^3 - 6x^2 + 12$라고 하면 $f'(x) = 3x^2 - 12x = 0$

$\therefore\ x = 0$ 또는 $x = 4$

$f(x)$의 증가와 감소를 나타내는 표를 만들고, 이를 이용하여 그래프를 그리면 다음과 같다.

x	$\cdots$	0	$\cdots$	4	$\cdots$
$f'(x)$	$+$	0	$-$	0	$+$
$f(x)$	↗	12	↘	-20	↗

함수 $f(x)$의 그래프는 x축과 서로 다른 세 점에서 만나므로 방정식의 실근은 3개다. 위와 같이 미분의 개념을 이용하여 인수분해 되지 않는 방정식(1학년 수학에서 배우는 조립제법)의 실근의 값은 찾기 어렵지만 도함수와 극값의 특징을 이용하면 실근의 개수와 위치 정도는 파악할 수 있다. 방정식 문제에 대한 평가 기준을 나타내면 다음과 같다.

〈표 6〉 방정식문제 평가기준

구분	평가기준
상 (5점)	**1. 도함수를 이용했는가?** 함수 $f(x)=x^3-6x^2+12$의 도함수 $f'(x)=3x^2-12x$를 구한다. $f'(x)=3x^2-12x=0$이 되는 두 점 $x=0$ 또는 $x=4$을 구한다. **2. 풀이 과정에서 계산기를 적절히 사용했는가?** 아래 그림과 같이 그래핑 계산기의 그래프 그리기 기능을 이용하여 x^3-6x^2+12를 $f1(x)$라고 정의하면, 근이 3개임을 알 수 있다. $f1(x)$에 대한 도함수를 $f2(x)$에 입력하여 그래프를 그리면 두 함수를 한 답안지에 직접 그릴 수 있다. 특히 도함수에서 구한 두 점 $x=0$ 또는 $x=4$에서의 두 함수와의 관계를 그래프로 정확하게 표현했는지를 본다. **3. 그것을 토대로 올바른 결론을 이끌어 냈는가?** 도함수에서 구한 두 점 $x=0$ 또는 $x=4$을 그래핑 계산기의 극값 구하는 기능을 이용하여 구하면 $x=0$에서 극댓값 12, $x=4$에서 극솟값 -20임을 알 수 있다. 오른쪽 그림과 같이 극값을 나타내고, 주어진 함수와 도함수와의 관계에 대하여 극값에 대한 해석과 실근의 개수는 3개임을 서술하였는지를 본다. 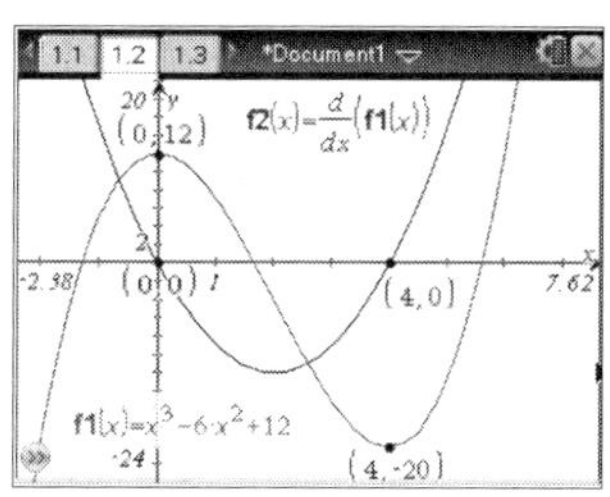
중 (3점)	주어진 $f(x)$의 도함수 $f'(x)$를 구했지만 극값이 성질을 이해하지 못해 $f(x)$의 개형을 찾지 못했다.
하 (1점)	주어진 함수의 도함수 $f'(x)=3x^2-12x$만을 구했다.

5.2 실생활 문제

현 교육과정의 고등학교의 미적분에서 활용되고 있는 문제를 예를 들면, 아래 예제와 같이 미분을 이용하여 인수분해 가능한 문제들이 주를 이룬다. 하지만 그래핑 계산기와 같이 테크놀로지를 사용할 수 있다면, 과학에서 다루는 현실적인 문제를 자유롭게 풀 수 있게 되어 학생들에게 단순한 계산위주의 학습이 아니라 현실감 있는 수업이 가능하고 학생들 스스로가 찾은 결과에 대한 해석도 가능하게 된다고 할 수 있다.

다음에 주어지는 문제는 실생활에서 일어날 수 있는 내용으로서 미분이 어떻게 활용될 수 있는지 학생들이 확인할 수 있다는 장점이 있다. 또한 물이 온도에 따라 부피가 변한다는 과학적인 소재를 사용하여 학생들의 흥미를 이끌 수도 있다.

문제 물 1kg의 부피는 온도에 따라 조금씩 변한다. 측정 결과에 의하면 온도가 섭씨 x도인 물 1kg의 부피를 $f(x)$라고 하면 $f(x)$는 다음과 같이 나타낼 수 있다고 한다.

$$f(x) = -0.0000677x^3 + 0.0085043x - 0.06426x + 999.87$$

(단, $0 \le x \le 30$)

도함수를 이용하여 온도에 따른 물의 부피의 변화를 조사해 보시오.

평가기준: 다음과 같이 적용되었는지를 평가한다.

1. 도함수를 이용했는가?
2. 풀이 과정에서 계산기를 적절히 사용했는가?
3. 그것을 토대로 올바른 결론을 이끌어 냈는가?

계산식이 복잡하므로 근의 공식이나 인수분해로 문제를 푸는 것이 사실상 불가능하기 때문에 그래핑 계산기의 대수적 표현과 표의 기능을 이용해 적절한 근삿값을 찾아보고 올바른 결론을 이끌어 냈는지 확인해 본다. 그래핑 계산기를 이용하여 대수적으로는 도함수를 이용하여 온도에 따른 물의 부피의 변화를 조사하고, 그래프를 이용하여, $0 \le x \le 30$에서의 증감관계를 표로 나타내어 보면 다음과 같다. 주어진 함수를 미분하면

$f'(x) = -0.0002031x^2 + 0.0170086x - 0.06426$이다.

이때, $f'(x) = 0$의 해 즉 $-0.0002031x^2 + 0.0170086x - 0.06426 = 0$을 구하면 $x \fallingdotseq 3.9659$ 또는 $x \fallingdotseq 79.5318$이다. 문제에서 $0 \le x \le 30$이므로, $x \fallingdotseq 3.9659$ 값만을 취할 수 있다.

이것을 그래핑 계산기로 $f'(x) = 0$가 되는 x값을 계산하고 그래프로 나타내면 다음과 같이 표현할 수 있다.

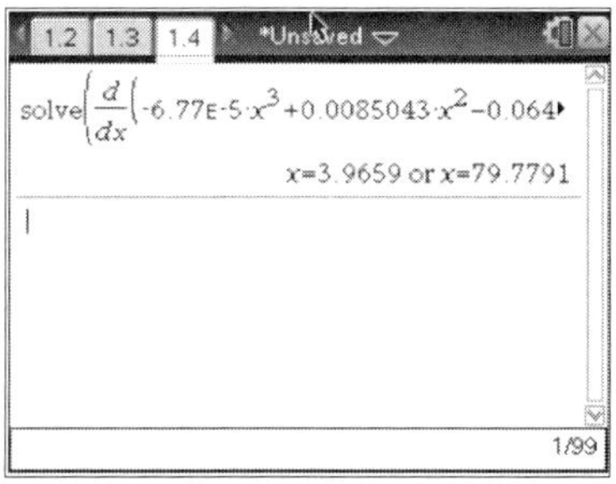

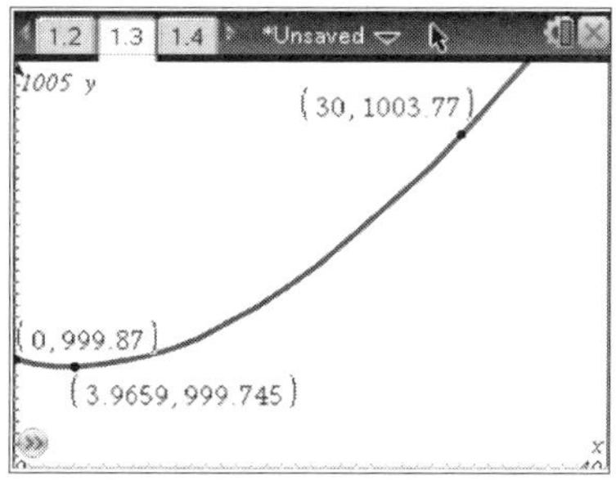

이것을 증감관계로 요약하면 다음과 같다.

x	0	...	3.9659	...	30
$f'(x)$	$-$	$-$	0	$+$	$+$
$f(x)$	999.87	↘	최소	↗	1003.77

그래핑 계산기의 그래프 상에서 보듯이 $f(x)$는 x=3.9659일 때 최소이고, 이때의 부피는 $f(3.9659) = 999.745$이다. 결과에 대한 해석은 다음과 같이 할 수 있다.

물을 섭씨 0도부터 얼기 시작한다. 그리고 물은 온도가 0에서 4까지 변할 때 부피가 지속적으로 감소하고 4도 이후부터는 지속적으로 증가함을 알 수 있다. 따라서 섭씨 4도의 물은 아래로 내려가고, 섭씨 0도의 물은 위로 올라가게 된다. 물의 온도가 변하면 이런 일이 계속 일어나므로 만일 물의 온도가 계속 내려간다면 섭씨 0도에 가까울수록 위로 올라가게 되고, 결국 얼게 된다.

위의 문제에 대한 평가기준을 제시하면 다음과 같다.

〈표 7〉 실생활문제 평가기준

점수	평가기준
1	도함수 $f'(x)$만을 구하였다.
2	1. 도함수 $f'(x)=0$이 되는 x값을 구하고자 하였으나 그래핑 계산기에 입력 오류로 인하여 올바른 답을 구하지 못하였다. 또는 계산기 없이 구하려 했지만 더 이상의 계산이 불가능하여 구하지 못하였다. 2. 그래핑 계산기를 이용하여 구한 두 개의 x값들에 대하여 제한 조건 $0 \leq x \leq 30$을 고려하지 않았다.
3	그래핑 계산기를 활용하여 도함수 $f'(x)=0$이 되는 x값을 구하여 답안지에 잘 옮겨 놓았고, 그래프를 그리고자 하였으나 그래프의 [Window Settings] 조절의 어려움으로 $0 \leq x \leq 30$에 따른 전체화면을 그래프로 제대로 표현하지 못하였다.
4	1. 도함수를 이용하지 않고, 그래핑 계산기를 이용하여 그래프를 그리고 극솟값이 되는 점을 찾아낸다. 2. 0도에서 4도까지 그리고 4도에서 30도까지의 두 구간에서의 부호 변화를 설명하고 해석하지는 못했다.
5	1. 그래핑 계산기를 이용하여 대수적으로 $f'(x)=0$가 되는 x값을 구한다. 2. 그래핑 계산기를 이용하여 그래프를 그리고 극솟값을 찾는다. 3. 극솟값을 이용하여, 0도에서 4도까지 그리고 4도에서 30도까지의 두 구간에서의 부호 변화를 증감표를 이용하여 설명한다. 4. 부피가 0도에서 4도 사이에서는 줄어들고, 4도 이상부터는 증가한다는 결론을 추론해 낸다.

5.3. Rubric Score에 의한 예제

다음은 Rubric Score에 준한 총평가기준표와 예제를 통한 평가기준표를 제시한 것이다. 문제 1은 그래핑 계산기를 총연료비용을 구하는데 있어서 계산에 적용할 수 있는 문제이다. 문제 2와 3의 경우는 그래프에 대한 함수식이 주어지지 않고, 도함수와 부정적분을 그리도록 하는 개념적인 문제로써, 그래핑 계산기의 사용과 무관한 중립문제의 예로써 제안 할 수 있다. 평가기준표에서 계산기의 활용으로 예상될 수 있는 학생들의 답변과 실제로 학생들에게 적용한 경우에 나타난 오류를 Rubric Score에 기준하여 제시하였다. 이는 그래핑 계산기를 문제풀이에 허용한다면 기존에 제시되었던 정답에 대한 예시뿐만 아니라, Hong & Thomas(2002)에서 제시한 것처럼 학생들의 다양한 사고(Versatile thinking)에 의한 더욱 다양한 풀이가 나타날 수 있음을 보여주고자 한 것이다.

〈표 8〉 총평가기준표

1	문제에 대한 개념 이해 부족
2	문제에 대한 개념 이해/해결 전략 부재
3	문제에 대한 개념 이해/ 불완전한 해결 전략
4	문제에 대한 개념 이해/진전된 해결 전략/올바른 계산 부재
5	완전한 문제에 대한 개념 이해/완전한 해결 전략/올바른 계산

문제 1. 서울에서 출발해서 수원, 천안, 전주, 대구의 네 도시를 구경하면서 부산까지 자동차여행을 떠나고자 한다. 10킬로미터에 2000원의 연료비가 소요된다면 지도를 이용해서 부산까지 가는데 드는 최소연료비의 총액을 구하시오.

평가기준표

1. 문제에 대한 개념 이해 부족	- 경유하는 도시를 고려하지 않고 서울에서 부산까지의 거리에 연료비를 곱하여 오답 산출
2. 문제에 대한 개념 이해/해결 전략 부재	- 경유하는 도시의 방향과 위치 등에 관한 고려 없이 단순하게 각 도시간의 거리를 중복되게 계산 - 각 도시간의 거리를 모두 더한 총거리에 연료비를 곱하여 오답산출
3. 문제에 대한 개념 이해/ 불완전한 해결 전략	- 최단거리에 관한 이해 없이 각 도시간의 거리를 중복되지 않게 산출하여 총거리에 연료비를 곱하여 답을 산출한 경우

4. 문제에 대한 개념 이해/진전된 해결 전략/올바른 계산 부재	– 여행할 총 거리를 계산하기 위해 지도를 사용하여 각 도시의 방향과 위치를 확인 – 구간별 거리에 관한 자료산출 – 최단거리에 관하여 이해하였으나 경로를 잘못 선택한 경우 – 혹은 최단거리 경로를 선택하였으나 거리 및 연료비 계산에 대한 오답산출 – 그래핑 계산기를 거리에 따르는 연료비를 산출 할 때 사용할 수 있으나, 입력 오류/식을 잘못 세워 정답이 아님
5. 완전한 문제에 대한 개념 이해/완전한 해결 전략/올바른 계산	– 여행할 총 거리를 계산하기 위해 지도를 사용하여 각 도시의 방향과 위치를 확인 – 구간별 거리에 관한 자료산출 – 각 도시를 경유하는 최단거리를 산출 – 산출된 최단거리에 연료비를 곱한다. – 그래핑 계산기에 올바른 식을 입력하여 정답을 산출

문제 2. 다음에 주어진 함수 그래프에 대하여 도함수를 그리시오.

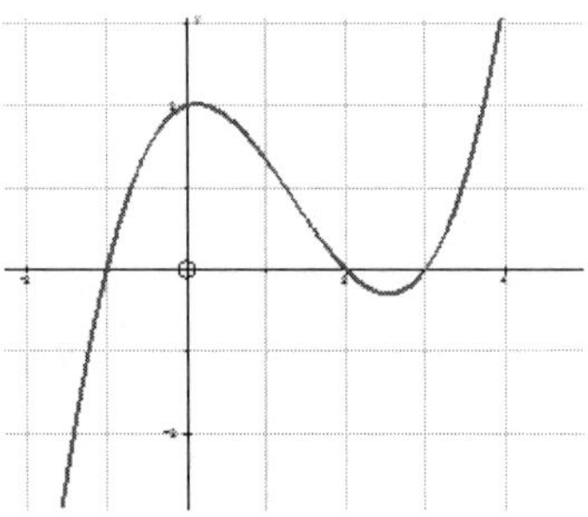

평가기준표

1. 문제에 대한 개념 이해 부족	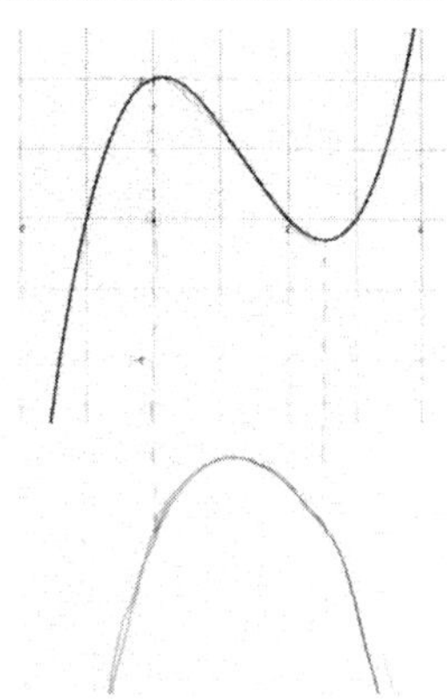	– 주어진 그래프를 3차 함수로 생각하여 도함수가 2차 함수라고 추론하였다. – 극대와 극소점을 찾아 도함수와의 관계를 찾고자 시도하였지만 연결시키지는 못하였다.

2. 문제에 대한 개념 이해/해결 전략 부재	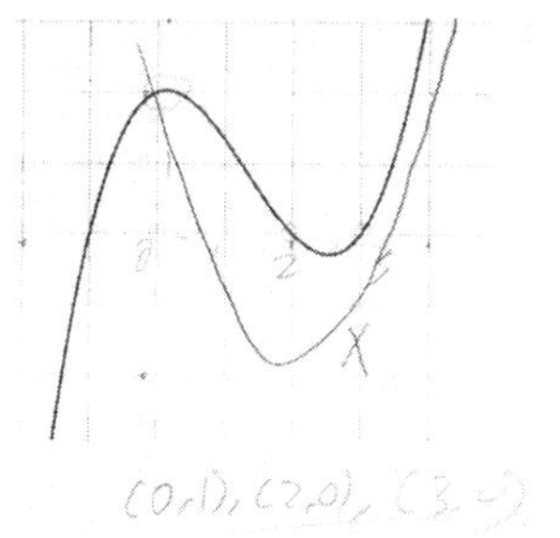	- 주어진 그래프를 3차 함수로 추론하여 도함수를 2차함수로 유추하였다. - 주어진 그래프의 x축과의 교점 $x=-1, 2, 3$은 나타내었지만 도함수 그래프와는 연결시키지 못하였다. - 올바른 그래프로 나타내지 못하였다.
3. 문제에 대한 개념 이해/불완전한 해결 전략	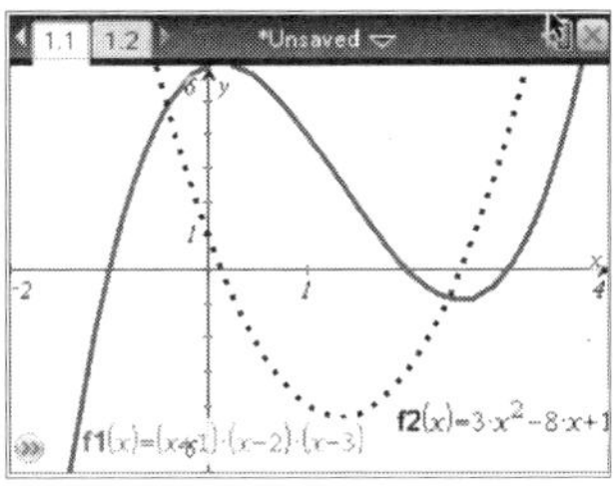 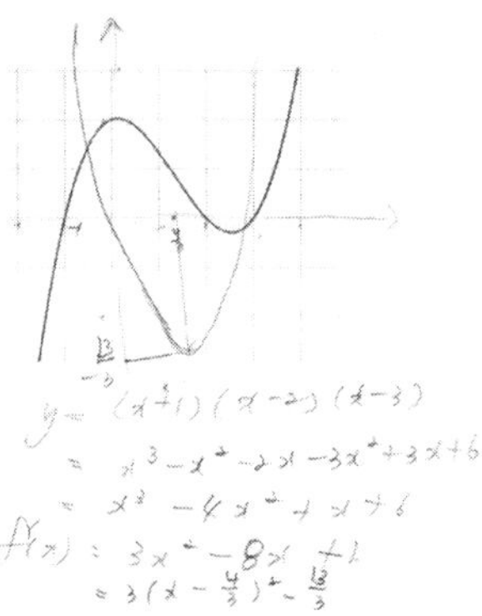	- 주어진 그래프를 3차 함수로 추론하여 도함수를 2차함수로 유추하였다. - 그래핑 계산기를 활용하여 함수 x축 상의 교점을 이용하여, $f1(x)=(x+1)(x-2)(x-3)$이라고 정의하고, 주어진 그래프에 맞게 [window settings]를 통한 화면 조절을 하였다. - 정의한 $f1(x)$가 주어진 그래프와 일치하는 함수가 아니라는 것을 알았지만 일치하는 함수를 찾지 못하였다. - $f1(x)=(x+1)(x-2)(x-3)$를 정의하고, 도함수를 구한 후에 그래프로 그리기 위하여 완전 제곱꼴로 변형하여 그래프로 나타내었다. - 주어진 그래프와 도함수와의 연계성을 나타내지는 못하였다.
4. 문제에 대한 개념 이해/진전된 해결 전략/올바른 계산 부재	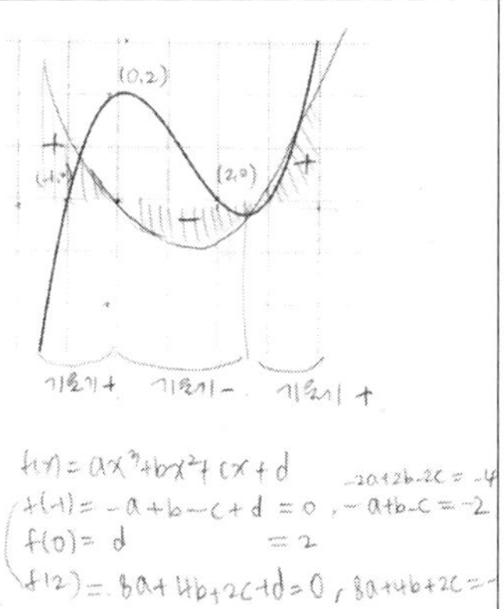	- 도함수를 주어진 그래프를 접선의 기울기의 변화로 이해하여, 구간별로 기울기가 (+)인 구간과 (−)구간으로 나누었다. 주어진 그래프를 $f(x)=ax^3+bx^2+cx^2+d$으로 정의하였고, a, b, c, d값을 제대로 구하지 못하여 실제로 도함수 그래프를 그리는 데에는 영향을 주지 못하였다. - 제시한 도함수 그래프는 접선의 기울기 변화로 이해하여 구간별 증감관계를 이용하여 그렸다.

<table>
<tr><td rowspan="2">5. 완전한 문제에 대한 개념 이해/ 완전한 해결 전략/올바른 계산</td><td colspan="2">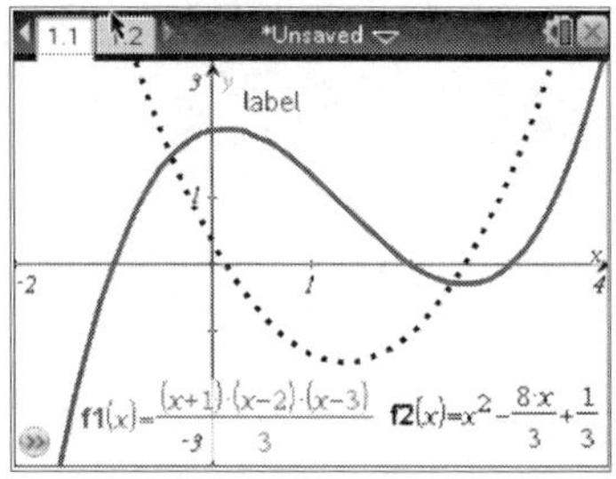</td></tr>
<tr><td>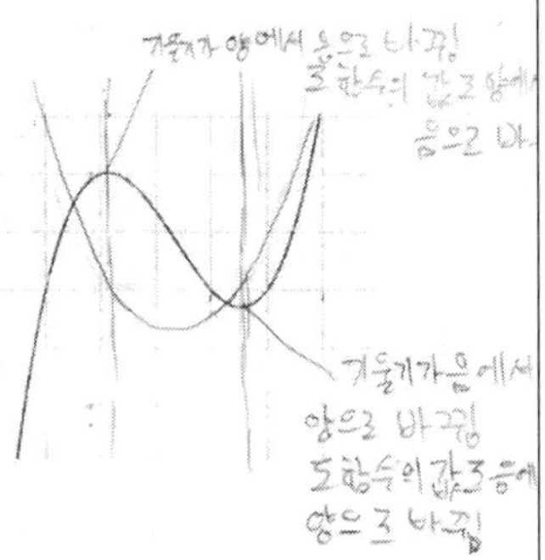
- 기울기가 양에서 음으로, 음에서 양이 되는 점을 기준으로 그래프로 잘 표현하였고, 기울기의 변화에 대한 설명을 덧붙였다.
- 그래프에 대한 함수식이 주어져 있지 않았지만, 도함수를 접선의 기울기의 변화로 이해하여 구간별로 그래프를 잘 표현하였다.
- 그래핑 계산기 또는 테크놀로지를 이용하여 도함수를 학습한 학생들이라면 충분히 나올 수 있는 결과이다.</td><td>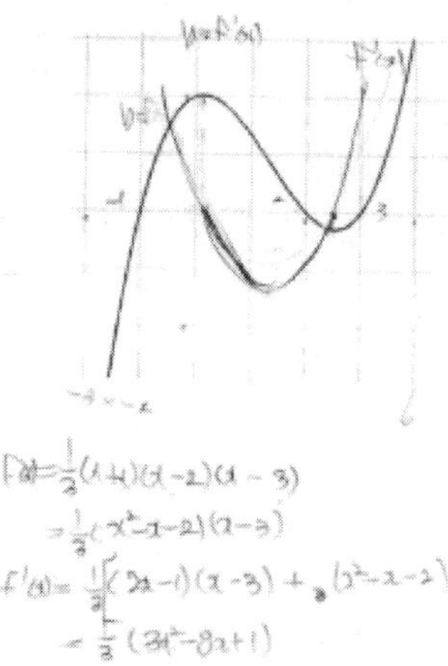
- 주어진 그래프 상의 교점 $x=-1, 2,\ 3$을 이용하여, 함수식
$$f(x)=\frac{1}{3}(x+1)(x-2)(x-3)$$
을 구하였다.
- x축 상의 교점 $x=-1, 2,\ 3$을 이용하여 $f(x)=a(x+1)(x-2)(x-3)$를 정의하여 a값을 구하였다.
- 주어진 그래프를
$$f(x)=\frac{1}{3}(x+1)(x-2)(x-3)$$
이라고 정의하였다.
- 도함수를 대수적 방법으로 계산하여 $f'(x)=\frac{1}{3}(3x^2-8x+1)$을 구하였다.
- 주어진 그래프와 도함수와의 관계를 그래프 상의 극대와 극소인 점을 이용하여 잘 표현하였다.</td></tr>
</table>

문제 3. 함수 $f(x)$의 그래프가 다음과 같다. $F(0)=0$이라고 할 때, 주어진 그래프의 부정적분 함수 $F(x)$를 대략의 그래프로 나타내고 이유를 설명하시오.

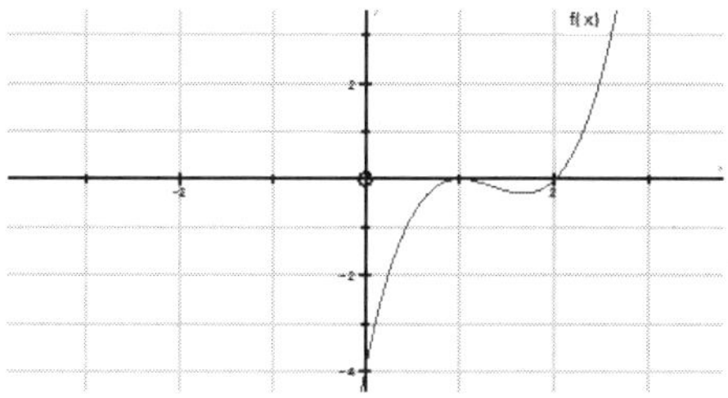

평가기준표

1. 문제에 대한 개념 이해 부족	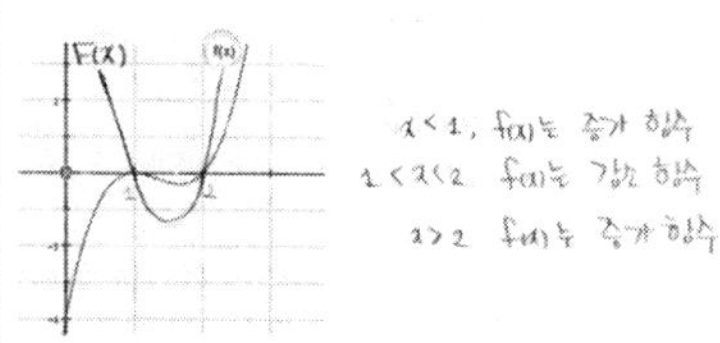	− 부정적분을 도함수로 잘못이해 $F(x)$로 나타내었고, 구간별로 나누어 함수의 증감을 이용하여 이차함수로 나타내었다.
2. 문제에 대한 개념 이해/해결 전략 부재	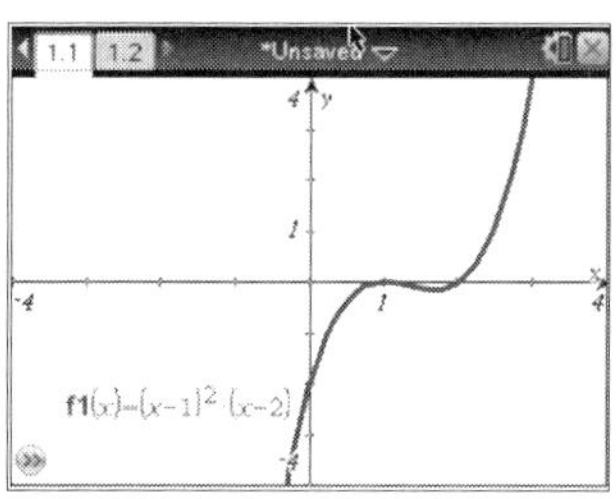 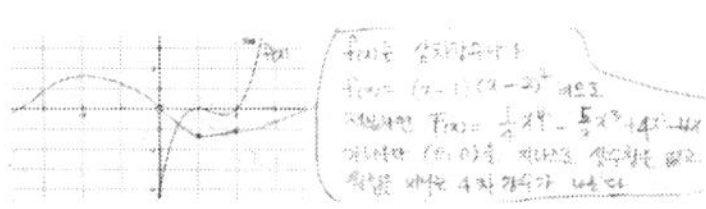	− 그래핑 계산기를 활용하여 문제에서 주어진 그래프와 일치하게 만들기 위해 [Window]를 설정하고, 3차 함수 유형을 탐색하고자 하였다. − x축 상을 지나는 교점 $x=1, 2$를 이용하고자 하였다. − 함수 개형 $(x-1)^2(x-2)$을 유추 하였지만 주어진 그래프와 일치한 그래프를 찾지 못하였다. − $f(x)=(x-1)^2(x-2)$라고 정의하고, 적분한 식을 $F(x)=\frac{1}{4}x^4-\frac{4}{3}x^3+\frac{5}{2}x^2-2x$라고 구하였다. − 부정적분의 그래프를 주어진 그래프와의 연계성을 찾지 못하고 단순히 4차함수라고 추론하여 개형을 그렸다.

3. 문제에 대한 개념 이해/불완전한 해결 전략	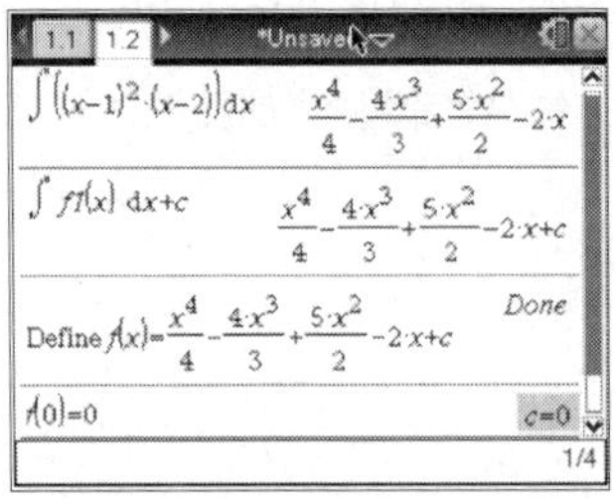 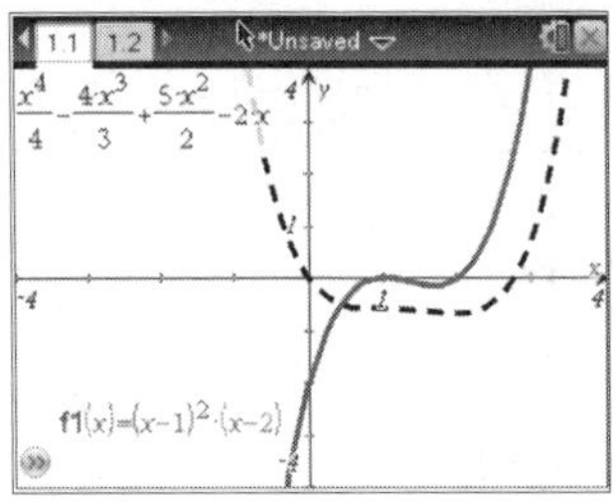 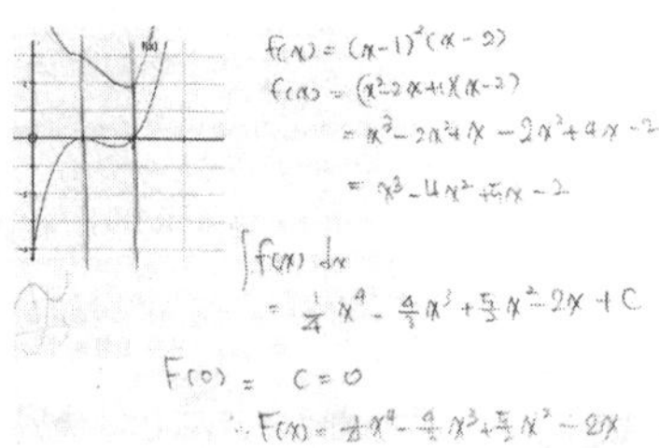	– 주어진 그래프와 일치한 그래프를 찾지 못하고, $$f1(x)=(x-1)^2(x-2)$$ 라고 정의하였다. – 부정적분을 구하기 위하여, 정의한 함수를 대수화면에서 임의의 상수 c를 덧붙여서 적분한다. – $F(0)=0$을 만족하는 c값을 찾는다. 또는 주어진 조건 $F(0)=0$을 활용하지 못한 경우가 있을 수 있다. – 구한 부정적분을 함수 $f2(x)$로 정의하여 그래프를 그리고자 하였다. 또는 구한 부정적분을 그래프로 연계시키지 못하였다.
4. 문제에 대한 개념 이해/진전된 해결 전략/올바른 계산 부재	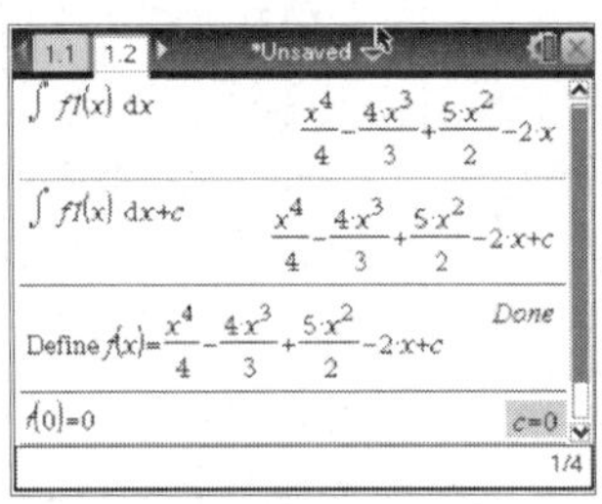 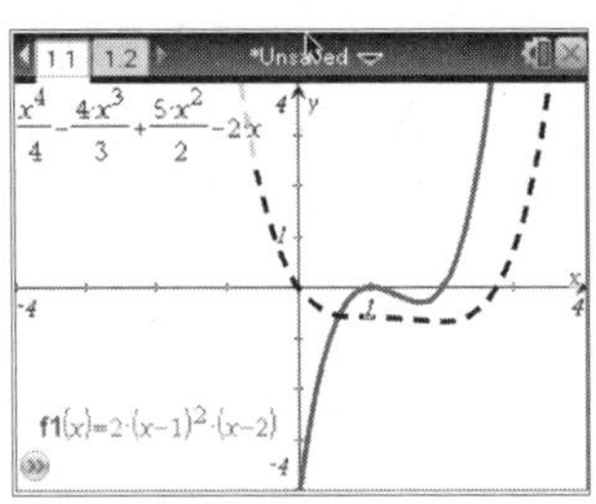	– 주어진 그래프와 일치한 그래프를 찾고자 $f(x)=k(x-2)^2(x-3)$라고 정의한다. – 주어진 그래프 상에서 $f(0)=-4$을 이용하여 k값을 찾는다. – 대수화면에서 정의한 함수에 임의의 상수 c를 더하여 부정적분 식을 산출한다. – 조건 $F(0)=0$을 만족하는 c값을 찾는다. – 계산 오류로 인하여 올바른 부정적분을 산출하지 못하여 그래프를 맞게 그리지 못하였다.

5. 완전한 문제에 대한 개념 이해/완전한 해결 전략/올바른 계산	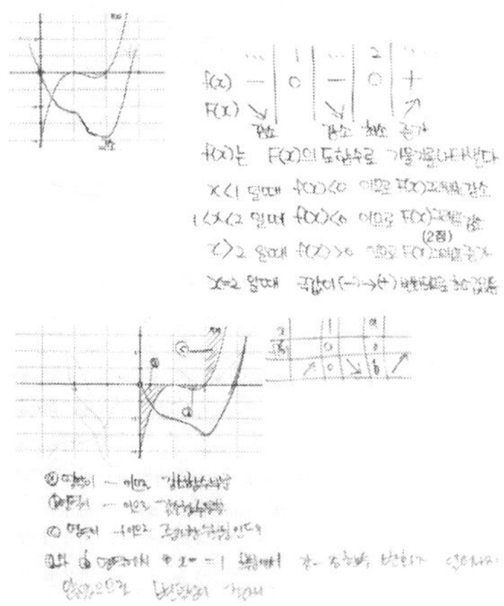 - 구하고자 하는 부정적분 함수를 $F(x)$로 정의 하여 $f(x)$를 $F(x)$의 도함수라고 역발상 하였다. - 그래프를 구간별로 나누고 증감표를 만들어 $F(x)$와 $f(x)$와의 연계성을 잘 나타내었다. - 이것은 그래핑 계산기 또는 공학도구를 활용한 수업을 받은 학생들로부터 나온 결과이고 앞으로 고려해야 할 답안이기도 하다.	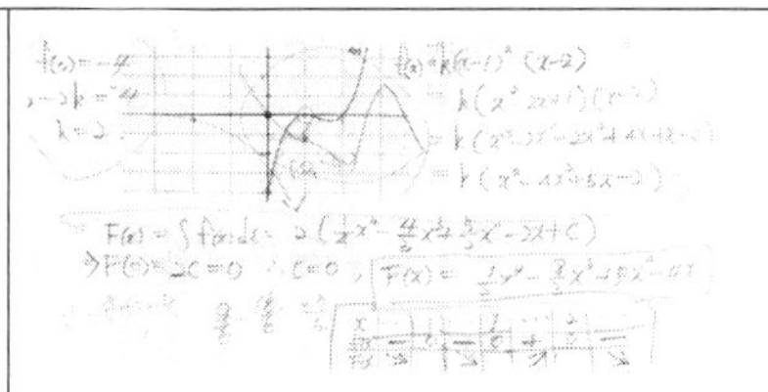 - 주어진 그래프와 일치한 그래프를 찾고자 $f(x)=k(x-2)^2(x-3)$라고 정의한다. - 주어진 그래프 상에서 $f(0)=-4$을 이용하여 k값을 구한다. - 대수화면에서 정의한 함수에 임의의 상수 c를 더하여 부정적분 식을 산출하였다. - 조건 $F(0)=0$을 만족하는 c값을 찾았다. - 올바른 부정적분 함수를 그렸다.

5.4 수학적 과정중심의 평가요소

다음은 정상권 외(2012, p44)에서 문제해결, 추론, 의사소통으로 구분한 수학적 과정 중심의 평가요소를 그래핑 계산기의 활용한 평가에 적용시키고자 한 것이다. 각 평가요소는 문제해결(P), 추론(R), 의사소통(C)와 같은 분류코드와 병행하였다. 문제해결 방법은 그래핑 계산기를 활용한 풀이 중심으로 제시하였고, 이해를 돕기 위하여 단계별로 일반 풀이도 병행하여 제시하였다.

예제 1 그림에서 두 곡선 $y=e^x$, $y=xe^x$와 y축으로 둘러싸인 부분의 넓이를 A, 두 곡선과 $y=e^x$, $y=xe^x$, 직선 $x=2$로 둘러싸인 부분의 넓이를 B라고 할 때, $B-A$의 값은?

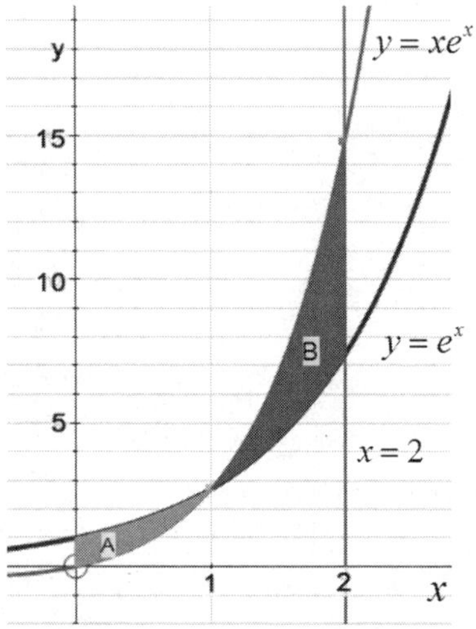

그래핑 계산기 활용	일반 풀이	분류코드	평가요소
방법 1 그래프 화면에서 함수 $y=xe^x$와 $y=e^x$를 함수식 입력 창에 $f1(x)=xe^x$, $f2(x)=e^x$라고 입력한다. $x=2$로 둘러싸인 넓이를 구하기 위하여 [menu] [3:Graph Entry/Edit] [2:Equation] [1:Line] [2:$x=c$]를 선택하여 $x=2$라고 입력하여 다음과 같이 그래프를 그린다. 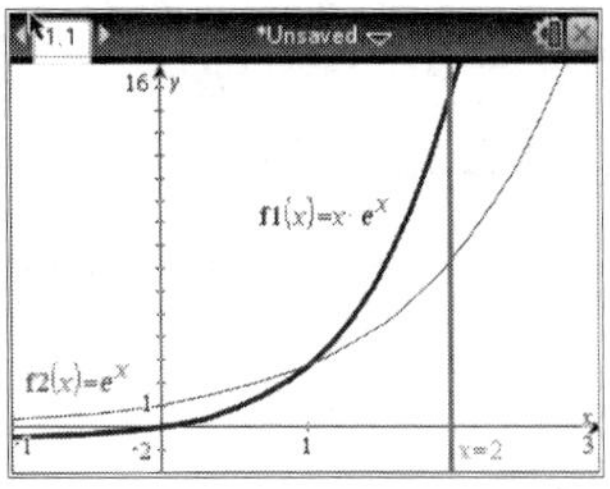	A영역에서는 $y=e^x$이 $y=xe^x$보다 위에 있으므로 교점을 k라 하면 $A=\int_0^k e^x - xe^2 dx$가 성립	P4 문제해결에 필요한 조건의 확인 또는 보완 능력	그래프를 그려보고 두 곡선의 교점을 중심으로 두 넓이를 다르게 구해야 한다는 것을 인식한다.

그래핑 계산기 활용	일반 풀이	분류코드	평가요소
두 곡선의 교점을 [Intersection]을 이용하여 구하면 1이므로, [menu] [6: Analyze Graph] [7:Integral]을 선택하여 [0, 1]구간에서 A영역과 [1, 2]에서 B영역의 넓이를 구한다. 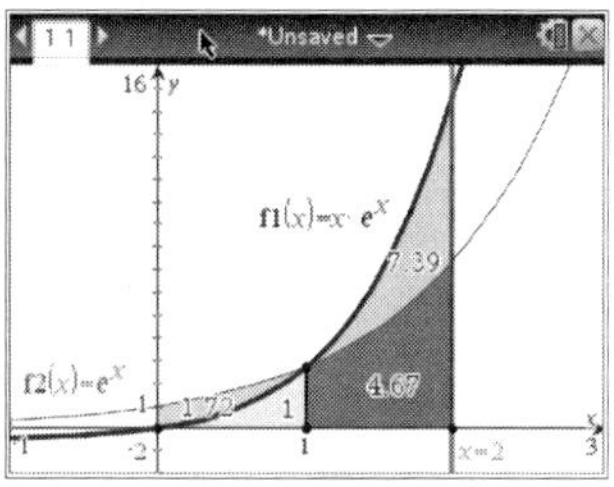 그래프에서 A 부분보다 B부분의 크기가 더 크다는 것을 알 수 있다. 0에서 두곡선의 교점 1까지는 $f2(x)$가 $f1(x)$보다 위에 있으므로 영역A의 넓이는 $\int_0^1 e^x - xe^x dx$ $= \int_0^1 e^x dx - \int_0^1 xe^x dx$ $= 1.72 - 1 = 0.72$ 이다. 또한 [1, 2]구간에서 $f1(x)$가 $f2(x)$보다 위에 있으므로 영역 B의 넓이는 $\int_1^2 xe^x - e^x dx$ $= \int_1^2 xe^x dx - \int_1^2 e^x dx$ $= 7.39 - 4.67 = 2.72$ 이다. 따라서 넓이의 차 B-A= 2.72-0.72=2임을 알 수 있다.	B 영역에서는 $y = xe^x$이 $y = e^x$보다 위에 있으므로 B=$\int_k^2 xe^x - e^x dx$가 성립	P5 문제해결에 적절한 형태로 표현을 변환하는 능력	구간 [0, 1]에서는 $y = e^x$가 더 위에 있으므로 $e^x - xe^x$이다. 구간 [1, 2]에서는 $xe^x - e^x$임을 식으로 표현할 수 있다.

<table>
<tr><th>그래핑 계산기 활용</th><th>일반 풀이</th><th>분류코드</th><th>평가요소</th></tr>
<tr><td>방법 2 그래프 화면에서 $f3(x)=xe^x-e^x$라고 입력하여 구간 [0,1]과 [1, 2]으로 나누어 적분 값을 계산하면 다음과 같다.
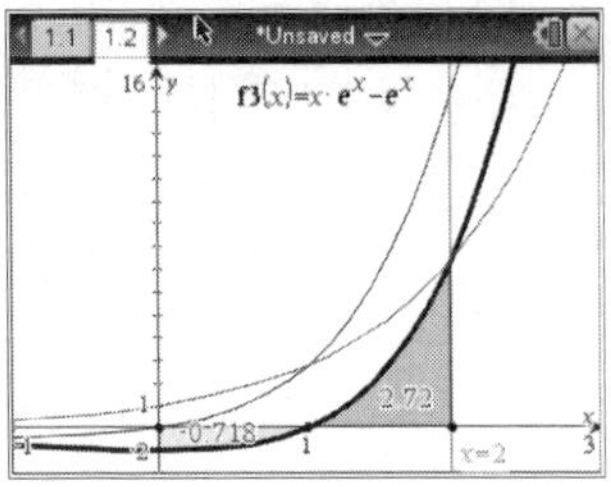
$\int_0^2 xe^x-e^xdx$
$=-0.718+2.72 \fallingdotseq 2$
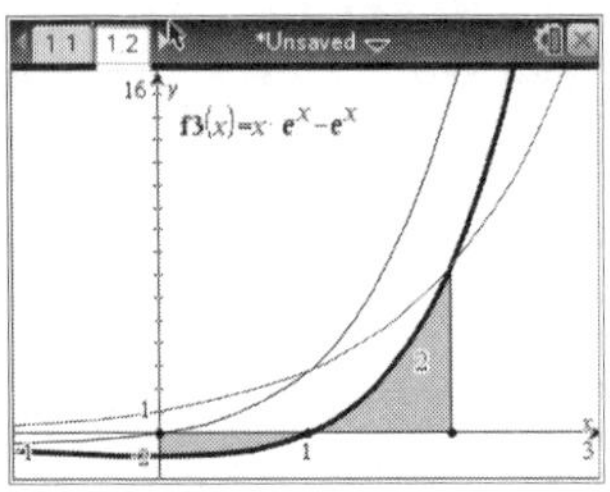
따라서 넓이 B-A는 $\int_0^2 xe^x-e^xdx$를 의미한다는 것을 알 수 있고 그 값이 2가 성립한다는 것을 알 수 있다.</td><td>이때, 영역 B-A
$=\int_k^2 xe^x-e^xdx-$
$\int_0^k e^x-xe^xdx$
$=\int_k^2 xe^x-e^xdx$
$+\int_0^k xe^x-e^xdx$
$=\int_0^2 xe^x-e^xdx$
이라고 할 수 있다.
부분적분법에 의해
$\int_0^2 xe^x-e^xdx$
$=\left[e^x(x-1)\right]_0^2$
$-\int_0^2 e^xdx$
성립. 따라서
$\int_0^2 xe^x-e^xdx$
$=e^2+1=\left[e^x\right]_0^2=2$
가 성립</td><td>P8
문제해결 과정과 결과의 타당성을 수학적인 방법으로 점검하는 능력</td><td>− 영역 B-A는 $\int_0^2 xe^x-e^xdx$라는 사실을 찾아낸다.
− 적분 값을 [0, 1]과 [1, 2]로 나누어 나타낼 수 그 관계를 이해한다.

그래프 화면에서 $\int_0^2 xe^x-e^xdx$을 구하여 2임을 확인한다.</td></tr>
<tr><td>방법 3
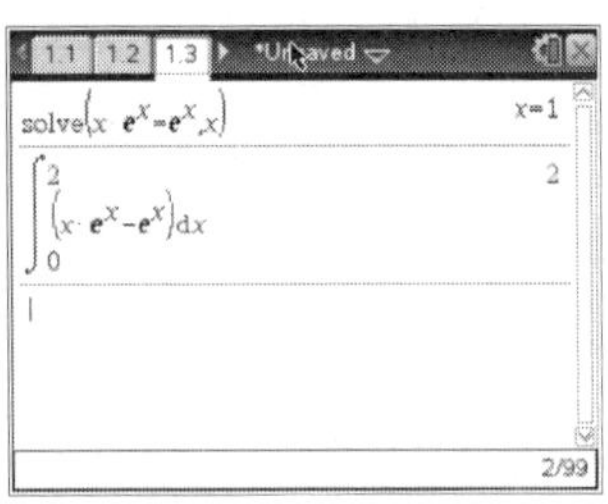
대수 화면에서 [solve]를 이용하여</td><td></td><td>P9
문제해결을 위한 다양한 전략 또는 방법을 찾는 능력</td><td>대수화면에서 [Integral]을 활용하여 계산하여 구한 값이 맞는지 확인 할 수 있다.</td></tr>
</table>

그래핑 계산기 활용	일반 풀이	분류코드	평가요소
영역 A와 B가 구분되어지는 교점 $x=1$을 구하여 영역의 차를 구할 수도 있지만 $\int_0^2 xe^x - e^x dx$를 대수적으로 계산하여 구한 값이 2임을 확인 할 수 있다.			

예제 2 오른쪽 그림에서 표시된 세 영역의 넓이를 P, Q, R 이라 하고, 함수 $y=x^2(x \geq 0)$과 $y=\sqrt{x}$는 역함수 관계이다. 두 그래프가 직선 $y=x$에 대하여 대칭이라고 할 때, 오른쪽 그림을 이용하여 역함수의 적분 값을 구하시오.

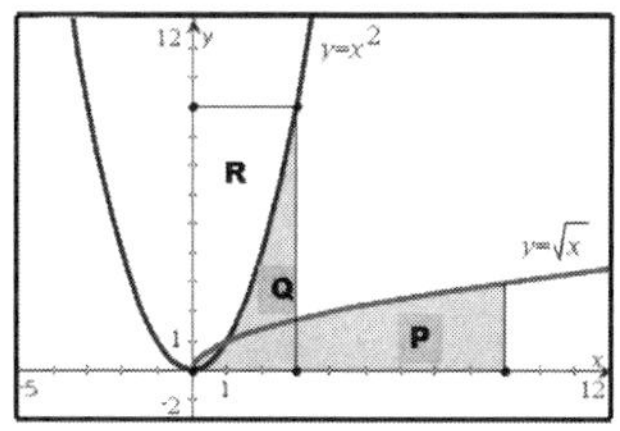

그래핑 계산기 활용	일반 풀이	분류 코드	평가요소
1단계: 넓이 P와 Q 구하기 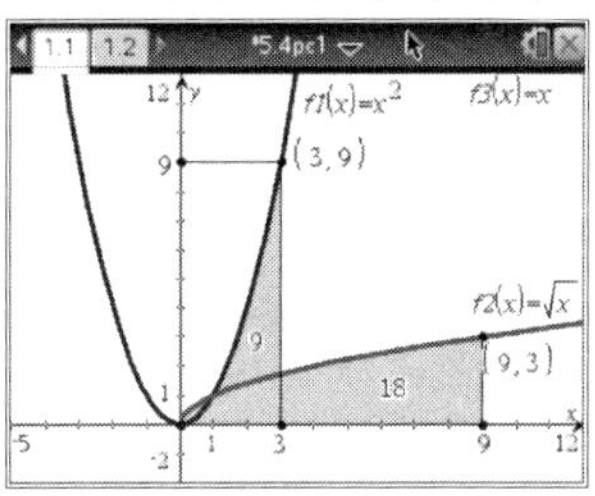 – 주어진 그래프 $y=x^2(x \geq 0)$와 $y=\sqrt{x}$를 그리기 위해 그래프 화면에서 함수 입력창에 $f_1(x)=x^2$을 입력한다. – [menu] [Analyze]에서 [7.Integral]을 선택하여 구간 [0, 3]까지 적분하면 넓이 Q=9	정적분 $\int_0^3 x^2 dx$은 x가 구간 [0, 3]에서 함수 $y=x^2$ 아래의 넓이를 의미하므로 Q가 된다. 정적분 $\int_0^9 \sqrt{x}\,dx$은 x가 0부터 9까지 변할 때의 $y=\sqrt{x}$ 아래의 넓이를 의미하므로 P가 된다.	C1 수학적 표현을 이해하고 사용하는 능력 C6 문제해결 또는 추론 과정의 표현을 다른 방식으로 변환하는 능력	정적분의 표현을 이해하고 이를 넓이로 변환할 수 있다.

그래핑 계산기 활용	일반 풀이	분류 코드	평가요소
이고 $\int_0^3 x^2dx$을 의미한다는 것을 알 수 있다. – 마찬가지 방법으로, $f2(x)=\sqrt{x}$ 그래프를 그리고, 구간 [0, 9]에서 적분하면 넓이 P=18이고, $\int_0^9 \sqrt{x}\,dx$으로 표현할 수 있다.			
2단계: $\int_0^3 x^2dx$와 $\int_0^9 \sqrt{x}\,dx$의 대수적 확인. 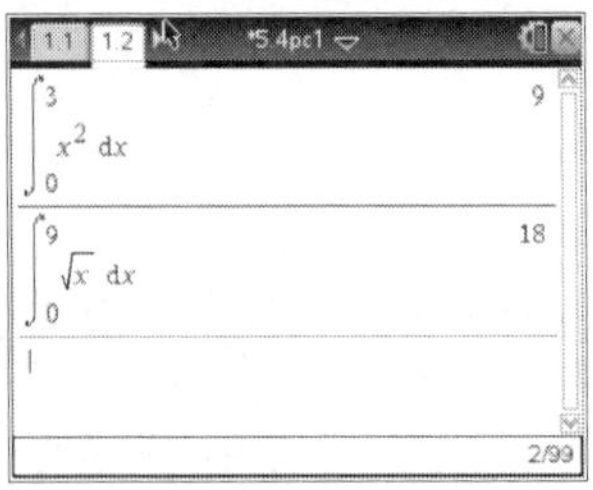 그래프의 [Integral]을 활용해서 구한 넓이 P와 Q를 대수 화면에서 [3.Integral]을 선택하여 구하면 각각 Q=9와 P=18임을 대수적으로 기호화시켜 표현하고 확인 할 수 있다.	각각의 정적분을 정적분의 기본정리를 이용하여 단순히 계산한다. $\int_0^9 \sqrt{x}\,dx=\frac{2}{3}x^{\frac{3}{2}}]_0^9=18$ $\int_0^3 x^2dx=\frac{1}{3}x^3]_0^{27}=9$	P7 문제해결에서 적절한 전략을 활용하여 문제를 해결하는 능력.	정적분의 대수적 해결과 표현
3단계: $Q+R$ 이 나타내는 넓이 구하기 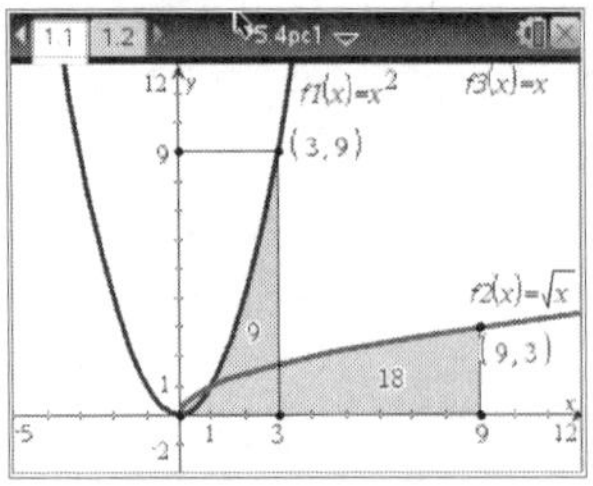 	직사각형의 가로는 3, 세로는 9이므로 이를 계산하면 $Q+R$=3×9=27이다.	P7 수학적 관계를 파악하는 능력 R1 문제해결에서 적절한 전략을 활용하여 풀 줄 아는 능력	$Q+R$의 넓이가 직사각형 모양임을 이해한다. 직사각형의 넓이를 구한다.

그래핑 계산기 활용	일반 풀이	분류 코드	평가요소
− [Geometry] [2:Point]에서 원점과 (0, 9), (3, 9), 그리고 (3, 0) 선택한다. [5:Segment]를 선택하여 네 점을 이으면 $Q+R$의 넓이가 직사각형이 된다는 것을 알 수 있다 − $Q+R$의 넓이=3×9=27이다.			
4단계: R의 넓이 구하기 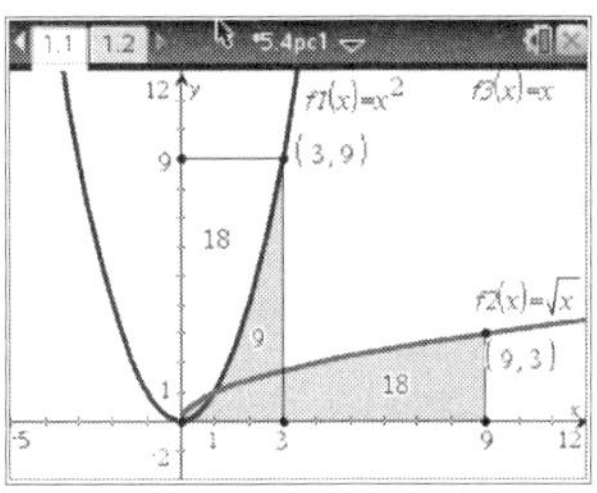 − $Q+R=27$이고, 영역 Q의 넓이는 9이므로 영역 R의 넓이는 18임을 알 수 있다.	$Q+R$=27, Q=9이므로, R=18이다. R의 넓이는 y축을 따라 적분한 값이므로 다음과 같이 표현 가능하다: $R=\int_0^9 f(x^{-1})dy$ $=\int_0^9 f(y)dy$ $=\int_0^9 \frac{2}{3}y^{\frac{3}{2}}dy$ $=\frac{2}{3}y^{\frac{3}{2}}\Big]_0^9$ $=18$	P4 문제해결에 필요한 조건의 확인 또는 보완 능력	3단계에서 구한 식을 바탕으로 수학적 관계를 이해하고 R의 넓이를 구한다.
5단계: R의 넓이가 P의 넓이의 관계와 같음을 확인하고 관계식으로 표현 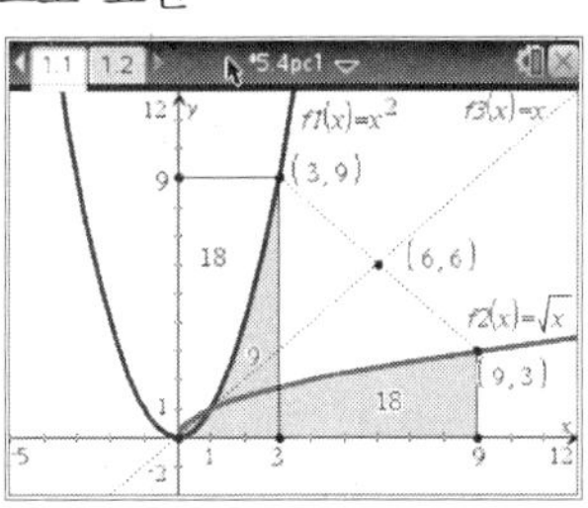 − 그림에서 $P=R$임을 알 수 있다. − 두 함수가 서로 대칭임을 확	넓이 $P=R=18$이므로, 이를 $\int$ 기호를 이용하여 표현하면 $\int_a^b f(x)dx$ $=\int_{f(a)}^{f(b)} f^{-1}(y)dy$ 이다.	R1 수학적 관계를 파악하는 능력 R5 수학적 추론 과정을 점검하는 능력 R6 추론 과정과 결과를 해석하거나 평가하는 능력	4단계에서 구한 R의 면적이 P의 면적과 같아지는 조건을 확인하고 R의 면적을 기호 $\int$을 사용하여 표현하고 원래의 함수와 역함수를 각각 적분하였을 때 관계를 표현할 수 있다.

그래핑 계산기 활용	일반 풀이	분류 코드	평가요소
인하기 위하여 함수 입력창에 $f3(x)=x$를 입력하여 그래프를 그린다. - [Geometry] [1:Point & Lines] [2:Point on]을 선택하여 $f1(x)$에서의 점(3, 9)와 $f2(x)$에서의 점 (9, 3)을 선택한다. [5:Segment]를 이용하여 두 점을 잇는 선분을 긋고, $f3(x)=x$와 만나는 교점을 찾으면 중점 (6, 6)에서 만나고, 두 그래프는 $y=x$에 대하여 대칭이고 역함수임을 확인할 수 있다. 즉, $\int_0^3 x^2 dx = \int_0^9 \sqrt{y}\,dy$ 이다.			

다음 문항은 삼차함수의 계수와 도함수와의 관계를 슬라이더 기능을 이용하여 그래핑 계산기의 활용을 통하여 그려보면서 변수의 변화를 보고 예측 추론 할 수 있는 문제이다. 또한 각 계수의 변화에 따라 극값과 도함수와의 관계를 발견 할 수 있고, 부수적으로 계수에 상관없이 극값과 도함수=0의 관계가 항상 유지된다는 사실 또한 그래프적으로 유추 해석하고 확인 할 수 있다. 특히, 조별로 각 계수들의 변화를 찾고, 극값을 찾아보고 관찰한 것들을 제한된 대수적인 일반 풀이에서 벗어나 그래프의 변화를 통한 시각적 관찰과 토론을 통하여 학생들이 스스로 결론 낼 수 있게 하는 추론 문제라고 할 수 있다.

예제 3 삼차함수 $f(x)=ax^3+bx^2+cx+d$가 극댓값과 극솟값을 모두 갖기 위해서는 실수 a, b, c, d가 어떤 조건을 만족해야 하는지 조사하시오.

그래핑 계산기 활용	일반 풀이	분류 코드	평가요소
그래프로 나타내기 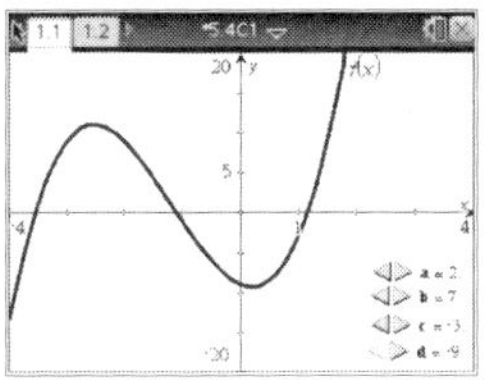 그래프화면에 $f1(x)=ax^3+bx^2+cx+d$ 를 입력하고, [Slider]를 이용하여 계수들 a, b, c, d를 각각 [-10, 10]으로 범위를 정하여 값의 변화에 따른 그래프의 모양을 관찰한다. 극댓값과 극솟값을 갖는 경우에 대한 계수들의 변화를 살펴본다.	- 삼차함수 그래프 $f(x)=ax^3+bx^2+cx+d$ 개형을 그려보고 극댓값과 극솟값을 모두 갖는 경우를 생각한다. - 계수의 조건을 생각해보고 자신이 생각한 조건에 맞는지 그래프를 그려본다. - 구체적인 식을 예를 들어 세 근을 갖는 함수 $x(x-1)(x-3)$ 이라고 정의하고 전개하여, $f(x)=ax^3+bx^2+cx+d$와 계수를 비교해 봄으로써 시작할 수 있다.	C1 수학적 표현을 이해하고 사용하는 능력 C2 문제해결 또는 추론과정을 논리적으로 설명하는 능력	- 계수들의 변화에 따라 그래프 전체를 관찰하기 위해 화면 크기를 조절 할 수 있다. - 계수의 변화에 따른 그래프를 시각화하여 개형을 관찰할 수 있다. - a의 부호가 바뀌면 그래프 개형이 뒤집어진다. - b와 c값에 따라 극값을 모두 갖거나 하나만 가진다. - d의 변화에 y축으로 평행이동 한다.
도함수 나타내기 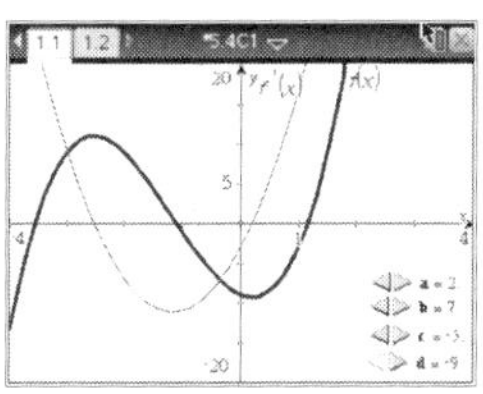 함수 입력창의 $f2(x)$에 $\frac{d}{dx}f1(x)$라고 입력하여 도함수를 그래프로 표현한다. 각 계수들인 a, b, c, d를 변화시켜보면 그래프 $f1(x)$ 변화에 따른 도함수 $f2(x)$의 변화를 관찰하고 다음과 같은 관계를 유추한다. a의 부호가 바뀌면 그래프 개	- 도함수 $f'(x)=3ax^2+2bx+c$를 구하고 $f'(x)=0$를 만족하는 x에서 극값을 가지므로 도함수가 두 근을 가져야 한다는 것을 추론한다. - 예를 든 함수 x^3-4x^2+3의 도함수가 $3x^2-8x=0$이 되는 x값을 구하고 그래프를 그려보고 관계를 유추할 수도 있다.	C2 문제해결 또는 추론과정을 논리적으로 설명하는 능력	- 계수들의 변화에 따르는 그래프와 도함수의 변화를 관찰하고 관계를 유추하고 그림으로써 표현 할 수 있다. - 관찰한 사실을 수학적 언어로 표현하고 사고하는 과정을 보여줄 수 있다. - a의 부호가 바뀌면 그래프 개형이 뒤집어진다. - b와 c값에 따라

<table>
<tr><th>그래핑 계산기 활용</th><th>일반 풀이</th><th>분류 코드</th><th>평가요소</th></tr>
<tr><td>형이 뒤집어진다.
b와 c값에 따라 극값을 모두 갖거나 하나만 가진다.
d의 변화에 y축으로 평행이동 한다.
하지만 d의 변화에 도함수 그래프는 변함이 없다.</td><td></td><td></td><td>극값을 모두 갖거나 하나만 가진다.
- d의 변화에 도함수 그래프는 변함이 없다.</td></tr>
<tr><td>계수들 간의 관계 찾기
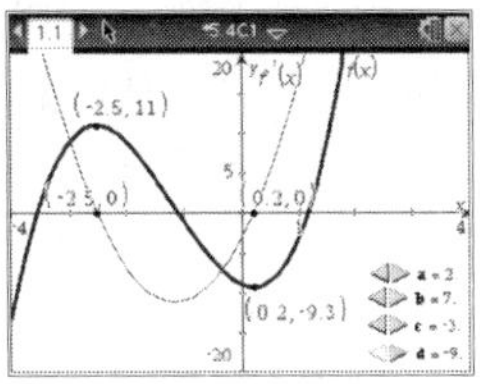
그래프화면에서 [Analyze] [Maximum] [Minimum]을 활용하여 a, b, c, d 변화에 따르는 함수 $f1(x)$의 극대값과 극소값을 찾는다.
도함수 $f2(x)$에 대하여 x축과의 교점의 좌표를 구한다.
[Analyze] [Zero]를 선택하여 도함수 $f2(x)=0$이 되는 x축과의 교점의 좌표를 구하면, 각 x축과의 교점에서 함수 $f1(x)$는 각각 극대값과 극소값을 갖는다는 것을 알 수 있다.
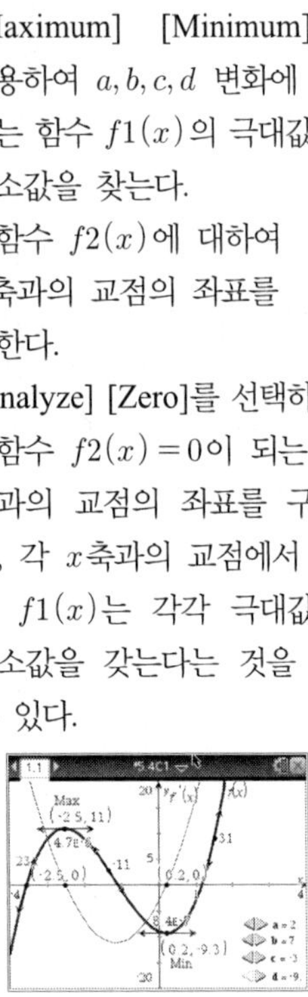
함수 $f1(x)$를 선택하고, [Geometry] [Tangent] 기능</td><td>$f'(x)=0$이 되는 x의 값을 구하고 근의 개수가 2개여야 극대 극소가 존재함을 알고 증감표를 만들면서 경우를 만들 수 있다.
〈증감관계를 표를 이용하여 구하는 방법〉

도함수가 두 근을 갖는 경우<table><tr><td>x</td><td>…</td><td>a</td><td>…</td><td>b</td><td>…</td></tr><tr><td>$f'(x)$</td><td>+</td><td>0</td><td>-</td><td>0</td><td>+</td></tr><tr><td>$f(x)$</td><td>↗</td><td>극대</td><td>↘</td><td>극소</td><td>↗</td></tr></table>도함수가 한 근을 갖는 경우<table><tr><td>x</td><td>…</td><td>a</td><td>…</td></tr><tr><td>$f'(x)$</td><td>+</td><td>0</td><td>-</td></tr><tr><td>$f(x)$</td><td>↗</td><td>극대</td><td>↘</td></tr></table>도함수가 근을 갖지 않는 경우<table><tr><td>x</td><td>…</td></tr><tr><td>$f'(x)$</td><td>+</td></tr><tr><td>$f(x)$</td><td>↗</td></tr></table><table><tr><td>x</td><td>…</td></tr><tr><td>$f'(x)$</td><td>-</td></tr><tr><td>$f(x)$</td><td>↗</td></tr></table></td><td>C5
문제해결 또는 추론과정을 수학적인 언어로 표현하는 능력

C1
수학적 표현을 이해하고 사용하는 능력

C6
문제해결 또는 추론과정의 표현을 다른 방식으로 변화하는 능력</td><td>- 극값의 존재가 예상되는 구간을 정하여 극대와 극솟값을 찾는다.
- 도함수를 $\frac{d}{dx}f1(x)$라고 정의하여 그래프를 그려보고 두 함수를 같은 그래프 지면에 그려본다.
- $f(x)$와 $f'(x)$의 그래프 관찰을 통해 극값을 가질 $f'(x)$의 조건을 찾는다.
- 두 그래프의 관계를 극대 극소점의 위치와 도함수 $f2(x)=0$이 되는 위치가 서로 일치되게 그렸는지 확인한다.
- 그래프 상에서 접선의 기울기를 그려보고 (+) 또는 (−)를 이용하</td></tr>
</table>

그래핑 계산기 활용	일반 풀이	분류 코드	평가요소
을 활용하여 곡선 상에서 접선의 기울기를 만들어 본다. [Measurement] [Slope]를 활용하여 접선들을 선택하여 기울기 값이 어떻게 변화하는지 증감관계를 확인한다. 극값에서 도함수 값이 0이 되는 것을 확인할 수 있다. 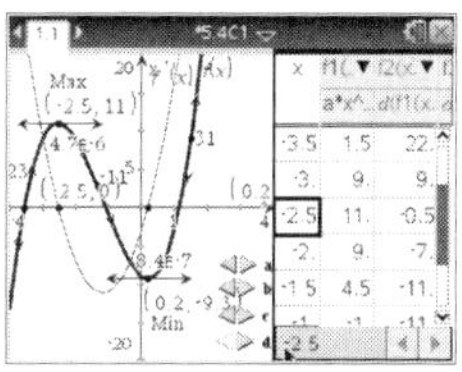 [Table]을 열면 x값의 변화에 따르는 그래프와 함수 그리고 도함수의 증감관계를 확인할 수 있다.			여 증감관계를 나타낼 수 있는지 확인한다. - 증감 관계를 표로 만들어 나타낼 수 있다.
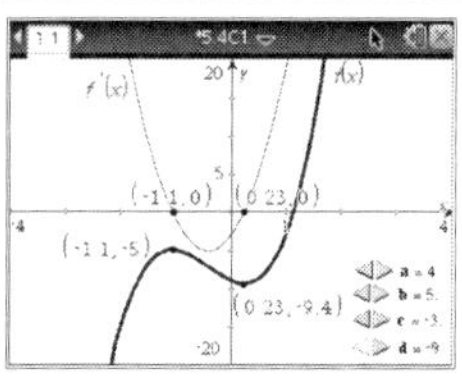 슬라이더를 움직여도 두 그래프 간에 함수에서의 극값과 $f'(x)=0$의 관계가 변하지 않는다는 사실을 알 수 있다.	이차함수가 두 근을 갖기 위한 조건을 생각한다. (이차함수의 근의 분리)	C2 자신의 문제해결 또는 추론과정을 논리적으로 설명하는 능력	- 계수들 a, b, c, d가 변하여도 극값과 도함수 관계가 변하지 않는다는 사실을 알 수 있다.
판별식을 이용하여 조건을 만족하는 ***a*, *b*, *c*, *d***찾기 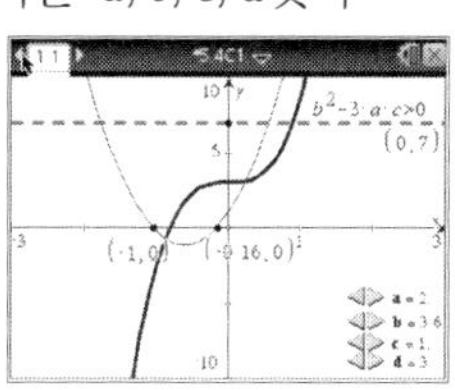	$f'(x)=3ax^2+2bx+c$가 두 근을 갖기 위해서는 판별식 D>0이어야 하므로 따라서 극댓값과 극솟값을 모두 갖기 위해서는 $b^2-3ac>0$이어야 한다.	C7 문제해결 또는 추론과정의 표현을 확장 또는 일반화하는 능력	- 판별식을 이용하여 b^2-3ac를 찾는다. - 판별식을 상수함수로 정의한다. - 계수들의 변화를 통하여 $b^2-3ac>0$이 어

그래핑 계산기 활용	일반 풀이	분류 코드	평가요소
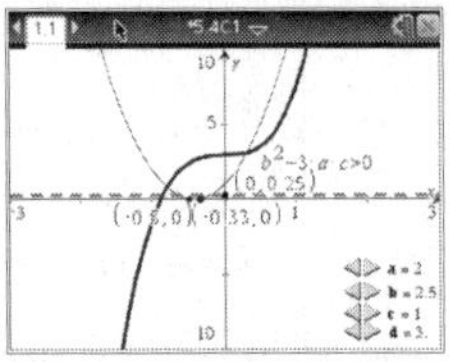 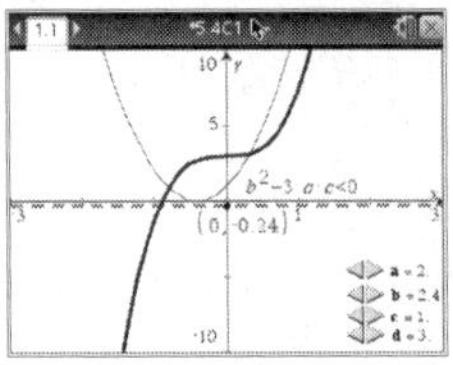 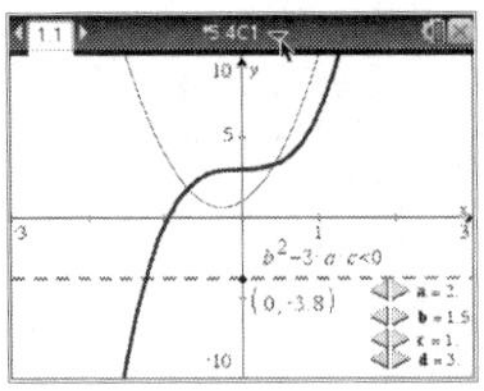 도함수 $f'(x)=3ax^2+2bx+c$가 두 근을 갖기 위해 판별식을 활용한다. $D>0$이어야 하므로, b^2-3ac을 그래프화면의 함수 입력창에 $f3(x)$에 입력하여 상수함수의 그래프로 나타내어 본다. y축과의 교점을 잡고, 각각의 계수들을 움직여 보고 세 그래프의 관계를 관찰하고 그릴 수 있다. 그림에서와 같이 b값을 변화시키면 교점의 값도 같이 변화되는 것을 알 수 있고 $b>2.5$까지는 $b^2-3ac>0$이고 두 근을 갖지만, $b=2.4$가 되면 그 값이 음수로 바뀌는 것을 볼 수 있다. c값도 움직여 보면 $c \le 11$이면 두 근을 갖는다는 것을 알			야만 극대·극솟값을 갖는다는 사실을 찾고 그래프적으로 세 함수를 그래프를 이용하여 표현할 수 있다.

그래핑 계산기 활용	일반 풀이	분류 코드	평가요소
수 있다. 따라서 계수들의 값을 슬라이더를 통해 움직여 봄으로써 $b^2-3ac>0$을 만족해야 극대·극솟값을 갖는다는 사실을 확인하고 설명할 수 있다.			

CHAPTER 06

과학에서의 그래핑 계산기 활용

6.1 기체 분자 운동론으로부터 접근하는 Maxwell-Boltzmann 분포곡선 이해

기존의 교수·학습방법은 미적분 계산을 배제한 채 결과만을 수업하여 외우는 피상적인 형태이거나, 적분 표까지 동원하여 방대한 계산을 통해서만 이해할 수 있었다. 하지만 그래핑 계산기를 이용하면, 상수 $k=\dfrac{8.314\,J/molK}{6.02\times10^{23}/mol}=1.38\times10^{-23}$J/K라고 할 때, 온도 변화 T=300K, 600K, 1000K에 따르는 Maxwell-Boltzmann 분포곡선 $f(v)=4\pi(\dfrac{m}{2\pi kT})^{\frac{3}{2}}v^2e^{\frac{-mv^2}{2kT}}$ 을 그래프의 변화를 통하여 시각적으로 관찰하고 해석 할 수 있다.

또한 온도 T에 따라 제일 많은 입자들이 갖는 속력인 $u_{\max}$(최빈속력), Maxwell-Boltzmann 분포곡선 아래의 면적의 절반에 해당하는 x축 속력인 $u_{평균}$(평균속력), 그리고 제곱평균근 속력 u_{rms}를 각각 구해볼 수 있다.

문제 O_2에 대하여

a) 온도 변화에 따르는 그래프의 개형을 그리고 해석하시오.

b) 그래핑 계산기를 활용하여 T=300, 600, 1000일 때, $u_{\max}$(최빈속력)과 $u_{평균}$(평균속력)을 구하시오.

c) 기체분자의 질량 m을 수소는 2, 헬륨은 4, 네온은 20, 산소는 32라고 할 때, 각각의 분포 곡선을 그리고, 질량에 따르는 속도의 변화를 해석하시오.

d) T=300, 600, 1000일 때, 제곱평균근 속력 (u_{rms})을 구하고 다음에 주어진 표를 완성하시오.

	u_{max}	$u_{평균}$	u_{rms}
T=300			
T=600			
T=1000			

그래핑 계산기를 활용한 풀이

키 누르기	계산기 화면	설명
[menu] [1:Actions] [1:Define] k=1.38×10^(-)23 [menu] [1:Actions] [1:Define] m=(32×10^(-)3)/ (6.02×10^23) m [enter]	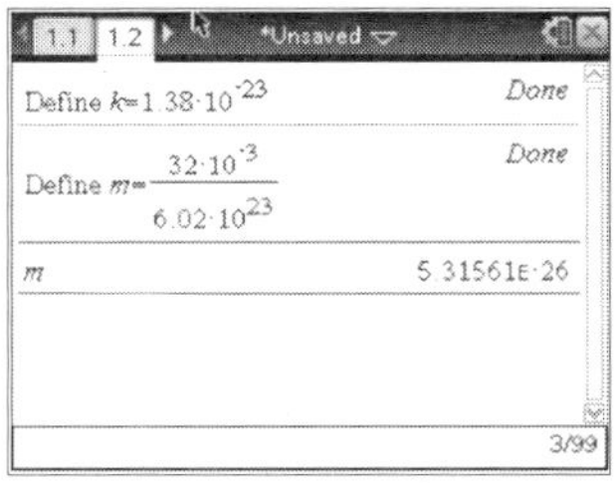	상수 k와 O_2의 분자질량 m 값을 각각 대수 화면에서 정의하고 실제 m의 값이 어느 정도인지 계산해 본다.
[Window Settings] [0, 2000] 100 [(-)0.002, 0.0025] 0.0025	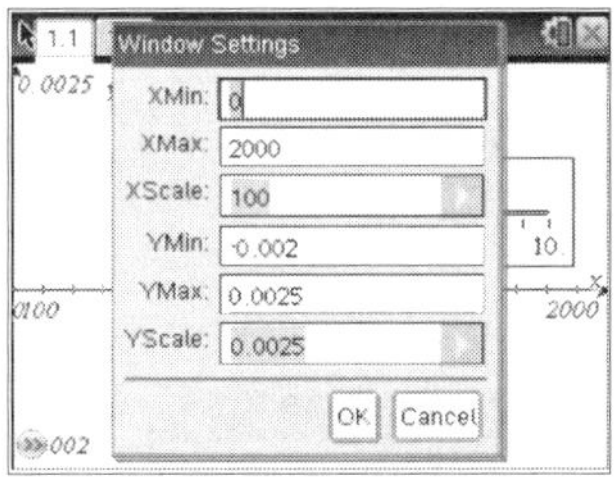	그래프를 화면에서 보기 위해서, 계산기의 [WINDOW]를 선택하여 화면 조절을 한다. 또는 화면에 그래프가 안 나타날 경우 [ZOOM]에서 [0:ZOOMFit]를 선택하여 조절할 수도 있다.
[on] f1(x)=4πx^2× (m/(2πk×t))^(3/2)× e^((-)(m×x^2)/(2k×t)) [menu] [1:Actions] [A:Insert Slider] [오른쪽 클릭] [1:Settings] variable: t value: 300 minimum: 300 maximum: 1000 step size: 100	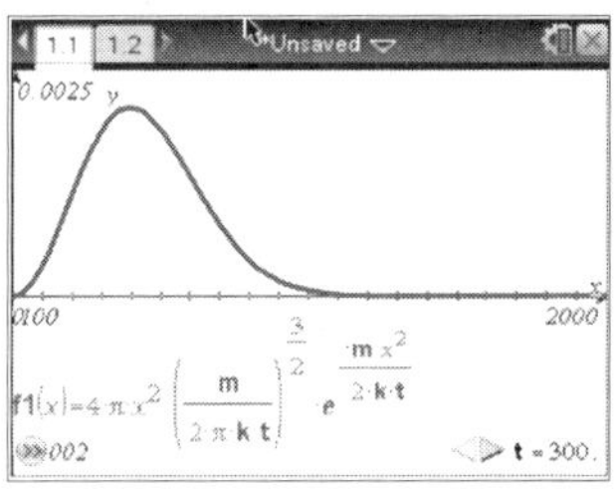 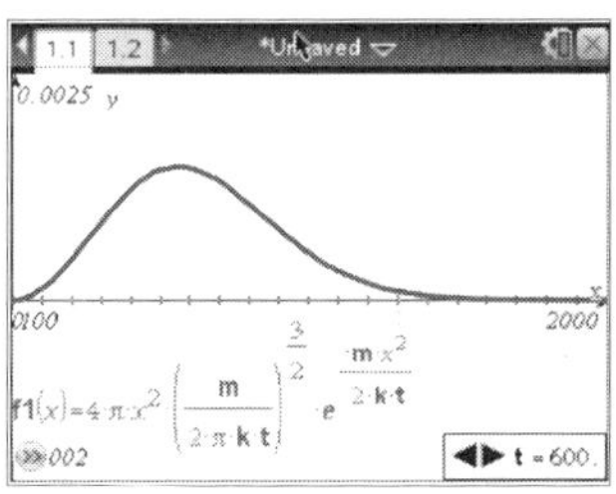	온도의 변화에 따르는 기체분자 운동의 속도 변화를 보기 위하여, 속도 v는 x라고 함수 형태로 변형하여 $4\pi(\frac{m}{2\pi kT})^{\frac{3}{2}}x^2e^{\frac{-mx^2}{2kT}}$ 라고 입력한다. 온도 변화에 따르는 속도의 변화를 보기 위하여, [Slider] 기능을 이용하여 t값을 정의 한다. 온도 t=300 K, 600 K, 1000 K를 입력시켜 봄으로써 온도에 따르는 속도 변화를 그래프를 통하여 관찰 할 수 있다. 여기서 온도가 높아짐에 따라 점점 그래프가 완만해지는 것을 볼 수 있고, 이것은 기체가 빠른

키 누르기	계산기 화면	설명
	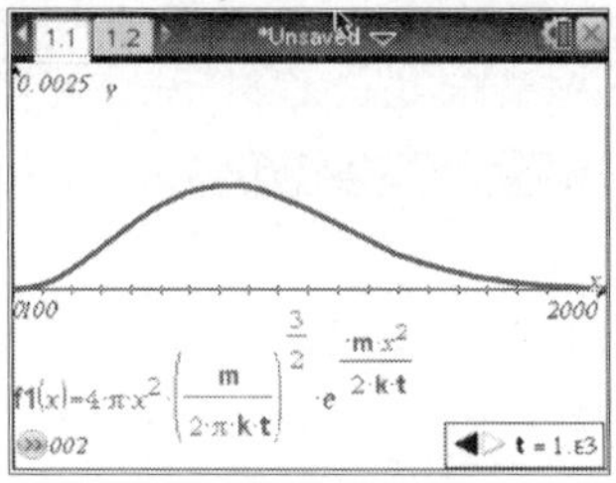	속도로 확산된다는 것을 의미한다.
풀이 b) [menu] [6:Analyze Graph] [3:Maximum] [lower bound?] [upper bound?]	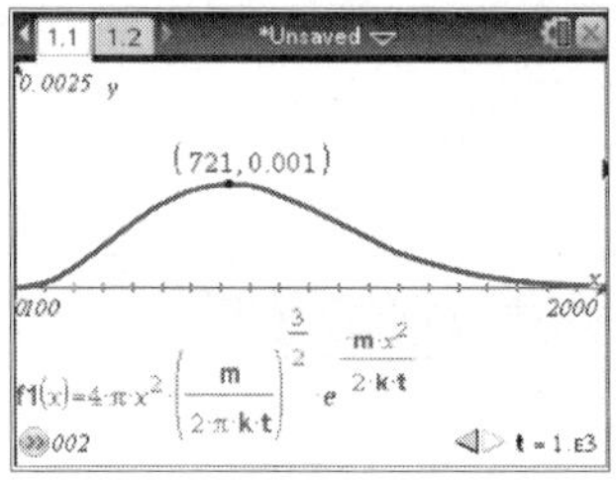	[Maximum]을 활용하여, 최대 속력값이 예상되는 구간을 정하면, 온도 t=1000 K일 때의 최빈 속력(u_{max})을 찾을 수 있다. [Slider]를 움직여서 온도 t =300 K, 600 K로 변화시키면 최빈 속력(u_{max})을 각각 찾을 수 있다.
[menu] [6:Analyze Graph] [7:Integral] [lower bound?] [upper bound?]	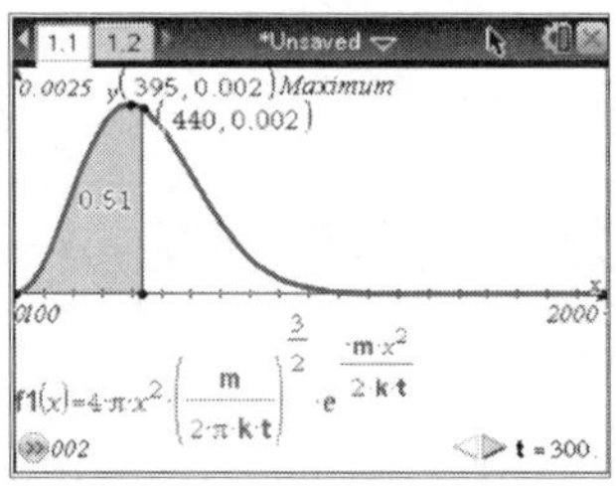 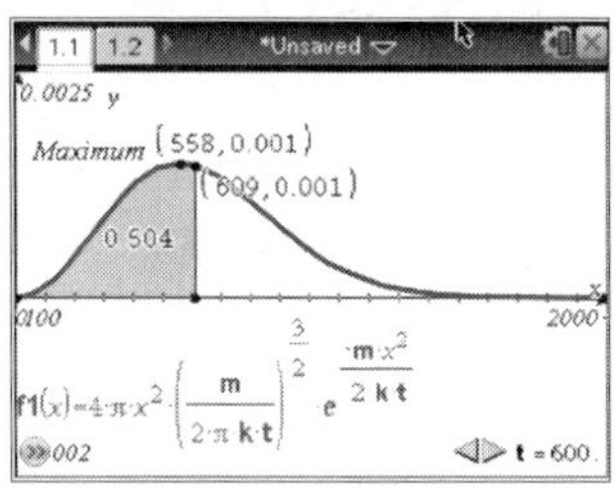 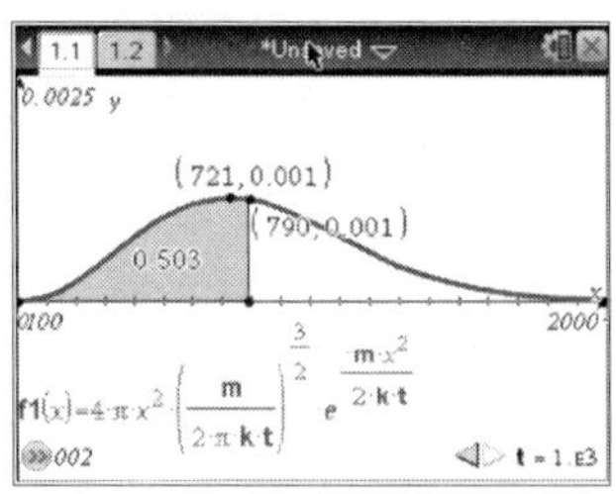	Maxwell-Boltzmann 분포곡선 아래의 면적은 구간을 약 0에서 2000까지 정하면 온도의 변화에 상관없이 1에 가깝다는 것을 알 수 있다. 전체 넓이의 절반에 해당하는 x축 속력인 $u_{\text{평균}}$(평균속력)을 구하기 위해서는 [Integral]을 선택하여 하한을 0으로 선택하고, 상한을 마우스로 움직이면서 넓이가 전체 넓이의 절반이 되는 0.5 부근까지 정하면 온도 변화 t=300, 600, 1000에 따르는 넓이를 구할 수 있다. 상한 값을 자유롭게 움직여 보면서 평균 넓이인 0.5가 되는 속도를 찾을 수 있다. 온도 변화 t=300, 600, 1000에 따라 평균 넓이가 0.5가 되는 평균속력의 위치는 440, 609, 790임을 알 수 있다.

<table>
<tr><th>키 누르기</th><th>계산기 화면</th><th>설명</th></tr>
<tr>
<td>풀이 c)
[menu] [1:Actions]
[1:Define]
k=1.38×10^(-)23
[menu][1:Actions]
[1:Define]
m=(a×10^(-)3)/
(6.02×10^23)
$a=\{2, 4, 20, 32\}$ [enter]
m [enter]

[menu]
[4:Window/Zoom]
[1:Window Settings]
XMin: 0
XMax: 40000
XScale: 100
YMin: (-)0.0005
YMax: 0.0025
YScale: 0.0025</td>
<td>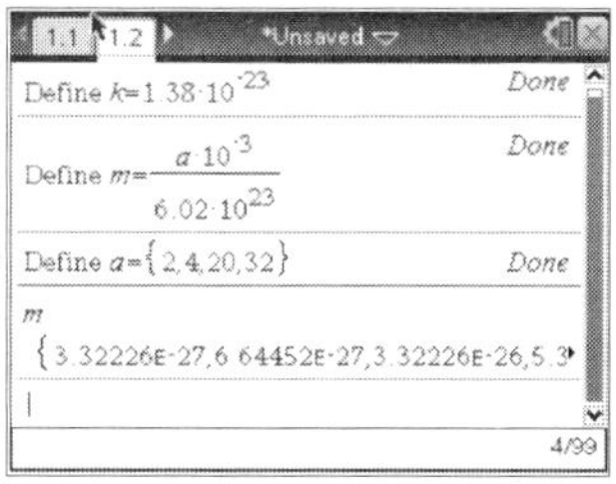

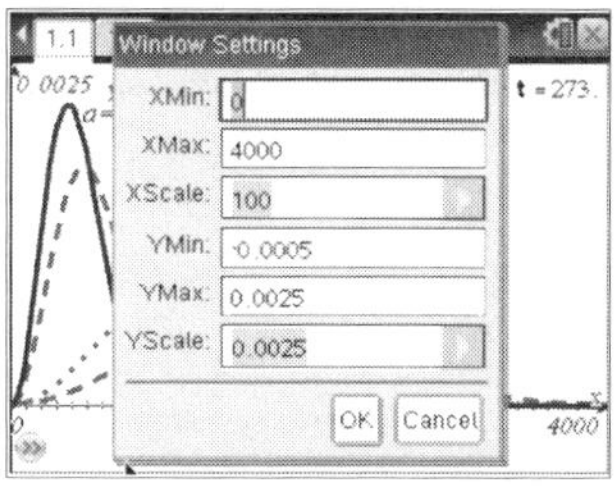

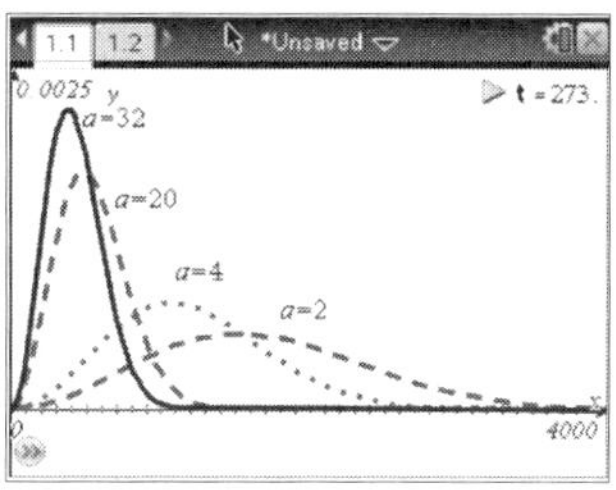
</td>
<td>기체분자의 질량과 속도와의 관계를 알기 위해 기체분자의 질량 m을 수소는 2, 헬륨은 4, 네온은 20, 산소는 32로 변형하여 기체분자의 질량 m에서 $a=\{2, 4, 20, 32\}$를 정의하고 그래프 상에서 비교하여 본다. 같은 온도 t=273에서 살펴보면, 분자의 질량이 클수록 그래프의 왼쪽에 위치한다는 것을 알 수 있다. 즉, 같은 온도(=에너지)에서 무거운 기체분자가 가벼운 기체분자보다 속도가 느리다는 것을 알 수 있다. 그리고 분자의 질량이 클수록 분자속도의 평균값에 몰려있고 분자의 질량이 작을수록 속도가 느린 분자, 평균적인 분자, 빠른 분자가 고르게 분포함을 알 수 있다.</td>
</tr>
</table>

6.2 제곱평균근 속도

다음에 보여 주는 표는 학생들로 하여금 그래핑 계산기를 단계적으로 활용하여 온도에 따르는 속도 변화와 제곱평균근 속도 $u_{rms}=\sqrt{\dfrac{3kT}{M}}$를 탐색하게 하고자 제시한 것이다. 여기서 제곱평균근 속도를 그래프를 활용하여 기체분자의 최댓값, 평균 속도 그리고, 근제곱평균 속력 u_{rms}값과의 차이를 알 수 있다.

키 누르기	계산기 화면	설명
[on] ⊕ [ctrl] $\sqrt{\ }$ ((3×8.314x/(32×10^(-3)) [ENTER] [menu] [4:Window/Zoom] [1:Window Settings] [0, 2000] [(-)100, 1200]	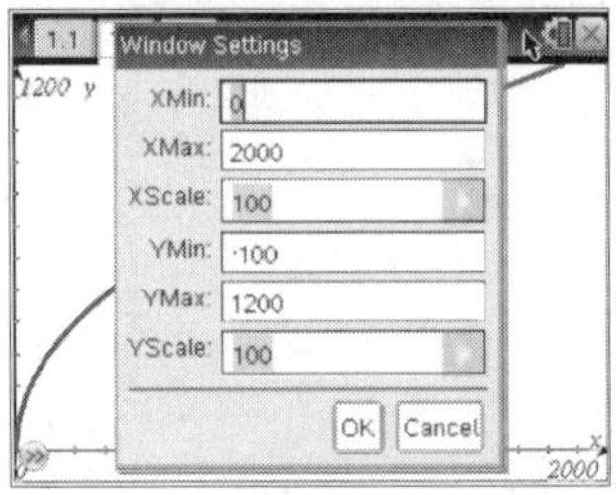 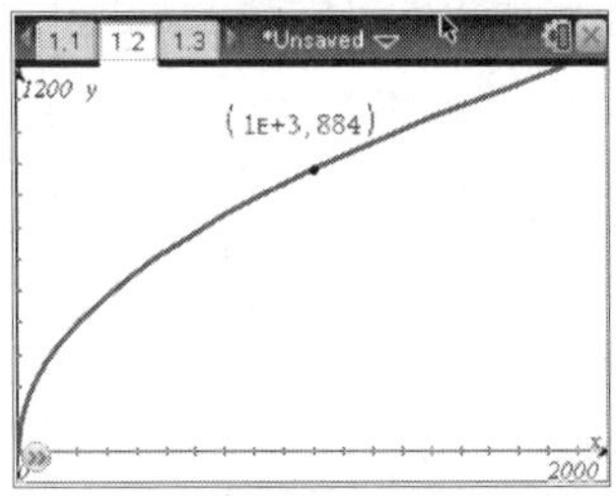	O_2에 대한 제곱평균 근제곱평균 속도를 그려보기 위해 R=3×8.314, 온도 $T=x$, $M=32\times10^{-3}$라 하고 함수화면에 입력한다. [WINDOW]를 선택하여 화면 조절을 하거나, [Zoom Fit]를 선택하여 자동으로 화면에 그래프가 전부 나타나도록 할 수 있다.
[menu] [7:Points & Lines] [2:Point on] [menu] [2:View] [A:Show Table]	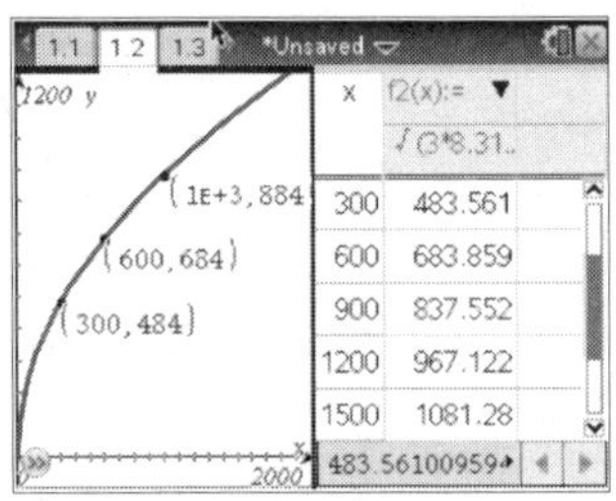	온도 변화 x=300 K, 600 K, 1000 K에 따르는 근제곱평균 속력 u_{rms}값을 그래프 상에서 찾을 수 있고 표를 활용하여 나타낼 수 있다.

위와 같이 그래핑 계산기를 활용하여 각각의 기체 분자의 온도 변화에 따르는 최댓값, 평균속도 그리고, 근제곱평균 속력 u_{rms}값과의 차이를 다음과 같이 활동지를 통해서 학생들로 하여금 탐구하게 할 수 있다.

문제 O_2, He, Ne에 대하여 다음에 주어진 표를 그래핑 계산기를 활용하여 확인하고 채우시오.

	u_{max}	$u_{평균}$	u_{rms}
T=300			
T=600			
T=1000			

6.3 전기장과 자기장

현재의 물리수업은 공식을 외워서 계산과정에 활용 할 뿐 결과를 해석하고 이해하는 과정이 생략 된다. 이런 방법의 학습은 자연현상의 원리를 이해하고자 하는 물리학의 기본 원리에 도움이 되지 않을 뿐만 아니라, 시간이 지나면 공식은 자연히 머릿속에서 잊혀지기 쉽다. 하지만, 물리학의 여러 분야에서 그래핑 계산기를 활용한다면 그래프를 통한 시각적인 학습이 가능하고 그 해석 또한 용이하고 학생들의 흥미 유발에 도움이 될 것이다. 예를 들어 역학의 운동개념, 광학의 빛의 굴절과 반사 단원에서는 렌즈 또는 거울을 통한 빛의 진행을 그래프를 활용하고 그래프상의 값을 계산해 보고 해석해 봄으로써 이해할 수 있다. 또한 파동의 단원에서는 파동방정식을 삼각함수로 표현하고 그 운동을 눈에 확인할 수도 있다. 전자기학의 분야에서는 적분의 개념을 많이 활용한다. 전자기학은 중력, 자기력, 전기력 등 여러 힘이 동시에 작용하는 공간에 대해 힘 또는 운동에 대하여 그래핑 계산기를 활용한다면 계산 지향적인 학습방법에서 벗어나 시각적으로 보고 해석하는 학습이 가능하다고 할 수 있다.

다음은 체공시간을 두 배로 하기 위해 가해야 하는 힘을 계산하고 이를 이용해 전기장의 크기를 찾을 수 있는지를 알아보고자 하기 위한 문제이다. 포물선 운동에서 체공시간과 수평 도달거리와의 관계를 찾고, 체공 시간이 y방향 힘에 의해 결정되고, 자기력 $F_e = qE$임을 이용하여 전기장의 성질을 찾고자 한다.

문제 질량 1kg인 물체를 45°의 각도로 속력 10m/s로 던졌을 때, 수평 도달거리가 S였다. 중력가속도는 10m/s^2이고 공기의 저항은 무시한다.
같은 물체를 전하 $+1C$(클롬)으로 대전시켰더니 물체가 공중에 떠 있는 시간과 수평 도달 거리가 모두 2배가 되었다. 전기장 E의 성분 E_x와 E_y는 각각 얼마인가?(단, 공중에서 전기장은 균일하다고 가정한다.)

키 누르기	계산기 화면	설명
[menu] [1:Actions] [1:Define] $g=10$ [1:Define] $v_{y0}=5\sqrt{2}$ [1:Define] $v(x)=v_{y0}-g\times x$ [1:Define] $s(x)=\int v(x)dx$ $s(x)$ [enter] [3:Algebra] [1:Solve] $s(x)=0, x$ [enter]	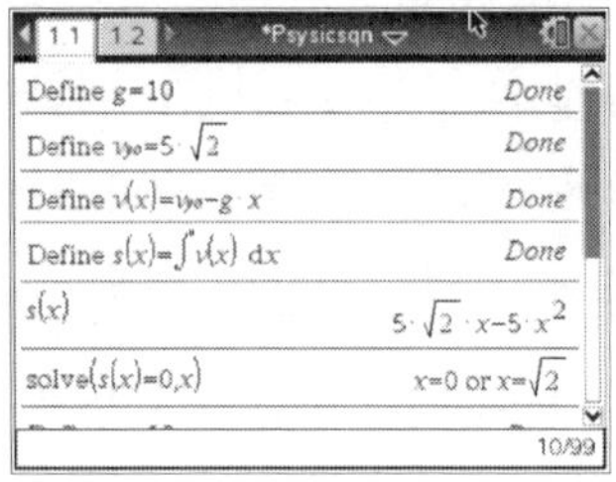	중력만 작용할 경우 초기속도 v를 x, y성분으로 분해하면 $v_x=v\cdot\cos 45°=\frac{v}{\sqrt{2}}$ $v_y=v\cdot\sin 45°=\frac{v}{\sqrt{2}}$이다. y방향 성분에 대한 가속도는 중력가속도인 10m/s^2이므로, $g=10$이라고 정의한다면 초기속도 $v_{y0}=5\sqrt{2}$이다. 최고 높이에 도달할 때까지의 시간을 x라고 하면, 속도를 $v(x)=v_{y0}-g\times x$라고 정의할 수 있다. 총 체공시간은 $s(x)=\int v(x)dx$ 라고 정의한다.
[on] [Ctrl] G $f1(x)=s(x)$ [Enter] [4:Window/Zoom] [1:Window Settings] [-0.5, 3.5] [(-)1, 6] [menu] [8:Geometry] [1:Points & Lines] [3:Intersections(s)] 함수 $f1(x)=s(x)$선택 방향키를 움직여 교점 선택	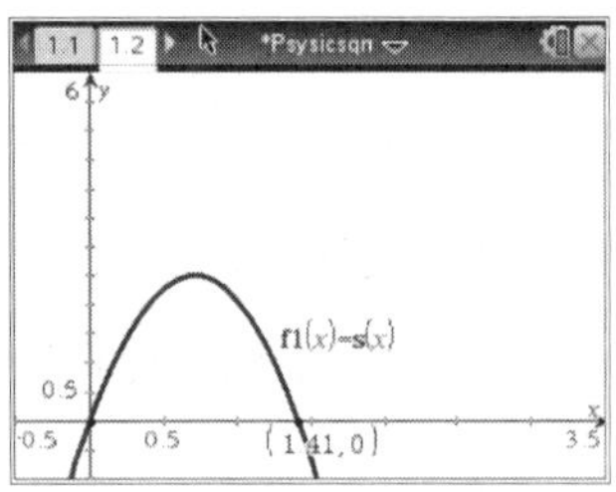	그래프 화면에서 함수 $s(x)$를 함수 입력창에 입력하고 그래프를 그린다. 원점에서 땅에 떨어질 때까지의 시간을 x라고 하면 총 체공시간은 함수가 x축과 만나는 두 교점 원점과 (1.41, 0) 간의 거리 $\sqrt{2}$ 임을 알 수 있다. 또한 수평 이동거리는 $S=v_x\cdot\sqrt{2}$ $=\frac{v}{\sqrt{2}}\cdot\sqrt{2}=10$ 임을 알 수 있다.

키 누르기	계산기 화면	설명
[menu] [1:Actions] [1:Define] $a=10-e_y$ [1:Define] $v2(x)=5\sqrt{2}-a\times x$ [1:Define] $s2(x)=\int v2(x)dx$ $s2(x)$ [enter]	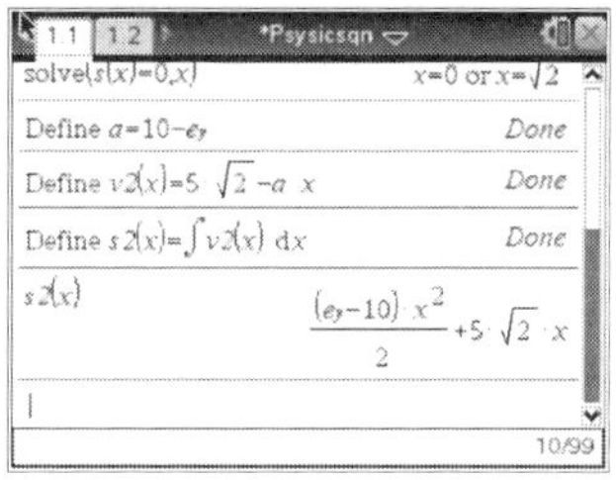	전기장이 작용할 경우 $F=ma$와 중력, 전기력에 대한 힘의 크기를 식으로 나타내면 $F=ma=mg-qE_y$이다. 가속도 a에 관하여 정리하면, $a=g-\frac{q}{m}E_y$ $m=1, g=10, q=1$이므로, $a=10-e_y$라고 정의한다. 속력과 높이에 대한 식을 $v_2(x)=5\sqrt{2}-a\times x$라고 정의한다. 전기장이 작용할 경우의 총 체공시간을 구하기 위해 $s2(x)=\int v2(x)dx$을 정의하면, $\frac{(e_y-10)x^2}{2}+5\sqrt{2}x$이다.
[on] [Ctrl] G $f2(x)=s2(x)$ [Enter] [menu] [1:Actions] [B:Insert Slider] [Ctrl] [menu] [1:Settings] Variable: e_y Value: 3 Minimum: 0 Maximum: 10 Step Size: 10 [menu] [8:Geometry] [1:Points & Lines] [3:Intersections(s)]	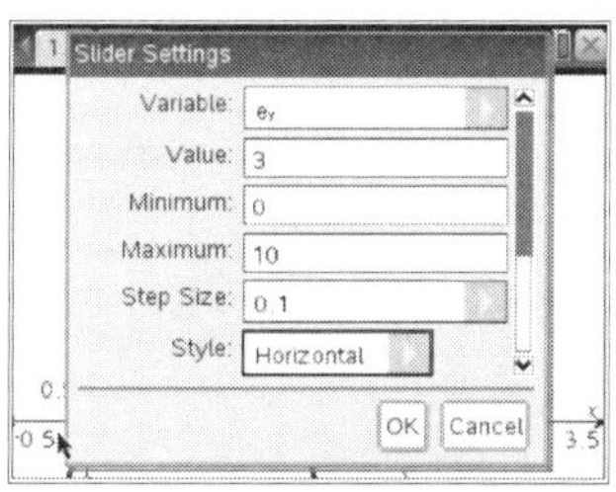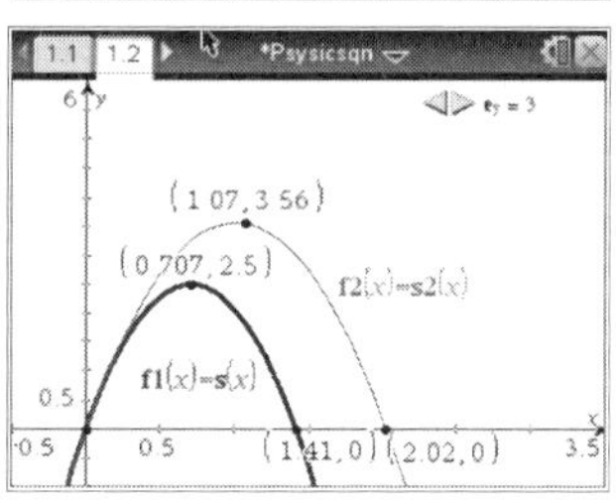	그래프 화면의 함수 입력창에 $f2(x)=s2(x)$를 입력한다. [Slider]를 활용하여 변수 e_y를 정의하고 움직일 범위를 정한다. 그래프 $s2(x)$가 x축과 만나는 교점을 찾는다. [Slider] e_y를 움직이면서 체공시간이 2배가 되는 지점을 찾으면 e_y=5일 때, (2.83, 0)에서 약 두 배가 된다는 것을 알 수 있다. v_x가 동일할 때, 체공시간이 2배이므로 수평 이동거리는 2배가 된다. 또한, E_x가 존재하지 않아야 수평이동거리를 2배로 유지할 수

키 누르기	계산기 화면	설명
함수 $f2(x)=s2(x)$ 선택 방향키를 움직여 교점 선택 [menu] [6: Analyze Graph] [3:Maximum] 그래프 $s2(x)$ 선택 [lower bound?] [enter] [Upper bound?] [enter]	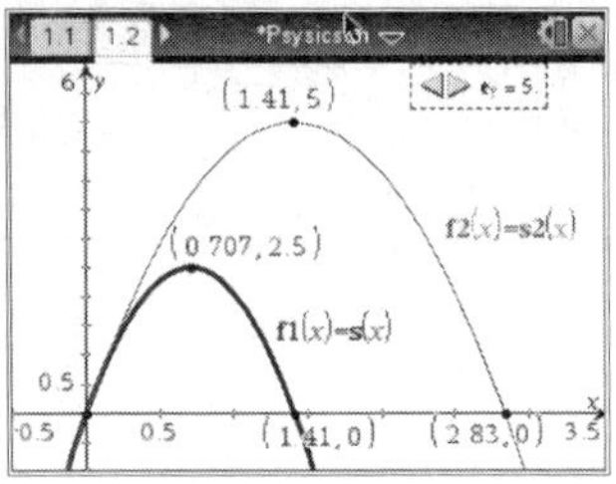	있으므로 $E_x = 0$이다.

참고문헌

고상숙, 고호경, 박만구, 한혜숙, 홍예윤 (2012). 수학교육평가론, ISSN 978-89-6105-574-1, 경문사.

교육과학기술부 (2011). 2009 **개정 교육과정에 따른 교과 교육과정**, 교육과학기술부 고시 제 2011-361호 [별책 8].

교육인적자원부 (2000). **수학과고등학교 제7차 교육과정**. (교육인적자원부 고시 제1997-15호 [별책 4]). 서울: 대한교과서주식회사.

이철현 (2001). 통합사고모형에 기반한 효율적 ICT 활용 전략. **한국정보교육학회, 5**(3). 416.

이화현, 임연욱, 이옥화 (2006). 문제해결을 위한 ICT 활용능력분석: 문맥 속에서 대학생의 기능 및 논리능력 학습하기. **컴퓨터교육학회 논문지,** 9(3). pp. 85-96.

정상권, 이경화, 유연주, 신보미, 김구연(2012). **2011년 과정 중심의 수학교과 평가방안 연구**, 교육과학기술부 & 한국과학창의재단, 정책연구 2012-1.

Artigue, M. (2002). Learning mathematics in a CAS environment: The genesis of a reflection about instrumentation and the dialectics between technical and conceptual work. *International Journal of Computers for Mathematical Learning, 7*, pp. 245-274.

Artigue, M. (2005). The integration of symbolic calculators into secondary education: Some lessons from didactical engineering. In D. Guin, K. Ruthven & L. Trouche (Eds.), *The didactical challenge of symbolic calculators: Turning a computational device into a mathematical instrument*(pp. 231-294). Dordrecht, Netherlands: Springer.

Chinnappan, M. & Thomas, M. O. J. (2003). Teachers' Function Schemas and their Role in Modelling, *Mathematics Education Research Journal, 15*(2), pp. 151-170.

Cooney, T. J. (1999). Conceptualizing teachers' way of knowing. Educational Studies in Mathematics, 38, pp. 163-187.

Duncan, A. G. (2010) *Teachers' Views On Dynamically Linked Multiple Representations And Multiple Representations and Representations and Relational Understanding Of Mathematics An Investigation into The Use Of TI-Nspire In Scottish Secondary*

Schools, School of Education Research Report, Published by University of Aberdeen, Scotland, UK.

Gibson, J. J. (1977). The theory of affordances. In R. Shaw & J. Bransford (Eds.) *Perceiving, acting and knowing: Towards an ecological psychology* (pp. 67- 82). Hillsdale, NJ: Erlbaum.

Goose, M. (2005). A Sociocultural Analysis Of The Development Of Pre-Service And Beginning Teachers' Pedagogical Identities As Users Of Technology, *Journal of Mathematics Teacher Education, 8*, pp. 35-59.

Greeno, J. G. (1994). Gibson's affordances, *Psychological Review, 101*(2), 336-342.

Guin, D. & Trouche, L. (1999). The complex process of converting tools into mathematical instruments: The case of calculators, *International Journal of Computers for Mathematical Learning, 3,* pp. 195-227.

Hong, Y. Y. & Thomas, M. O. J. (2002). Representational Versatility and Linear Algebraic Equations, *Proceedings of the 10th International Conferenceon Computersin Education*, Auckland, NewZealand, pp. 1002-1006

Kaput, J. (1992). *Technology and mathematics education, NCTM Yearbook on Mathematics Education*, pp. 515-556.

Kennewell, S. (2001). Using affordances and constraints to evaluate the use of informal and communications technology in teaching and learning, *Journal of Information Technology for Teacher Education, 10*, pp. 101-114.

National Council of Teachers of Mathematics.(1991). *National Council of Teachers of Mathematics Position Statement: Calculators and the Education of Youth.* Reston, VA: National Council of Teachers of Mathematics.

________. (2000). *Principles and Standards for School Mathematics.*. Reston, VA: National Council of Teachers of Mathematics.

Rabardel, P. (1995). *Les hommes et les technologies, approch ecognitive des instruments contemporains,* Paris: Arm and Colin.

Shamatha, J. H., Peressini, D., & Meymaris, K. (2004). Technology-Supported Mathematics Activities Situated within an effective Learning Environment theoretical framework. *Contemporary Issues in Technology and Teacher Education, 3*(4), pp. 362-381.

Shulman, L. C. (1986). Those who understand: Knowledge growth in teaching. *Educational Researcher, 15,* pp. 4-41.

Simon, M. (1995). Reconstructing mathematics pedagogy from a constructivist perspective. *Journal for Research in Mathematics Education, 26*(2), pp. 114-145.

Thomas, M. O. J & Hong, Y. Y. (2001). Representations as Conceptual Tools: Process and Structural Perspectives, *Proceedings of The 25th Conference of the International Group for the Psychology of Mathematics Education*, Utrecht, The Netherlands, pp. 257-264.

Thomas, M. O. J. & Hong, Y. Y. (2005a). Teacher factors in integration of graphic calculators into mathematics learning. In H. L. Chick & J. L. Vincent (Eds.), *Proceedings of the 29th Conference of the International Group for the Psychology of Mathematics Education* (Vol. 4, pp. 257-264). Melbourne, Australia: University of Melbourne.

Thomas, M. O. J. & Hong, Y. Y. (2005b). Learning Mathematics with CAS Calculators: Integration and Partnership Issues, *The Journal of Educational Research in Mathematics*, 15(2), pp. 215-232.

Thomas, M. O. J., Hong, Y. Y (2012) Teacher Integration of Technology into Mathematics Learning, *International Journal for Technology in Mathematics Education*, in print.

Trouche, L. (2005). An instrumental approach to mathematics learning in symbolic calculator environments. In D. Guin, K. Ruthven & L. Trouche (Eds.), *The didactical challenge of symbolic calculators: Turning a computational device into a mathematical instrument* (pp. 137-162). Dordrecht, Netherlands: Springer.

Vérillon, P. & Rabardel, P. (1995). Cognition and Artefacts: a contribution to the study of thought in relation to instrumented activity, *European Journal of Psychology of Education, 10(1)*, pp. 77-101.

찾아보기

〈ㅈ〉

〈ㅊ〉

〈ㅌ〉

〈ㅍ〉

〈ㅎ〉

개정판

그래핑 계산기를 활용한

비주얼 수학교육

지은이 홍예윤
펴낸이 박문규
펴낸곳 경문사
펴낸날 2012년 9월 1일 1판 1쇄
2013년 3월 5일 개정판 1쇄
등 록 1979년 11월 9일 제313-1979-23호
주 소 121-818, 서울특별시 마포구 와우산로 174
전 화 (02) 332-2004 팩스 (02) 336-5193
이메일 kyungmoon@kyungmoon.com

값 11,000원

ISBN 978-89-6105-686-1